宿谷昌則
SHUKUYA Masanori

人・建築・地球と
エクセルギー

環境物理学入門

Human Being, Architecture, Earth and Exergy
Introduction to Environmental Physics

はじめに

　本書は，私の前著（Bio-Climatology for Built Environment, CRC Press, 2019 年）で取り上げた事柄を素材として，その後の 5 年間における研究・教育活動を通して私なりに学び直したこと・新たに学んだことを紙上講義として展開・執筆したものです．

　私のエクセルギー研究と関連する教育は，国内だけではなく海外でも普遍的に通用するはず……と（2005 年頃に）思うようになったのですが，幸いにして 2010 年と 2014 年に（欧米の）出版社二つから熱心な勧誘があって，英語の著書 2 冊を刊行することができました．冒頭に挙げたのはその後者です．大学の定年退職に併せて発刊されました．

　定年退職してかなり自由な身となった私には少なくはない方々からお声がけがあって，エクセルギー研究が明らかにしてきたことを様々な勉強会で話題提供させていただくようになりました（現役の教員だった頃より話をする機会はむしろ増えたように思います）．勉強会の名称を挙げると，「深学愉快塾」・「LEXS 研究会」・「東北宿谷講義」・「オイコスセミナー」・「九州民家大学」・「エコハウス研究会」・「放射暖冷房協会」・「フレックスグループ」など．これらの集いでは，数々の質問・意見をいただきましたが，それらを基に改めて（あるいは新たに）考えたことを 40 の講義としてまとめたのが本書です．

　一つの講義はそれほど長くはなく，また話題は完結するよう執筆しました．目次をざっと眺めて目に留まった講義の幾つかを拾い読みすることから始めていただいたらよいかもしれません．もちろん，第 1 講から順に読み進めていただければ，なおよいだろうと思います．各講義の内容をより深く理解するためには，前提とすべき予備知識が必要と思えた場合には（英語ではありますが）上記の拙著に当たってみてください．

1日に2講義を読むとして20日で40講. 読めない日があるかもしれないので, 長めに見積もって1カ月あれば読み切れるはずです. 本書をゆっくり読んだら, じっくり考える癖がついた——そうなるとしたら著者冥利です.

「分からない」のが「分かる」へと変化していくのを楽しみながら読み進めていただけるとよいと思います. 分からなかったところと分かるところがつながることで, 分かる範囲が広がっていくと面白さが増していくはずです. そのようにして読み進めていったところ, 身近な環境の捉え方・考え方や関連する技術の在り方について, 一人でも多くの読者と私の理解が共有できていくとすれば, これに勝る喜びはありません.

2024年9月

宿谷昌則

目次

はじめに　03

第0章　改めて何を問い、学ぶか？ ———————————— 10
　§1.　前口上　10
　§2.　求められる転換　14

第1章　環境と情報をどう読むか？ ———————————— 17
　§3.　環境，そして系とは何だろうか？　17
　　　　系と環境の関係 17　開放系と閉鎖系 19　系に働く入力と二つの出力 20
　　　　熱力学の四つのキーワード 22
　§4.　系と環境の大きさ　22
　　　　メートルという基本単位 22　系と環境空間の相対的な大きさ 24
　§5.　環境の入れ子構造　26
　　　　生涯の90%以上を過ごす建築環境 26　環境の入れ子構造と光・熱の流れ 28
　　　　小宇宙と大宇宙の間にある建築環境 29
　§6.　情報の発現と環境の形成　31
　　　　建築環境と感覚情報 31　情報・環境の入れ子構造 33　情報と環境の相補的関係 35
　§7.　"エネルギー問題"は何が問題か？　36
　　　　日・英・米の「エネルギー使用速さ」の推移 36　エネルギー問題は速さの問題 40

第2章　技術と自然をどう読むか？ ———————————— 42
　§8.　パッシブとアクティブ　42
　　　　パッシブシステムとアクティブシステム 42　ニワトリの受精卵に見る「膜」の役割 43
　　　　ニワトリの受精卵に見る「管」の役割 45　自然の模倣 46

§9. 技術の型と建築の形　47

火の使用の変遷とアクティブ型技術 47　　定住の始まりとパッシブ型技術 49

自然の多様性とパッシブ型技術 50　　一様性を可能にするアクティブ型技術 52

§10. カタチの見方とカタの読み方　53

形（カタチ）と型（カタ） 53　　形に潜む型を読み取る 57

§11. 微視的・巨視的描像と物質観　59

無味乾燥だった微視的世界 59　　動き回る粒子の実験 60

微視的描像と巨視的描像をつなぐ 62

§12. 排熱があって可能な動力生成　66

ヤカンと羽根車を使った「思考実験」66　　持続可能の4条件 70

§13. 閉じられた自然とその利用の必然　72

核と微視的物質観 72　　ガスコンロでの燃焼 73　　核力と核分裂 75

生存に対する「原発」という負債 78

§14. 水飲み鳥と地球環境システム　81

水飲み鳥のお辞儀運動のしくみ 81　　お辞儀運動のエネルギー収支 85

お辞儀運動のエクセルギー収支 87　　水飲み鳥を用いた地球環境システム模型 89

第3章　つながる自然を読む ——————————— 92

§15. 個体発生・系統発生と環境　92

細胞——生きものの最小単位 92　　単細胞生物から多細胞生物へ 94

系統発生が生んだ大気の変化 97

§16. 寒冷・温暖化リズムと体温の恒常性　100

上昇・下降を繰り返した太古の地球表面温度 100　　魚類・両生類の出現 102

環境温度の変動と恒温動物の出現 104　　個体発生は系統発生を反復する 105

体温の恒常性と冷暖房技術 107

§17. 恒常性の維持と「感覚-行動」プロセス　108

ヒト体温の概日リズム 108　　周囲環境とヒトの「感覚-行動」プロセス 110

アクティブ型技術の定向進化 113

目次　　　　　　　　　　　　　　　　7

§18. いわゆる五感は十三感　115

神経系の発達と建築環境・体内環境 115

全身に張り巡らされた神経系と十三感 118　　神経細胞による情報伝達 120

§19. 情覚・意識と不快・快の評価　122

認知のプロセス 122　　情動と情覚 124

系統進化した脳の 3 層構造 125　　不快・快と二つの記憶 127

§20. 天動説・地動説と宇宙観　129

天球上の太陽の動き 129　　天動説という精緻な数理モデル 134

太陽を中心にした地球の自転・公転 136

§21. 潮の満ち干と体内時計　139

月の満ち欠けと公転周期 139　　潮の満ち干と太陰日 142

月と太陽が及ぼす起潮力 144　　体内時計を司る重力と太陽光 146

第4章　改めて知る光と熱の振る舞い ———————— 149

§22. 波そして粒として振る舞う光　149

拡がり進む波の本性 149　　見えない電場・磁場の存在を確かめる簡単な実験 153

光子たちの桁違いな質量 155

§23. ほどよい明るさと人工照明　157

眼と視覚のしくみ 157　　空疎な所要照度基準 159　　明るさ知覚の実験 162

§24. 自然光源と人工光源　165

変動する室内の昼光照度 165

自然光・人工光の必要とするエクセルギーを比較する 166

白熱灯・蛍光灯・LED 灯のエクセルギー収支を比較する 169

§25. ロウソクの振る舞いと伝熱四態　172

エクセルギーのほとんどが熱となるロウソク 172

ロウソクに見る伝熱四態 173　　ロウソクと可視光 176

第5章　エネルギー・エントロピー・エクセルギー ——————— 178

§26. 熱容量の発見と熱量保存則　178

熱と温度 178　　ブラックの功績 —— 熱容量と熱量保存則 179

水量収支で考える熱伝導 182

§27. 仕事・熱とエネルギー保存則　185

「力」と「仕事」185　　「仕事」と発熱 186　　「エネルギー保存則」の発見 188

§28. 拡がり散りとエントロピー・絶対温度　190

エネルギー・物質の拡がり散り 190　　拡がり散りは元には戻らない 191

エントロピーは熱に比例する 193　　熱・エントロピーから絶対温度を定義する 195

§29. 拡散能力・エクセルギーそして消費　198

資源性を決定する環境温度 198　　エクセルギーとは拡散能力 201

消費を「見える化」するエクセルギー 204

第6章　拡散・凝集の振る舞いを読む ——————————— 206

§30. 真空の発見と水蒸気圧　206

真空の存在を証明するパスカルの実験 206

水蒸気濃度を決めている化学ポテンシャル 209

§31. 膨張・圧縮と冷却・加熱　213

エアコンの構造・仕組み 213　　冷・温エクセルギーを振り分けるエアコン 217

室外機を地中につなげれば…… 219

§32. 湿潤・乾燥と湿り空気　220

外気温と水蒸気濃度 220　　大気と共に変動する水蒸気濃度 223

相対湿度で大きく変わる乾・湿エクセルギー 225

§33. 光水合成する植物たち　228

葉緑体で行なわれる物質循環 228　　葉はなぜ熱くならないのか？ 231

第7章　人体の振る舞いとエクセルギー ——————————— 238

§34. 体温調節と適応・行動　238

ミトコンドリアは体内のコジェネレーションシステム 238

体温の動的平衡と人体の振る舞い 243

§35. 温もりの創出と放調　245

太陽の6000倍に及ぶ人体の発熱密度 245

人体のエクセルギー消費速さに大きく関係する周壁温度 247

壁体の高断熱化と「温」放射エクセルギー 249

§36. 涼しさの創出と放調・通風　252

必要な周壁面からの程よい冷エクセルギー 252

断熱と「冷」放射エクセルギーの創出 256

日除けの位置と放射エクセルギー 258　　「強冷」から「涼房」へ 262

第8章　流れ・循環を成す自然と技術 ──────── 265

§37. 換気と四つの力　265

流体と高圧・低圧エクセルギー 265　　風力換気と浮力換気 269

空気の流れと圧力減退 272

パッシブ型換気に要するエクセルギーはアクティブ型換気の1/1000　273

§38. 共生・持続する生命系　277

体内環境に共生する細菌 277　　開放系として機能する血管系 279

人体を構成する原子たち 280　　生命系が保有・持続してきたリン（P）283

物質循環と生命系 285

§39. 動的平衡する地球環境システム　287

地球大気の雲量と太陽活動・銀河宇宙線の相関関係 287

地球を取り巻く入れ子構造 ── 大気圏・磁気圏・太陽圏 291

天空放射温度と天空「冷」放射エクセルギー 295

地球環境システムのエクセルギー収支 297

§40. 自然にならう技術とは何だろうか？　299

見事な地球の設え 299　　自然にならう技術を求めて 302

補講　諸量把握のための処方　305

あとがき 310　　　　引用・参考文献　313　　　　索引 318

第0章
改めて何を問い，学ぶか？

§1. 前口上

　私は，建築環境学という領域の学問を専門として研究と教育に長いこと携わってきました．研究に45年ほど，教育に40年ほどですから長いと言ってよいでしょう．勤めていた大学を2019年3月末日に定年退職しました．その後はフリーランスの研究者・教育者として活動しています．

　建築環境学は，通常は建築環境工学と呼ばれているのですが，「工」の一字を抜いてあえて「建築環境学」としているのは故あってのことです．学問の対象を工学の領域に閉じ込めずに，関連する周辺の領域や社会で起きている様々な問題にも目を向けて，私なりの学問を構築していきたいと常々思ってきたからです．

　建築環境学へ向けた私なりの取り組みを面白がってくださり，縁あって学問する同志として研究や教育に共に取り組んでくださるようになった方々，住まいその他の建築環境づくりの実務家の皆さんで基本となる考え方を共有してくださるようになった方々，これらの方々の数は少なくはありません．手応えは十分，研究者・教育者冥利に尽きるというものですが，だからと言って私なりの建築環境学は完成したと言えるところにまでは達してはいない，未完成の度合いはまだまだ高い，そのように自己評価しています．フリーランスになった後，いろいろなところで開催されてきた勉強会や講演会で話をさせていただく度に，完成への途は未だ遠しとの思いを強くしています．

そのような思いは，フリーランス研究者・教育者として仕事を続け始めてから1年ほど経った頃（2020年2月中旬），そして3年ほど経った頃（2022年2月末）により強くなりました．その理由は，一つにはコロナウィルス（SARS-CoV-2）に起因する感染症（COVID-19）拡大，いま一つはウクライナへのロシアの侵攻拡大です．

コロナウィルス禍が世界中の人々の活動にいかに大きな制約を与えてきたかは，改めて言うまでもなく，私たち一人ひとりが日々体験してきたとおりです[*1]．また，ウクライナの戦争ではチョルノービリ原発やザポリージャ原発といった超危険施設でさえも攻撃対象になり，戦火はしばらく止まない様相にあります．

"持続可能な社会の構築"といった標語が多くの人々に共有されるようになってきて既に久しいですが，現実には真逆の事象が少なくはなく，人災にして最たるエネルギー・物質資源・環境問題でもある戦争が拡大の様相を呈しているのには暗澹とした気持ちになります．いわゆるエネルギー・物質資源や環境問題と戦争の関係性は建築環境学の直接的な対象ではありませんが，私なりの建築環境学を少しでも充実していくにあたっては無視してはならないと，折に触れて思うことが多くなりました．

禍を転じて福と為せるか，それとも不安の募る中で思考を停止させてしまい更なる禍を呼んでしまうか．今という時は，収束後へ向けて求められることは何なのか，その答えを各人各様に見出すための重要な機会なのだと思います．

そのようなわけで，フリーランスとなる以前には時間が取れずに後回しにしておいたことや，上に述べたような2020年代に入ってあらわになった社会事象にも目を向けつつ，私なりの建築環境学を，さらに深めていくのと同時に，私なりの考え方を，より多くの方々と共有していけるように，紙上講義を展開してみたいと思います．

[*1] 2023年1月末時点で，感染者数は世界全体でおよそ6億7千万人，そのうち死者数がおよそ682万人で致死率1.0%，以上 https://ourworldindata.org より．

毎回の講義で取り上げるべき小テーマには硬軟いろいろあり得ますが，難しいことはできるだけ分りやすく，易しい（と思われている）ことは，視点を変えることで理解を深めていけるようにしたいと思います．

私がこれまで取り組んできたことは，一言で表わせば，建築環境をめぐる様々な自然現象をエクセルギー概念を駆使して読み解き，在ってしかるべき技術を浮き彫りにしていくことです．

いま，「エクセルギー」と言いましたが，エクセルギーは難解としばしば言われてきました．

例えば，「話を聞くと“なるほど”と思うんですけど，少し時間が経つと，訳が分からなくなってしまうのです．でも，エクセルギーの話を聞く前と後では，ものの見え方が何となく違ってきたような気はするんですよね〜，それが何かをはっきりとは言えないんですけど」といったニュアンスのことをよく耳にしてきました．

エクセルギー研究に30年以上も費やしてきた私が自信を持って言えるのは，エクセルギー概念は易しくはない，それは間違いないことです．が，同時に加えて言いたいことがあります．それは，エクセルギー概念は，重要でしかも魅力的な概念なので，これを知らない人が多過ぎるのは何とも勿体ないということです．そのエッセンスは，エネルギー問題と環境問題とをつないだ定量的な議論を可能にすることです．

エクセルギー概念をつかむことを目指した私の悪戦苦闘をそのまま追体験していただく必要はまったくありませんが，苦闘の末に切り拓けた道筋にある道標のいくつかについては読者の皆さんにもお伝えするのがよいだろうと思っています．そうすると，エクセルギー概念の面白さや魅力を読者の皆さんと共有しやすくなるだろうと思うからです．この紙上講義を展開するにあたって，以上のことを念頭に置いておきたいと思います．

私は楽器を何一つ演奏できませんが，だからと言って音楽鑑賞ができないわけではありません．好きな音楽を聴くことは日常の一部になっています．エクセルギー概念を楽器にたとえると，エクセルギー概念の演奏が曲がりなりにもできる私は，この紙上講義を読んで下さる皆さんを前にエクセルギー

概念という楽器の演奏をしてみようというわけです．聴いて心地よい演奏になるかどうか，それはやってみないと分かりませんが，少なくとも途中で退席したくなるような演奏にはならないよう努めたいと思います．

私の専門としてきた学問領域を「建築環境学」と呼ぶと冒頭で言いましたが，それなりの進展があった今は敢えて「建築環境学外論」と称することにしています．「外論」は，概論とすべきところを間違って記したわけではなくて，意図があって外論と表現しています．

私は建築環境学という学問の内側に在る者ではありますが，そこに閉じこもるのではなく，熱力学や人間生物学といった領域にも素人ながら足を踏み入れて，その成果を建築環境学の世界に輸入することを試みてきました．お陰で私なりの建築環境学の間口は広くなり，奥行きも深まってきたと思いますが，その一方で，建築環境学的な考え方を熱力学や人間生物学などの世界に輸出していくとよいに違いないとも思うようになりました．学問は，そのような開放性によって健全性を保ち続けることができると思うのです．

2019 年末に勃発したコロナウィルス禍は人類史始まって以来初めてのことというわけではなく，過去にも類似の事例はありました．直近では 1918 ～ 1919 年に起きた H1N1 型インフルエンザ大流行があります[2]．

350 年ほど前（1665 ～ 1666 年）には，英国でペストが大流行して，多くの人が集まる施設・集会場などが閉鎖されました．ケンブリッジ大学は一時的に閉鎖された場所の一つで，3 年間にわたって閉鎖されたのだそうです．当時、この大学に所属していたアイザック・ニュートンは，閉鎖期間中に故郷ウールズソープに戻り，正しく "Stay at home" の生活をしたようです．帰郷の 3 年間は研究から離れざるを得ず，無駄になりそうに一寸思えますが，実はその真逆でした．ニュートンはこの間に思索と研究を深めて「重力の法則」を発見したのです．科学史家たちは，ニュートンの過ごしたこの時期を指して「創造的休暇」と呼んでいます．

---

[2] 俗称「スペイン風邪」，世界全体の死者数 5 千万 ～ 1 億人．山本太郎著『感染症と文明』，2011 年，岩波新書による．

ニュートンのような大発見はそう簡単にできるものではありませんが，私たちの一人ひとりに，それぞれが持つ興味に応じて可能な小さな発見ならできるはずです．この紙上講義は，その切っ掛けとなるようなものにしていきたいとも思います．

§2. 求められる転換

人も物も往来が簡単・便利になり，私たちの暮らしている世界の（仮想現実的な）時間と空間は科学と技術の発達によってとてつもなく狭くなってきていることを皮肉なことにコロナウィルスの感染拡大現象は，私たちに改めて気付かせることになりました．

現代までに発達してきた科学と技術は大変に有難いわけですが，有難さには実のところプラスの側面ばかりではなく，マイナスの側面が潜在していたのだということをも気付かせてくれているのだと思えます．コロナウィルス禍は，これまでの科学と技術の在り様を振り返るとともに，これらが今後どう在ってしかるべきかを私たちに改めて考え直させる切っ掛けを与えてくれているように思います．

人や物の往来に自由が保障されていることはもちろん重要なわけですが，その自由は無限なのではなくて，自由の程度には閾値（あるいは境界）があるのだろうと思います．

私たち一人ひとりの人生は，生き物としてのヒトから始まって，感覚や知覚をもつ人になっていき，やがて過去と現在・未来を意識できる人間へとなっていくプロセスのなかに創出されていくのだと思いますが，私たち人間が在ってしかるべき空間や時間と良好なる関係を創り続けていく営みのなかには実のところ在ってしかるべき自由に対応する義務があって，そのことを忘れてはいけないのだと考えます．自由には義務が伴う．このことは，身近な環境づくりの在り様とも大いに関係しているのだと改めて思います．

自由の程度にはしかるべき閾値（境界）があるはず……などと言うと，不可

解に思われるかもしれませんが，閾値を超えてしまったところはもはや自由というよりは出鱈目の許される領域なのではないか……そう思えてくるのです．強者のやりたい放題を許してしまう自由は，弱者が自由を手放さざるを得なくなる危うさを孕んでいると思えるのです．

危うさが現実になったのが原発震災であり，またコロナウィルス感染拡大が顕わにしてきた人災なのだと思います．悪事を働くことが目的化している政治屋たちの跋扈は，しかるべき自由の閾値を超えたところに私たちが身を置いているが故ではないかと思えます．気が付いてみたら，自由の反対たる抑圧の下に暮らさざるを得ない……そんなことが現実になってはならないと思いますが，出鱈目が生じ得る自由の領域にはそのような危うさが伴っていることを改めて認識し直したいと思います．

自由を保持し続けるのに義務が伴うのは面倒なことですが，面倒を忘れていると，弱者に責任を擦り付けて憚らない偽なるリーダーをいつの間にか生じさせてしまう．その危うさは，皮肉なことに世界中に広まったコロナウィルス禍が顕わにしました．

出鱈目の発現と蔓延を予防する一助となり得るような自律的な思考能力——自らの頭で考え判断し行動できる力——を改めて育み続けることの重要性を思います．

窓の開けられない建物を造って，換気はすべて機械・電気仕掛けで行なえばよい．健全な空気が保たれているのか否かを住まい手がいちいち判断して窓の開け閉めをするのは面倒だから．照明はすべて一定・不変の照度を可能とする電灯に頼ればよい．窓から入ってくる直射日光や天空光は変動がうっとうしくて邪魔者以外の何物でもないから．暖房や冷房は，暑さも寒さも忘れさせてくれて生産性を向上させてくれる一様・不変な温湿度を可能とする機械・電気仕掛けの冷暖房設備に頼ればよい．暑さがあるからこその涼しさとか，寒さがあるからこその温もりなんて面倒くさいから．

科学と技術の粋は，身近な環境空間に以上のような錯覚的な自由を与えてくれましたが，実のところ，それは在ってしかるべき自由の閾値（境界）を超えた出鱈目の危うさを伴っていたのだと思います．コロナウィルス感染予防

の件で，窓開けなど換気を励行するようにと言われ始めましたが，換気ばかりでなく，照明や暖房・冷房の在り様についても改めて考え直す必要があるのだと思います．

　錯覚からの解放には巨視的と微視的とを自由に行き来できる思考の柔軟さや，視点を変えられる柔軟さが必要だと思います．学び問い，問うては学ぶ学問の営みとはそういうことだと考えます．

　原発震災やコロナウィルス禍などの私なりの経験を通じて，以上のようなことを考え始めたわけですが，上に述べたような自由の閾値がどのあたりにあるのか．あるいは抑圧の心配をしないで済む自由とは何か．その自由に伴う不便さは実のところ私たち一人ひとりの手づくりであるからこその創造的な暮らしを可能とするだろう．そのような環境づくりはどのようにして創出されていくものなのか．そういったことを科学と技術の双方の在り方を問い直していくなかで，改めて見い出していきたいと思います．

　どのような分野の学問でも，対象とする現象なり事象なりがあるわけですが，これは人を含む自然現象，あるいは人間を含む社会事象の部分を抽象して，その抽象した部分について学び問い，問うては学んでいく営みだと思います．抽象することは必ず捨象することを伴います．学問すれば，抽象したところの内に在ることには詳しくなりますが，捨象したところは見ていない，考えていないのですから，そこについては無知なわけです．無知の程度は相対的に増すかもしれません．専門バカという俗語は，このことを指しているのだと思います．

　私なりの建築環境学外論も，この意味で捨象していたことが多々あったことにコロナウィルス禍は改めて気付かせてくれました．気付かなければ，運転し続けていたつもりの思考が実は停止に近い状態だったかもしれない．そう思えてくることが少なくはありません．読者の皆さんそれぞれにも同様なことがあるかもしれません．今を改めての出発点として，建築環境学外論をいま一度深めていけるよう学び直し，愉快に展開して，紙上講義の読者の皆さんとともに，希望ある未来を展望し，求められるべき転換を果たすに足る考え方を再構築していきたい．そう思う次第です．

第1章

環境と情報をどう読むか?

§3. 環境, そして系とは何だろうか?

系と環境の関係

　大学での講義に限らず, 一般向けの講演会などでも, 環境に関する話を始めるにあたって, 私はしばしば次の質問をしてきました. 「環境という語を耳にして思い浮かぶことを例を挙げて言ってみてください」. いろいろ挙げられますが, 多いのは「地球温暖化」,「大気汚染」,「CO_2」,「ごみ問題」. いわゆる環境問題の議論に出てくるキーワードが並びます. その後に, 「ところで, 環境って何のことですか?」と改めて質問すると, 答えに窮する人が少なくありません. 「環境」という語は知っているけれども, その定義について改めてたずねられると, 実は曖昧だった……という人が多いのです.

　というわけで, 「環境」を改めて定義し直してみましょう. 「〈主体となる何か〉を取り囲んで存在するモノとそこで起きているコト」. これが最も一般的な定義でしょう. 「環境」という語は「環境汚染」,「環境破壊」……のように負のイメージに関係して次第によく使われるようになってきましたが, 本来はそのような意味を内包しているわけではないのです.

　〈主体となる何か〉と言いましたが, これは考える対象として実体あるものであれば何でも当てはまります. 「系」とも言います. 英語では"system"です. 一つの系として, 例えば, 私たちヒトの身体, 今いる部屋, 住んでいる集合住宅1棟, 近隣公園に植わっている樹木の1本, この原稿を書くのに使っているパソコン, 窓前をたった今横切りながら飛び去っていったツバメなど,

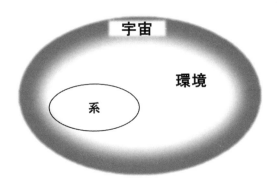

図1 宇宙の中に系を想定する．系の境界面より外側がその系の環境となる．

ともかく考える対象を定めればよいのです．

　系と環境の関係は，**図1**のように描くことができます．まず宇宙の全体があります．その中に私たちはいます．宇宙の中には私たちに分かることもあれば，分からないこともあります．分からないことの方が多いに違いありません．考えてみれば，私たちが生きていることだって実に不思議です．

　天気は一時として止まることなく変動を繰り返しています．空に目を向ければ，青空に雲，そして太陽，夜になれば月が，そして目を凝らすと無数の星が見えます．身近なところを見れば，足元には床が，目の前には窓ガラスと壁が……と，私たちの肉眼で確かめられるモノだけでも際限がありません．そうした宇宙の中に，「系」を定める境界面を描きます．すると，その外が「環境」ということになります．系として何を取り上げるにしても，その境界面を明確に定めることが重要です．

　人体を例に考えてみましょう．身体の表面を境界面としてみます．裸の体表面を境界とすれば，着ている衣服は系の外側で，環境の一部となります．衣服を含めて人体と定義するのであれば，衣服は系の内側になり，その外側が環境となります．

　境界面をどこに取るかは，考えている人の自由ですが，曖昧にしてはいけ

ない．そこが肝要です．このことは系の熱力学的な性質を議論するとき，特に際立ってきます．このことについては紙上講義の中盤で改めて述べます．

開放系と閉鎖系

　ここで，もう一つだけ注意しておきたいことがあります．例えば，私たちの身体には口や鼻・肛門などの開口部があります．境界面を身体の実体部分に沿って厳密に定めようとすると，鼻腔や口腔・食道・胃袋などの空間はすべて系の外側になります．ということは，これらの空間はすべて系の外であって環境の一部です．何だか妙な気がするかもしれませんが，誤りではありません．上に述べたように境界面をどこに決めるかは自由なのです．とは言っても，通常はそのようには境界面を定めず，鼻孔や肛門の開口部分に境界面があると仮想して系を定めます．

　このようにすると，系の境界面の一部を貫いて物質が出入りすることが認識できます．鼻と口からは呼吸によって空気が出入りし，口からはときどき水と食物が入り，肛門からは大便が，尿道口からは小便が間欠的に出ていきます．

　私たちの身体を構成する細胞は 60 兆個ほどあるのだそうですが，そのすべてにも物質の出入りする開口があります．ですから，実体ある表面に沿って境界面を決めたとしても，やはり物質の出入りがあります．私たちの身体の全体に鼻や口・肛門・尿道口などの開口部がある所以です．

　住宅など建物の部屋を系とする場合も同じです．窓や玄関・換気口・上下水道管の断面は，人の身体にある鼻孔や肛門と同じく物質の出入りする境界面です．建物の部屋も当然のことながら物質が出入りする系なのです．部屋の内部で暮らす私たちの身体が物質の出入りを必要とするのですから，当然そういうことになるわけです．

　以上のように物質の出入りがある系を「開放系」(open system)，これに対して物質の出入りが存在しない系を「閉鎖系」(closed system) と呼びます．これらはもともと熱力学で使われる用語です．

　閉鎖系は物質が出入りしないのだから，孤立しているのかと言えば，そう

ではありません．境界面を貫いて物質ではない何かが流れ入ってきたり流れ出ていったりします．このことを少し詳しく考えてみましょう．

系に働く入力と二つの出力

　私はいま手書き原稿をパソコンの左脇に置き，キーボードから文字を打ち込んでいます．パソコン画面の右下にある充電状態のお知らせマークを見ると，コンセントプラグのマークが点灯しています．パソコンが電源につながっているのです．右手のひらでキーボードの全体を触ってみると，わずかに温かさを感じます．キーボード面から手のひらに熱が流れるからです．

　熱の流れが生じている原因は何でしょうか？　それは，電源コードを伝わってパソコンに入ってきた電力がパソコンを働かせ，その過程で熱が発生しているからです．いま「働き」と言いましたが，それは具体的に言うと，次のとおりです．画面から発せられている光には画面上の位置に応じて強弱があって，私たちの目と脳が認識できる文字や画像になって映し出されています．これらを可能としている一連の働きの過程で発生した熱がキーボード面などから排出されているのです．

　以上の説明でわかるのは，パソコンという系に物質の出入りはありませんが，電力の入りと光・熱の出はあるということです．電力と光・熱は物質ではありません．電力は正確に言うと，「電磁気現象に乗って運ばれた動力」です．最初の「電」と最後の「力」をつなげて「電力」と呼んでいるのです．要するに略語です．なお，動力は物理学用語の「仕事」と同じです．

　発電機のプロペラが回転する勢いの大きさを動力と言いますが，それが電線に沿って生じる電磁気現象に乗ってパソコンまで運ばれているのです．動力の一部はパソコンを働かせる過程で光と熱になります．電力が発生させた光も結局は熱になります．熱はすべて系の外へと出ていきます．そういうわけで，閉鎖系では物質の出入りはなくても，動力や光・熱の出入りはあるのです．実はパソコンの底面や背面をよく見ると，細かい格子状の開口部があって周囲の空気を吸い込み，また空気を排出できるようになっています．上に述べた議論では，これら開口を出入りする空気の振る舞いは無視していた

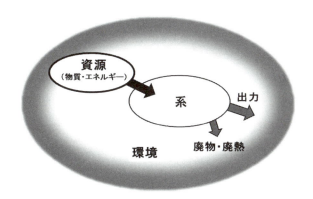

図2 宇宙の中に系を想定する．系の境界面より外側が系の環境となる．系の働きは資源からの入力と二つの出力（目的出力と廃物・廃熱出力）があって，はじめて成り立つ．資源もまた一つの系である．

のです．それで事足りることもありますが，無視は無理ということもあります．系と環境についてどのような議論を展開する必要があるのか，それに応じて系を閉鎖系とみなすか，開放系とみなすかが決まります．

　例えば，室内の温度が全般的に高いときにパソコンを使っていると，内部に仕組まれている排気用ファンが勢いよく働いて，モーターとプロペラの回転音に気付くことがあります．これは，パソコン内部を冷やすためにパソコン周囲の空気が吸い込まれ，パソコン内部で発生した熱を排気用ファンが空気に乗せて懸命に排出させているのです．このような場合には開放系を想定するのが妥当でしょう．

　以上述べてきたように，何らかの働きがある開放系あるいは閉鎖系の捉え方についておよそのところが明らかになってきたので，このことを**図1**に反映させて描き直すと，**図2**のようになります．

　系が働くためには「資源(物質・エネルギー)」が必要です．この資源もまた一つの系と考えることができます．資源系から入力があって，いま考察の対象としている系はその目的に応じた働きを営みます．その過程で必ず廃物や廃熱が生じます．これら廃物・廃熱は必ず環境中へと放出されるのです．

熱力学の四つのキーワード

資源と言い，廃物・廃熱と言いましたが，これらは定量化して表現する必要があります．資源を有効に活用するにはどうしたらよいか，あるいは，資源の浪費を防ぐにはどうしたらよいかが明確にできれば，在ってしかるべき技術の姿が浮き彫りになるはずだからです．廃物や廃熱はできるだけ減らしたい．これらが皆無にできて，環境をまったく汚染しないで済むなら，それに越したことはないわけですが，果たしてそれは可能なのか，可能ではないのか？ 可能にせよ，不可能にせよ，制約条件となることは何でしょうか？

こうしたことを明らかにすることを目指して発展してきた学問が熱力学です．熱力学では，いくつもの鍵となる概念が見い出されてきましたが，特に重要なのは，「エネルギー」，「エントロピー」，「環境温度」，「エクセルギー」の四つです．これらの一つひとつが何であるか，互いにどう関係し合うのかは追々説明していくことにしましょう．

ここでは，次の3点だけを記しておきたいと思います．一つは，資源性を表現できるのは，エネルギーではなくてエクセルギーだということ．二つ目は，資源の消費とは自然現象の一つに他なりませんが，消費を曖昧さなしに表現できるのもエクセルギーだということ．そして三つ目は，資源の消費とは「拡散」が起きることであり，その大きさを表わせるのはエントロピーだということです．

§4. 系と環境の大きさ

メートルという基本単位

宇宙全体の中に考察の対象とする系を想定して，その外側が環境だと言いましたが，これでは系の方はまだよいとして，環境の方は茫漠としています．そこで，系と環境の相対的な大きさに着目して考え直してみましょう．

モノの大きさを知るには長さを測る必要があるわけですが，皆さんご存知のとおり，現代社会では「メートル」が基本単位として使われています．長さ

をメートル単位で測るのは当たり前すぎて，それを何故と問うことは愚問だと思われるかもしれませんが，メートルが決められた経緯を知っておくことは重要と思います．

昔は国や地域で使われる単位がそれぞれに異なっていました．日本では尺，英国ではフィートという具合です．いずれもメートル単位でおよそ30cm です．これは手首から肘の先までの長さに相当します．人体の一部を単位として長さを測ることにしたのだろうと思われます．人々の交流が次第に盛んになっていき，貿易が行なわれるようになり出すと，単位の換算が必要になります．統一された単位を使えば，換算の面倒が解消されますので，単位の統一が必要になるというわけです．強国で使用されている単位をその他の国や地域でも使う．そういうことが長い間にわたりありましたが，これは公平とは言えません．

誰にとっても公平と認められる単位を用いる，それは人類の進歩をも意味することになる……ということで決められたのがメートル単位です．公平である理由は，地球の北極点と赤道までの距離の1000万分の1を1メートルとして決めたからです．私たち人間はみな地球上で暮らしていますから，地球の大きさから決められた長さの単位を使うのは，誰にとっても公平というわけです．

1メートルを決める仕事を担ったのは18世紀末に活躍したフランス人天文学者 J. B. ドランブルと P. メシェンの2人です[1]．彼らはパリを出発して，ドランブルは南へ，メシェンは北へと向かい，三角測量をできるだけ正確に行ない続ける旅を7年間にわたって敢行しました．その結果，彼らはダンケルク（フランス最北端）とバルセロナ（スペイン最東端）の間における直線距離を得ることに成功しました．彼らは2地点の直線距離と各地点における北極星の高度とから，地球の北極から赤道までの距離を計算して，その値の1000万分の1を1メートルと定めたのです．

公平で普遍性ある単位メートルがこうして得られたのはすばらしかったの

---

[1] ケン・オールダー著・吉田三知世訳『万物の尺度を求めて』，早川書房，2006 年.

ですが，メートル単位の採用は，国や地域に固有の文化として継承されてきた単位の長所を捨象することを必然としました．このことは記憶に留めておきたいと思います．在ってしかるべき技術を改めて考えていく上で，捨象すべきことと抽象すべきことについてヒントを与えてくれるに違いないと思うからです．

系と環境空間の相対的な大きさ

〈主体となる何か〉を短く表現して「系」と呼ぶわけですが，考える対象としての主体（系）を中心に据えてその直近の空間を環境として，その大きさをメートル単位で表わすことを考えてみます．ヒトの身体を主体（系）として，環境空間が次第に大きくなる方向に，また，その逆に次第に小さくなる方向に並べるのです．**表1**はその結果を示したものです．

表1のほぼ中段に「ヒト　建築環境　10^1」とあります．これは，ヒトの直近，すなわち最も身近な環境空間が建築環境で，その大きさのオーダーが 10m であることを示しています．一つ上の段を見ると，主体（系）が建築，その環境空間は都市環境（あるいは農山漁村環境）で，その大きさを代表する長さのオーダーは $10^4\text{m}(=10\text{km})$ です．

都市（建築群）は地域環境に，地域（田園・森・川・海）は地球環境に，地球は太陽系に囲まれ，その大きさは順次 10^5，10^7，10^{13}m となります．太陽系は代表長さ[2]が 10^{20}m ほどの天の川銀河，天の川銀河は大宇宙を環境空間として，その大きさは（宇宙物理学の知見によると）10^{26}m ほどです．

今度は，「ヒト　建築環境　10^1」の段から下の方向を見ていきましょう．体内にある脳・心臓などの器官は，代表長さが $10^0(=1)\text{m}$ 程度の体内環境の内側にあります．その2段下には組織（細胞群）を環境空間とする細胞があります．組織（細胞群）の代表長さは $10^{-4}\sim10^{-3}\text{m}$，細胞質（細胞一つの内部空間）の代表長さは 10^{-5}m 程度です．その下の段を見ると，高分子群（例えばDNAなど）を環境空間（代表長さ $10^{-8}\sim10^{-7}\text{m}$ 程度）とする分子があります．分子の大きさは

---

[2] 対象としている物体（系）のおよその大きさを表わす長さを「代表長さ」と言います．

§4. 系と環境の大きさ

表1 〈主体となる何か〉と環境空間の相対的な大きさの関係

主体	環境空間	環境空間の大きさ （単位：メートル）
天の川銀河	大宇宙	$\sim 10^{26}$
太陽系	天の川銀河	$\sim 10^{20}$
地球	太陽系	10^{13}
地域 （田園・森・川・海）	地球環境	10^{7}
都市 （建築群）	地域環境	10^{5}
建築	都市環境	10^{4}
ヒト	建築環境	10^{1}
器官 （脳・心臓など）	体内環境 （からだ）	10^{0}
組織 （細胞群）	器官	$10^{-2} \sim 10^{-1}$
細胞	組織 （細胞群）	$10^{-4} \sim 10^{-3}$
細胞内器官 （細胞核・ミトコンドリアなど）	細胞質	10^{-5}
分子	高分子 （DNAなど）	$10^{-8} \sim 10^{-7}$
原子	分子	10^{-9}
原子核	原子	10^{-10}
核子 （中性子・陽子など）	原子核	$10^{-15} \sim 10^{-14}$
素粒子 （クウォーク）	核子	$\sim 10^{-16}$

10^{-9}m 程度です．

　分子は原子から成り，原子一つはその中心に原子核を持ち，原子核は核子（陽子・中性子）から構成されています．原子一つの大きさは 10^{-10}m のオーダーです．これを環境空間とする原子核の大きさは $10^{-15} \sim 10^{-14}$m です．原子核を構成する核子（中性子・陽子）一つの大きさは 10^{-16}m のオーダーで，さらに

核子を環境空間として，より微細な素粒子が存在しています．

　以上で大きさのオーダーが 10^{26}m 程度の大宇宙から 10^{-16}m 程度の核子に至るまでの関係をざっと述べました．ゼロを並べることを考えてみます．10^{-2} は 0.01，10^{3} は 1000 ですから，$10^{-2} \sim 10^{3}$ の間にはゼロが 5 個あります．ということは，**表1** の最下段から最上段までの間にはゼロが 16+26=42 個並んでいるのです．

　大きな空間と小さな空間の全体にある関係性を，以上のように捉えることの重要性を最初に言及したのはオランダ人教育者 K. ブーケで，1957 年のことでした．この考え方に啓発されたアメリカ人建築家 C. イームズ と R. イームズは，"Powers of Ten" [*3] というタイトルの見事な動画を作り上げ発表しました．それは 1977 年のことでした．

§5.　環境の入れ子構造

生涯の 90%以上を過ごす建築環境

　ヒトにとって最も身近な環境空間は，**表1** にも示したように建築環境です．この建築環境について，空間に加えて時間についても考えてみましょう．私たちヒトは 1 日 24 時間を 1 周期（サイクル）として生活していますが，建築環境に囲まれて過ごすのはそのうちの何％ほどでしょうか？　これもまた建築環境の話を始める際に私がよく質問することなのですが，答えは 90~95％（22 ～23 時間 / 日）となります．

[*3] P. Morrsion et al., Powers of Ten, Scientific American Library, 1982.　日本語訳もされています．『パワーズ・オブ・テン：宇宙・人間・素粒子をめぐる大きさの旅』フィリップ及びフィリス・モリソン，チャールズおよびレイ・イームズ共編著，村上陽一郎・公子訳，日経サイエンス,1983.　この本を監修したモリソンは物理学者で、米国占領軍の科学担当将校として来日しました．滞在中に京都大学を訪問し、湯川秀樹ほかの物理学者と面談しています（『湯川秀樹日記 1945』小沼通二編、京都新聞出版センター、2020 年）．モリソンも湯川も、後年に核兵器廃絶運動に尽力しました．

§5. 環境の入れ子構造　　　　　　　　　　　　　27

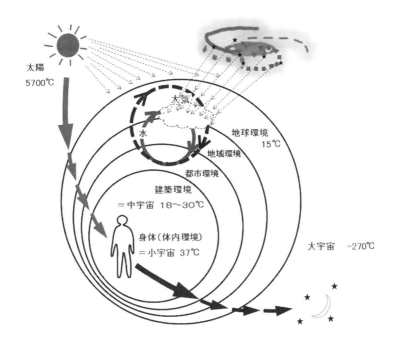

図3 環境の入れ子構造．最も身近な環境は建築環境．建築環境の環境は都市（あるいは農山漁村）環境．その環境は地域環境．そのまた環境は地球環境．そして宇宙環境．

　私たちが建物の中にいるのは，自宅の他に駅舎や仕事場・喫茶店・レストランなど様々ですが，いずれも壁と窓・床・天井に囲まれた空間です．その意味では，通勤・通学などに利用する電車やバスの内部空間も建築環境の特殊な例と考えることができます．このように考えてくると，私たちヒトが建築環境に囲まれて過ごす時間の長さが1日のうち90~95%に及ぶことが納得できるでしょう．仮に人生90年として81年以上，100年として90年以上です．衣服をまとい，その延長として建築環境に絶えず囲まれて暮らすのが，私たちヒトという生き物なのだと言えるでしょう．

　図3は以上のような性質をもつヒトを系として，その直近にある建築環境と，都市環境・地域環境・地球環境の関係を一つのダイアグラムとして描い

たものです．**表1**のところでもお話ししたように，ヒトの身体の全体は，脳などの器官を系とすると体内環境そのものであり，その外側に建築環境が存在します．建築環境を系と考えると，その外側には都市環境（あるいは農山漁村環境），都市環境を系とすると，その外側には地域環境，地域環境を系とすると，その外側には地球環境，そして地球環境を系とすると，その外側には宇宙環境があるのです．このような系と環境空間の一連の関係を「環境の入れ子構造」と呼びます．

環境の入れ子構造と光・熱の流れ

私たちヒトの身体の中心部分（脳や心臓など）は37℃程度に保たれています．茶碗に入れた熱いお茶は放置しておけば遅かれ早かれ冷めてしまいます．よく冷えた麦茶ならば温まってしまいます．私たちの身体ではそのようなことは起きません．寝ていようが覚めていようが，体内中心の温度37℃は自動的に維持されています．そうなるような機構が脳の中の「視床下部」と呼ばれる部位にあって，生きている限りうまく働いてくれているのです．

電気ポットに入っているお湯を，例えば70℃に維持しておくには通電し続けておかなくてはなりません．ポット周囲空間の温度は18~30℃程度ですから，水温とはかなり温度差があります．したがって，ポットの壁からは熱エクセルギーが周囲空間へと流れ出ていきます．出ていくに任せておけば，水温は下がらざるを得ません．そうさせないために電力供給が必要なのです．電力として供給されたエクセルギーは，下降しようとする水温を下降させないために消費されます．水温の維持はエクセルギー消費によっているのです．電気ポットと比べればはるかに複雑ですが，ヒトの体温37℃もまたエクセルギー消費によって維持されています．

体内では様々な生化学反応が絶えず進行していますが，すべて発熱を伴います．したがって，体温37℃を維持するためには放熱が必須です．そのために熱を受け取る建築環境空間の温度は体温37℃よりも低くなければなりません．しかし，だからと言って，低ければ低いほど良いわけではなく，適度に低いことが重要です．

§5. 環境の入れ子構造　　　29

　私たちヒトにとっての建築環境・都市環境を囲む地域環境には地域ごとに
固有の気候があります．地域の温度は四季を通じて変化を繰り返しています．
それに応じて建築環境内部に求められる温度も変化します．どの程度の変動
が好ましいのかは，建築環境を構成する壁・窓などの熱的性質や暖冷房・換
気技術の在り様といった住文化に関係して，また衣食文化に関係して決まり
ます．適切な温度範囲は 18~30℃ と考えられます．

　地域環境の温度は四季に応じて変化しますが，それがどの程度かは地域が
地球上のどこにあるかによって異なります．寒帯・温帯・熱帯も，また砂漠
も海もすべてを平均して考えることにすると，15℃程度になると考えられ
ます．温度の高低を比べると，人体(37℃)＞建築環境(18~30℃)＞地球環境(15
℃)となっていることに注意してください．熱は温度の高いところから低い
ところへと流れます．人体から放出された熱はまず建築環境へ出ていき，次
いで都市環境，地域環境へと出ていき，最後に地球環境へ出ていくのです．

　地球環境全体に見られる気象・海象や動物・植物・菌類・ウィルス類など
の生命現象は，そのほぼすべてが太陽を主要な資源としています．図3では
このことを太陽から地球→地域→都市→建築環境へと向かっている光の流れ
として象徴的に表現しています．

　地球環境の温度が15℃程度に維持されている理由の一つは，この太陽か
らの光の入りなのですが，その一方で忘れてならないのは地球から宇宙空間
に向けての熱の放出です．光の入り，熱の放出と表現しましたが，両者とも
に放射(＝電磁波)であり，違いは波長の長短にあります．図2に示したように，
系には資源からの入力と同時に環境への排熱が必要ですが，それは地球環境
にも当てはまります．図3で身体から建築環境→都市→地域→地球，そして
大宇宙へと向かっている矢印は廃熱の流れを象徴的に表現しています．

小宇宙と大宇宙の間にある建築環境

　図3には回転する矢印が描いてありますが，これは大気と水の循環を示し
ています．これらの循環は，太陽から地球に至り，地球から宇宙へと向かう
光から熱への大きな流れが産み出しています．この流れは大気中で生成と消

滅を繰り返す雲の多寡に応じて変動します．雲発生の多少には太陽風（太陽宇宙線）と銀河宇宙線の強弱が関係します．**図3**で太陽から出ている太い実線矢印は太陽光，その右横にある点線矢印群が太陽風です．太陽は光を放ち，また風（太陽宇宙線）を吹かせているのです．つぶれた目玉焼き状に描いてあるのは天の川銀河です．そこから出て地球大気に入射している点線矢印群が銀河宇宙線です．太陽光・太陽風・銀河宇宙線・雲と地球環境温度の関係については，この紙上講義の最後半で改めて議論しましょう．

　太陽は約5700℃という極高温，宇宙空間は約−270℃という極低温です．これらの温度は，お湯の温度や体温を測るのと同様にしては測れません．温度計を持って太陽まで行くわけにはいきませんし，大気の外へ出ていって宇宙空間に温度計をかざすこともできないからです．太陽の5700℃と宇宙空間の−270℃はいずれも，光（＝放射＝電磁波）の本性が明らかになることで正確に知ることができるようになりました．その端緒となる研究は，19世紀末から20世紀初頭にかけてヴィーンやプランク，アインシュタインらによって行なわれました．とても不思議なことだと思うのですが，19世紀後半までは関係し合うとは認識されていなかった二つの学問（熱力学と電磁気学）が組み合わさることで光（＝放射）の本性は詳らかにされていきました．その結果に基づいて太陽からやってくる光を詳しく調べてみたところ，太陽光は物質の温度が5700℃程度になると発する光と同様なこと，また星々の間にある空虚な宇宙空間には物質の温度が−270℃の低温で発する光が充満していることが分かったのでした．

　極高温の太陽（資源）が在って，極低温の「大宇宙」（環境）に囲まれて存在しているのが地球環境（系）です．このようにして成り立っている地球環境の内に在って生きているヒトの身体は，しばしば「小宇宙」と呼ばれます．私たちヒトの棲む建築環境空間は，小宇宙と大宇宙との間にある「中宇宙」と捉えることができるでしょう．

　この中宇宙はどう在るべきか？　それを科学的に議論し，中宇宙に備わってしかるべき技術を見いだすこと，それが「建築環境学」です．

§6. 情報の発現と環境の形成

建築環境と感覚情報

「情報」という語も「環境」と同じようによく使われます．「環境」よりもむしろよく使われているかもしれません．多用されているからには定義は明確なはずと言いたいところですが，§3.「環境，そして系とは何だろうか？」の冒頭でお話ししたように，環境の定義がはなはだ不明確であったのと同様に，情報の定義も不明確かもしれません．

そういうわけで，私なりの情報に関する話を始める際には次の質問を投げかけることにしています．「「情報」という語を耳にして思い浮かぶことを例を挙げて言ってみてください」．挙げられるのは「パソコン」，「スマホ」，「アプリ」，「インターネット」などで，カタカナ言葉が並びます．現代社会の多くの場面でこれらがいかに大きな役割を果たしているかがわかろうというものです．次いで「それでは情報の定義とは何でしょうか？」と尋ねると，答えに窮する人がやはり少なくはありません．「環境」という語の場合と同様です．情報についても一般的な定義を記しておきましょう．情報とは「〈主体となる何か〉が発する，あるいは受けるコトの知らせ」です．

主体をヒトの身体として何が基本的な情報（コトの知らせ）かを考えてみます．**表1**（25頁）に示したようにヒトの身体にとって直近の環境は「建築環境」です．建築環境に存在する最も基本的な情報は，光・熱・空気・湿気（水）・音の振る舞いに応じて現われます．これを「感覚情報」と言います．

光は，昼間であれば窓から，夜間であれば電灯から得られます．窓あるいは電灯から室内に入ってくる光の強弱に応じて私たちは室内外にあるモノを見ることができます．一般に光の量が大きければ明るく，小さければ暗いわけですが，明暗は量だけで決まるわけではありません．全体的に量が小さくても，光の量に空間的な分布があったり，時間的な変動があったりすると，これらに応じて明るさや暗さの感覚は異なってきます．色も影響します．環境の質が感覚情報の現われ方に影響するのです．

私たちの身体は絶えず発熱しており，その熱は体外へ排出し続けなければ

なりません．§5.「環境の入れ子構造」でも少しお話ししたように，熱の排出は過不足ないことが大切です．過ぎれば寒く，不足すれば暑く感じることになります．寒い・暑いはやはり感覚情報があって定まります．寒い・暑いは熱の振る舞いに応じて生じますが，実はこの熱の振る舞いの中には光の強弱が大いに関係します．光には，明るさ・暗さを感じさせる光の他に，熱さ・冷たさを感じさせる光があるのです．

このように言うと，光と熱は違うのか違わないのか，よく分からなくなってくるかもしれません．詳しくは改めてお話しすることにしますが，「光は物体に吸収されて必ず熱になる」ということを記憶に留めておいてください．

空気が動けば流れが生じます．流れがある程度の大きさになると，この流れが感じられるようになります．気流すなわち風を感じるわけです．朝日の強い光線が窓際に差し込んでいるようなときに空中に浮遊している細かい塵が見えることがあります．気を付けて見ていると，塵は乱雑に動いています．塵の動きは1秒当たり数 cm 程度でしょう．この程度の動きでは流れはほとんど感じられません．流れを感じることができるのは，空気の塊が塵もろともに秩序ある動きになっているときです．空気の流れは大なり小なり熱を運

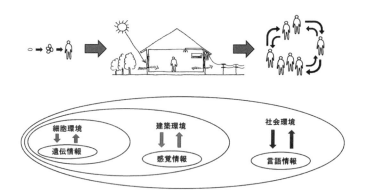

図4 情報を発現させる「環境」，環境を形成させる「情報」は，常に相補的に発展する．人を系とした情報と環境の関係は，3段階の入れ子構造を成している．

びます．それに応じても暑さを感じたり寒さを感じたりします．

　物干し棹に掛けた洗濯物は，湿度の低いときよりも高いときの方が乾くまでの時間が長めに掛かります．空気の中に水蒸気が多いと，蒸発しにくくなるからです．液体の水は，水蒸気になる際に周囲から熱を奪います．汗が蒸発しやすければ，暑さの感覚が弱まったり，条件次第では涼しさの感覚を引き起こしたりします．空気に含まれる水蒸気濃度の大小，そして空気の流れは，熱に係わる感覚情報の発現に影響するのです．

　室内で聞こえる人の話し声やスピーカーから聞こえてくる楽音，開放された窓外から聞こえてくる小鳥の鳴き声や樹木の葉が擦り合わされる音など，私たちは様々な音に囲まれています．音は，空気中に生じる小さな膨張・圧縮が順次拡がり伝わっていく現象です．空気は必ず固体や液体に囲まれています．これらの振動が音源になります．私たちの喉にある声帯は空気の発振装置，耳の鼓膜は空気塊の振動を受け止める受振装置ということができます．

　音の心地良さ・悪さは，音の強弱とその変動や音色の組み合わせに応じて決まります．明るさや暗さが光の量だけで決まるわけではないのと似ています．いずれにせよ音もまた感覚情報の一つです．音もまた光と同様に熱になります．そうでなければ，耳鳴りが止まず，人の話を聞きとることも音楽を聴くことも成り立ち得ないでしょう．

　以上のように考えてくると，どのような感覚情報が現われるかは，どのような建築環境に私たちの身体が囲まれているかに応じて異なってくることに気付かされます．感覚情報の発現は環境の形成と関係し合うのです．**図4**の中央部分はそのことを示しています．

情報・環境の入れ子構造

　光による感覚情報は目で，熱や空気・湿気によるのは皮膚で，音によるのは耳で受けることは誰もが体験的に知っていることです．目も皮膚も耳も身体の一部ですから，すべて細胞群で構成されています．私たちの身体は誰でも例外なく受精卵細胞1個から始まって分裂を繰り返していくことで大人の身体になっていきます．1個から始まるのですから，最初のその1個は，耳

になるのか，目になるのか，それとも身体の他の部分になるのか分かりません．考えてみると不思議なことです．

　私たちの身体を構成する基本単位は細胞ですが，その中心には DNA（デオキシリボ核酸）と呼ばれる螺旋状に捻じれた縄梯子のような形の物質が存在しています．梯子の踏み段に相当する部分には特異な物質（四つの塩基：アデニン・チミン・グアニン・シトシン）が並んでいます．これらの並び方が「遺伝情報」を担っていて，その発現の仕方が細胞の空間的な位置や，細胞分裂が始まって以来の時間経過に応じて異なってくるために，ある細胞は目に，また別のある細胞は耳に……というような変身の繰り返しが起きてきます．細胞内の遺伝情報の発現は細胞環境の在り方に応じているのです．

　図4 では以上のことを，建築環境と感覚情報の左側に記してあります．これら2段階の情報と環境の関係は入れ子構造になっていることに注意してください．細胞環境の中で過不足なく遺伝情報が発現していくことで，私たちの身体は，一人ひとり個性ある，また同時に共通性ある形を成していき，その結果として私たちの身体は，感覚情報を建築環境から受け取ることができるようになるのです．

　入れ子構造は，さらにもう1段階あると考えられます．それが**図4**の最右端にある言語情報と社会環境の関係です．言うまでもなく，この紙上講義で使用している言語は日本語です．日本語の使い手でなければ，この紙上講義の内容を理解することはできません．日本語が話される両親の間に生まれた人は，気付いたとき（自我が現われ始めたとき）には日本語を使っています．このような言語を「母語」（英語では "mother tongue"）と言います．私の母語はもちろん日本語です．

　日本語が話されている家族は，一つの小さな社会環境です．そこを出発点として年齢を重ねていくうちに人はそれぞれの社会環境を次第に拡げていき，それに伴って言語情報は豊かになっていきます．自らの過去を振り返ってみてそのように思います．母語に加えて他の言語を学び使えるようになっていけば，言語情報と社会環境の関係はさらに拡がり得ます．

　言語はすべて単語があって文章が構成されます．単語は文字で表記されま

す．単語そして文章を紙の上に書き留めれば，他者が後で読むことができます．これは書き手と読み手の間に生じる情報の受・発信に他なりません．文章を書き連ねて段落・節・章をつくっていき，さらに幾つかの章を立てて大きな構成としていけば，一つの物語ができあがります．1冊の本となるわけです．どのような物語が現われるかは社会環境の在り様が反映します．書き手の言語情報は社会環境の中で育まれていくのだからです．

情報と環境の相補的関係

遺伝情報を担う DNA 中に存在する四つの特異な物質 (塩基) 群は，言語情報の文字 (例えば，平仮名 51 文字，英語アルファベット 26 文字) に相当します．このことはウィルス・菌類であっても，ヒトを含む動物・植物であっても共通しています．どのような菌になるか，どのような植物になるか，どのような動物になるかは，物語の違いに相当します．遺伝情報は言語情報と対照的な位置付けにあると言えます．遺伝情報と細胞環境の関係は，言語情報と社会環境の関係と相似的だと考えられます．

これは実に不思議なことだと思いますが，同時に私たちヒトの身体は遺伝情報と細胞環境の関係に応じて形成されてくることを考え合わせれば，当然のようにも思えてきます．私たちヒトが行なうことは，内なる自然に既に存在していたことにならっているのだと考えられるからです．いずれにせよ，情報の発現と環境の形成とが相補的な関係性にあることは記憶に留めておく価値ありと思います．

「明るい・暗い・暑い・涼しい・寒い・温かいなどの感覚情報は，建築環境の在り様に応じて発現されます……」と表現できるのは，筆者である私と読者の皆さんとの間で言語情報が共有できるからです．しかし，感覚情報についてはどうでしょうか？ 感覚情報そのものは人それぞれの身体でしか発現し得ませんから，共有しようがありません．そこのところを何とか共有できるようにしたい．共有できれば，他者と自己との間で相同な，あるいは相違する感覚情報が認識しあえて安心できるに違いないからです．言語情報はそのために存在することになったのだと思われます．

人それぞれに発現した感覚情報をできるだけ正確に他者に伝えようとすれば，言語情報の的確さが求められます．的確さの程度は社会環境の健全性と大いに関係していると考えられます．的確でない言語情報が飛び交う社会環境が危ういことは，現実の社会で起きている様々な事象を見れば明らかでしょう．しかるべき豊かな言語情報が共有され得る健全な社会環境は，情報と環境の前2段階における関係——遺伝情報と細胞環境，そして感覚情報と建築環境の関係——が必要にして十分なことが基本になると思います．

§7. "エネルギー問題"は何が問題か？

日・英・米の「エネルギー使用速さ」の推移

ヒトの身体や建築環境・都市環境など，いずれの系も資源からの入力とともに系からの二つの出力（一つは系の目的出力，いま一つは必ず生じる廃物・廃熱出力）があって成り立っています．このことは§3.「環境，そして系とは何だ

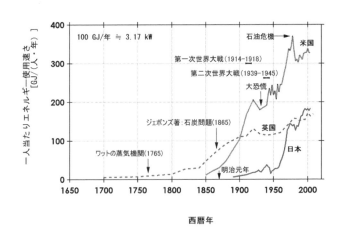

図5 日本・英国・米国における1人当たりのエネルギー使用速さの推移．折れ線それぞれの傾きはエネルギー使用速さの増し方，すなわち加速度を意味する．

§7. "エネルギー問題"は何が問題か？ 37

ろうか？」でお話ししたとおりです (21 頁**図2**参照). ここでは, 一つの国を
系として考えた場合の資源の投入に着目して考えてみましょう.

図5は, 日本・英国・米国で「エネルギー使用速さ」がどのように変化し
てきたかをそれぞれの国に住む人たちの平均的な1人当たりについて示した
ものです. 縦軸の単位を見ると「エネルギー」とあって,「エクセルギー」
ではありません. 資源性はエクセルギーが表現すると言っていたのに何故？
と思われたかもしれません. また消費でなくて「使用」, さらに「速さ」と
あるのはどうして？と思われたかもしれません. まずは, これらについて説
明しておきましょう.

「エネルギー」は, もちろん正しくは「エクセルギー」を用いるべきです.
しかし, **図5**を作成するにあたって用いた元々の統計値がエネルギー概念に
基づいて表現されたものだったので, 換算せずにそのまま用いることにしま
した. 化石燃料・核燃料資源では, エネルギーの値の 85~95 %がエクセル
ギーの値になることが分かっています. この比率を「有効比」と呼びます.
有効比が大きければ, **図5**から読み取るべき内容はエネルギーでも大きな違
いはありません. 次に「使用」ですが, 消費を正しく表わせるのはエクセル
ギー概念であってエネルギーではないので,「使用」としました.

最後の「速さ」ですが, **図5**の縦軸はエネルギー使用が1年当たりでどれ
ぐらいに及ぶかを表わしています. エネルギー使用の勢い, あるいはその速
さなのです.「エネルギー使用量」と表現したのでは速さや勢いのイメージ
が伴いにくいので,「エネルギー使用速さ」と表現したわけです. 単位ワッ
ト（W=J/s）との関係は図中に記してあるように 100GJ/ 年 ≈ 3.17kW で
す[4]. 国全体のエネルギー使用速さをそれぞれの国の当時の人口で割ったの
が1人当たりの値です.

エネルギーという量は熱になる前と後で不変です（何故そのように言えるかは
改めてお話しします）. 消えて無に帰すこともなければ, 無から生じることもあ
りません. 不生不滅なので, 熱量を勘定できれば, 石炭や石油などがそもそ

---

[4] 1年は365日, 1日は24時間, 1時間は60分, 1分は60秒を考慮して換算できます.

も保持していたエネルギーの量が分かります．エネルギーに着目すれば，異なる燃料でも互いに足し合わせることができて便利だということでもあります．エネルギー資源には石炭・石油・天然ガス・核燃料・自然エネルギーがありますが，**図5**には自然エネルギーは含まれていません．

図5は，1人当たりエネルギー使用速さが時間の経過に応じてどのように変化してきたかを示しているわけですが，線の傾きが右上向きは加速，下向きは減速であることに注意してください．

日本のデータは1890年頃以降，また英国，米国はそれぞれ1700年頃以降，1850年頃以降です．英国も米国も日本よりだいぶ前から工業技術が発達していたということです．いずれの国でも当初は液体・気体燃料はなく，固体燃料（薪炭・石炭）が使用されていました．

蒸気機関のJ.ワットによる画期的な改良が1765年で，その後の150年間に大英帝国はその勢力を最も拡大しました．英国のエネルギー使用速さは1750年頃から1900年頃にかけて約20倍になっています．工業技術の発展は英国で早くに起きたわけですが，いわゆるエネルギー問題も早くに認識されていました．そのことはW.S.ジェボンズによる『石炭問題（Coal Question）』[*5]に書かれています．初版が出たのは1865年のことです．

米国における工業技術の発展は英国より遅れて始まりました．日本における石炭の採掘・利用は1700年代には始まっていたようですが，動力機関はありませんでした．そういうわけで，ペリー等の米国軍艦（黒船）が1854年に到来したのは大事件になったわけです．米国のエネルギー使用速さの増加は1920年頃に至るまで急激です．英国ではその頃にはエネルギー使用速さの増加が既に鈍化しています．米国のエネルギー使用速さは1920年頃に英国の1.5倍ほどになっています．

日本は英国・米国に比べると，はるかに小さなエネルギー使用速さでしか

[*5] W.S.ジェボンズは著書『石炭問題』の中で，技術の進歩により石炭がより効率的に，より広範に使われるようになった結果，エネルギー効率の向上は燃焼消費の減少よりもむしろ増加をもたらすことを指摘しました．これは「ジェボンズのパラドックス」と呼ばれています．

§7. "エネルギー問題"は何が問題か？　　　39

なかったわけですが，1890年頃から1940年までの50年間に見られる増加
のパターンは，英国の250年分の増加のパターンと相似しています．明治
から大正を経て昭和期前半に至るまで，「殖産興業・富国強兵」という国策
の下で急速な発展があったのです．1900〜1950年の間を見ると，第一次世
界大戦後に英国も米国もエネルギー使用速さは小さくなりますが，その後第
二次世界大戦となって，特に米国はエネルギー使用速さが著しく大きくなり
ました．戦争のためにエネルギー使用速さが増したのでしょう．

　日本のエネルギー使用速さは，明治元年以来1940年頃までゆっくりと大
きくなっていき，その後1945年までにほぼ半減して1919年頃における程
度にまで落ち込みます．戦争がいかに馬鹿らしい行為――資源の浪費と環境
汚染ばかりを招く行為――であったかが分かります．1930年頃の日本の1
人当たりエネルギー使用速さは米国の1/10程度，英国の1/6程度だったの
ですから，当時の日本政府要人たちの戦争開始判断の無謀さを改めて思わざ
るを得ません．加えて敗戦・降伏の決断が原爆投下2回を経てなのですから，
庶民大多数は敗戦までの十数年にわたってまったく振り回され放しだったと
言えるでしょう．振り回されたのは周辺アジア諸国に生きる多くの庶民も同
じでした．加害の記憶は残り難く（忘れられやすく），被害の記憶は残りやす
い（忘れられにくい）傾向があるように思われますが，両者ともに忘れないよ
うにすることが大切だと考えます．

　日本の社会環境は1868年（明治維新）を境として，それ以前は文明未開化，
それ以後は文明開化として二分して捉えられがちですが，1868年に社会的
な突然変異が生じたわけではないでしょう．築地・横浜の間で電信線が架設
されたのが1869年（明治2年），新橋・横浜の間で蒸気機関駆動の鉄道が敷
設され，また蒸気動力による富岡製糸工場が建設されたのが1872年（明治5
年）で，いずれも明治元年からわずか5年以内の出来事でした．これらを可
能にしたのは，江戸時代最後半の数十年を揺籃期として，向学心に富む人々
による蘭学もしくは洋学の内発的な学びが積み重ねられていたからだろうと
考えられます．その後，近代化・工業化は引き続き進んでいくわけですが，
江戸時代後半に取り組まれていた蘭学や洋学の影響は少なからずあっただろ

うと思われます．第二次世界大戦が終了して5年が経った1950年以降，日本は1975年頃までエネルギー使用速さの急激な増加を示します．いわゆる「高度経済成長期」です．エネルギー使用速さの増加傾向は米国のそれとよく似ています．米国の増加にならって日本も増加したのです．

　第二次世界大戦以降，中東地域では戦火が何度も起きてきましたが，1973年には第四次中東戦争と呼ばれる戦火があって，それまでかなり安価であり続けた石油の値段が吊り上げられました．そのためエネルギー使用速さの増加は止まり，むしろ減少の傾向さえ示しました．しかし，その期間は大変に短く，再び増加に転じて1990年頃まで増加が続きます．その後は2000年を過ぎるまでエネルギー使用速さは増えも減りもしない安定した状況になりました．2000年頃のエネルギー使用速さは日本と英国ではほぼ同じ程度，米国では日本・英国の2倍程度になりました．

エネルギー問題は速さの問題

　以上，日本・英国・米国のそれぞれにおける1人当たりエネルギー使用速さの増減傾向がどう推移したかをお話ししました．同様の図はエネルギー問題を扱った本なら必ず載っていますが，私が「速さ」のイメージを持てずに

図6　程よい速さが重要．遅すぎではフラフラして不安定　速すぎでは小石でさえもとても危険

いた頃のことを振り返ると，正直なところ何が重要なのかが飲み込めなかったことを思い出します．「速さ」もしくは「勢い」のイメージが持てるか否かは大きな違いだと改めて思います．「速さ」のイメージを持てるようになったのは，熱力学が私なりに分かり始めたときでした．

「速さ」もしくは「勢い」のイメージを，1枚のポンチ絵として描くと，例えば**図6**のようなことになります．できるだけ長い時間，道路に足を付けることなく自転車に乗り続けたいとします．漕ぎ方が遅すぎると，ふらふらして足が道路に付いてしまうでしょう．速く漕ぎすぎると，特に坂道であれば，スピードが出すぎて危険です．小さな石に乗り上げただけでも転んで大怪我をするかもしれません．霧が出て視界が悪いこともあるでしょう．その場合も危険です．

遅すぎも困るし速すぎも危ない．だから程よい速さで走るのが良いのです．そうすれば，走りながら周りの景色を楽しむこともできるでしょう．「エネルギー問題」は「速さ」もしくは「勢い」の問題と捉えるのが重要だと思うわけです．少なくとも私はそのように思えるようになって，建築環境を支える技術がどう在るべきかのイメージが明確になり始めたのでした．

第2章
技術と自然をどう読むか？

§8. パッシブとアクティブ

パッシブシステムとアクティブシステム

　私たちは皆1日24時間を小サイクル（日周期）として，また1年365日を大サイクル（年周期）として生活しています．§5.「環境の入れ子構造」でお話ししたように，私たちは人生の90％ほどの時間を建築環境に囲まれて過ごしています．そういうわけで，建築には程よく明るく・温かく・涼しく感じられるような設えを備える必要があります．程よさは昼夜の違いや季節の違いに応じて変化するでしょう．また，建築環境は人が吸うに十分清浄な空気で満たされていなくてはなりません．その設えも必要です．

　これらの技術全般を指して「建築環境技術」と呼び，建築環境技術によって実現される仕組みや仕掛けを「建築環境システム」と呼びます．第1章の冒頭で「系」の英語は "system" だと言いました．カタカナの「システム」も同じ意味ですが，「建築環境システム」という場合には仕組み・仕掛けの意味合いが強調されていると考えてください．建築環境システムは，大きく分けて「パッシブシステム」と「アクティブシステム」とから成ります．

　パッシブシステムは，壁や窓・床・天井などに用いられる材料に備わっている物理的な性質を巧みに利用して，光や熱・空気・湿気が室内空間でできるだけ穏やかに振る舞うようにする仕組みのことです．

　アクティブシステムは，電灯とコンセントの間をつなぐ電線や空気や水を流す管（ダクト・パイプ），これらが管内を流れ続けられるようにするための動力

を与える羽根車（ポンプ・ファン），羽根車を回転させるためのモーター，モーター駆動の強弱を調整するための機構から成る仕掛けの総体です．短く言うと，機械的・電気的な仕掛けのことです．

　パッシブシステム，アクティブシステムのそれぞれを構成するための技術を指して，「パッシブ型技術」，「アクティブ型技術」とも言います．パッシブ型技術とアクティブ型技術は対置しやすいので，両者について優劣を問う論争が時に生じることがありますが，一方が他方を排除するような認識に陥らないようにしたいものです．私たち人にはそれぞれ異なる性格があるように，パッシブ型とアクティブ型の両技術にも詳しく見ていくと様々な性格があります．したがって，両技術それぞれの性格をよく知り，特長を活かすことによって建築環境技術全般を発展させていくことが重要だと考えます．それぞれの技術の短所を抑えつつ長所は伸ばしていくにはどうしたらよいかを考えることが肝要だと思うのです．

ニワトリの受精卵に見る「膜」の役割

　そのためのヒントは，動物・植物・菌類たちの身体に備えられている様々な仕組み・仕掛けの中に見出すことができます．ここでは，ニワトリ受精卵の孵化プロセスを取り上げて考えてみましょう．

　図7は，孵化プロセスが始まる前と始まってから数日後の受精卵の断面です．孵化プロセスが始まる前の姿はご存知のとおりです．中央に卵黄（黄身）があり，卵黄の周囲空間には卵白が詰まっています．卵殻と卵殻膜の間には一部に空気だまりがあります．卵黄の前後には「カラザ」と呼ばれる紐状の塊があって卵白の中に潜り込んでいます．これは卵が転がっても卵黄がほぼ中央に固定され続けるようにするための自動調整装置です．

　孵化して殻から出てきたヒヨコは羽根が黄色いので，黄身がヒヨコになると思えるかもしれませんが，ヒヨコの身体になるのは卵黄膜の一部に点状に見える胚です．胚こそが受精卵細胞であって，黄身は栄養のほぼすべてを担っている資源なのです．ヒヨコが殻を自ら破って外の世界に出てくるときの身体の大きさは殻内の容積とほぼ同等です．初めの胚の大きさと比べると，

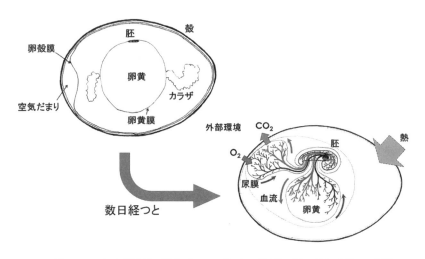

図7 ニワトリ受精卵の孵化プロセス(初めの数日). 胚の最初は単一の細胞. それが分裂を繰り返して成体へ向けて成長していく.

長さで40倍,体積では64000倍にもなります.

　ニワトリは孵化日数が21日で,その間は卵の環境温度を32〜34℃に保っておく必要があります.そのために親鳥は卵を21日間にわたって抱き続けるのです.親鳥の腹部から卵殻へと熱を供給するわけです.ニワトリ胚の孵化プロセスは生化学反応ですから呼吸が必要です.したがって,卵殻には,私たちの目で捉えることはできませんが,二酸化炭素分子や酸素分子を透過させることのできる微小な開口があります.卵殻は一見したところ物質の出入りがない閉鎖系のように思えますが,実は開放系なのです.

　分子の代表長さは,**表1**(25頁)に示したように10^{-9}m(= 1nm)のオーダーです.ということは直径がこれよりも大きい微小な穴が卵殻には無数に開いているのです.開口部(穴)の直径は分子一つの17000倍,総数は10000個に及びます.これらの穴を通じて,反応を滞りなく進行させるに必要な酸素(O_2)が殻の外部環境から取り込まれ,生化学反応で生じた二酸化炭素(CO_2)は殻の外部環境へと排出されるわけです.

親鳥が受精卵に与える熱の量を仮に1日当たり100としましょう．21日で孵化するのですから，合計すると，21×100 = 2100の熱を与えることになります．熱の総量が重要なのであれば，2100の熱を例えば1日で与えてしまえば良さそうなものですが，そうはいきません．熱供給の速さが大きくなりすぎるからです．それが高じると，ゆで卵になってしまうことはご存知のとおりです．

熱供給を1日当たり100ではなくて50とし，21日でなくて42日間かけて総計2100の熱を与えたとしましょう．やはり孵化は起きません．今度は熱供給の速さが遅すぎるのです．前節で「速さ」の重要性をお話ししましたが，ニワトリ受精卵の孵化プロセスでも同様で，熱供給には程よい速さが求められるわけです．

以上の議論で，卵殻は物質と熱を必要に応じて適当な速さで選択的に入れたり出したりする「膜」であることが分かりました．卵殻は建築外皮に設け備えられるべき性能を考える上で本質的なことを示してくれています．卵殻はパッシブシステムの原形，パッシブ型技術は「膜」の技術だと言えるでしょう．

ニワトリの受精卵に見る「管」の役割

孵化プロセス開始から数日後の内部断面（**図7右**）をもう少し詳しく見てみましょう．

胚はだいぶ大きくなって，右端が頭，その左上に心臓があります．血管が網状に張り巡らされてきています．胚が細胞分裂を繰り返し大きくなっていくプロセスで，血管群は次第に広がっていき，血管がある程度の長さを持つようになってきた段階で，その一部が膨らんで管壁筋肉が分厚くなり心臓へと変身します．

血管群は，血液が心臓から卵黄・尿膜へ向かう方が動脈，その逆に卵黄・尿膜から心臓に向かう方が静脈です．尿膜で囲まれた内部空間は，孵化プロセスで生じた排泄物を一時的に貯蔵しておくためのタンクと考えればよいでしょう．尿膜では，動脈血管内を流れる血液によって運ばれてきた排泄物が排出されるとともに，孵化プロセスで発生した二酸化炭素も排出されます．

前者は尿膜の内側空間に貯められ，後者は卵殻を透過して外部空間へと直ちに捨てられます．二酸化炭素を放出した血液は，その代わりに卵殻を介して外界空気から酸素を運び入れます．

　膜を介しての呼吸は，殻を破って出てきた後のヒヨコでは肺と気嚢を使う呼吸になります．気嚢は人の横隔膜・肋骨筋に対応します．鳥でも人でも肺だけでは空気を出し入れする仕事，すなわち膨張と収縮ができません．そのための仕掛け（空気ポンプ）が鳥では気嚢，人では横隔膜・肋骨筋なのです．空気ポンプとしての性能は，気嚢の方が横隔膜や肋骨筋よりも勝っています．ニワトリは飛びませんが，多くの鳥は比較的小さな身体で長時間にわたり飛び続けることができます．それには効率よく呼吸ができなくてはならないというわけです．

　私たちの手で持てる大きさのニワトリ受精卵の内部で数日にして**図7**右に示すような血管（パイプ）がつくり出され，心臓（ポンプ）が駆動して血液を循環させるシステムが自然にできてくるのは見事という他ありません．このような栄養物質・排泄物・二酸化炭素・酸素を運搬する仕掛けの全体は，暖房や冷房における空気循環のためのダクトとファン，温水や冷水を循環させるためのパイプとポンプと相似的です．アクティブシステムの原形はニワトリ受精卵の中にあったと見ることができるわけです．

　パッシブ型技術を「膜」の技術と呼ぶのに対して，アクティブ型技術を「管」の技術と呼びたいと思います．

自然の模倣

　膜（パッシブシステム）の性能が不十分では管（アクティブシステム）は十分に働くことができません．卵殻に大きな穴が開いていたら，孵化プロセスは途中で停止してしまいます．卵殻を薄いポリエチレンフィルムで包んでしまったら，孵化は不可となります．窒息するからです．程よい性能を有する膜（パッシブシステム）は必要不可欠なのです．その上で膜の性能に応じて在ってしかるべき管（アクティブシステム）が現われる．それが自然の営みなのです．

　ニワトリ受精卵の発生プロセスを学んで改めて思うのは，「自然（創造）の模

倣」という見方の重要性です．これまでの科学・技術は，その目覚ましい発達が故に「自然の克服」を是とする過信を生み出してきましたが，そのことを思えば尚更です．

§9. 技術の型と建築の形

火の使用の変遷とアクティブ型技術

　前節における議論で，パッシブ・アクティブ両システムの原形をニワトリ受精卵の中に見出すことができました．パッシブシステムは膜，アクティブシステムは管の技術によって形成されていると考えられました．また §7.ではエネルギー使用速さの変遷に着目した考察を行ないましたが，社会の発展がエネルギー使用速さと大いに関係していることがわかりました．そこで取り上げたのは化石燃料（核燃料を含む）資源が保有していたエネルギーの全体でしたが，燃料資源の種類がどのように変遷してきたかを見ると，さらに次のことが言えます．最初は薪だけであったのが石炭も使われるようになり出して，次第に石炭が主となっていきました．化学工業が発達してくると石油が精製できるようになって，さらに天然ガスを抽出・液化できるようにもなりました．これは燃料が固体から液体・気体へと変化してきたことを意味します．この過程で燃料は輸送しやすくなり，燃料 1 kg 当たりの発熱量（発熱密度）も増加してきました．

　石油から天然ガスへと言いましたが，その間に核燃料（原子力）があるではないかと思われる向きがあるかもしれません．核燃料は固体です．輸送はまったくしやすくありません．危険性は化石燃料とは比べものにならないほど高いので，民生用はおろか軍事用としても本来は使用不可と考えられます．**図5**（36頁）では過去を知るために核燃料のエネルギーも含めてありますが，今後の選択肢としては含めないのが妥当です．

　原人（ホモ・エレクトス）が火を使い始めたのは 150 万年ほど前のことで，新人（ホモ・サピエンス）が現われたのは 3~5 万年ほど前なので，薪だけが使用さ

れていた時代は短めに見積っても3万年以上あるでしょう＊1）．石炭使用が始まったのは300年前ですから，薪だけが燃料だった時間は人類史全体の99％以上で，極めて長かったことが分かります．

　1700年代に入って，大量の石炭が地下に存在することが発見され出すとともに，T.ニューコメンによる実用的な蒸気機関の発明（1712年）があり，またJ.ワットによるその画期的な改良（1765年）があって，動力発生のための強力な機械が次々と産み出されるようになりました．それがエネルギー使用速さの著しい増加と対応することは，既に**図5**に示したとおりです．

　私たちが現代文明としてその有難さを享受している家電機器やパソコン，スマートフォンなどはすべて元を辿っていけば，その昔に火の使用が始まったからだと考えられます．アクティブ型技術は火の使用のメタモルフォーゼ（変身）と言えるでしょう．

　火の使用がどうしてアクティブ型技術なのか，いぶかしく思えるかもしれませんので，説明を少し加えておきます．アクティブ型技術は管の技術だと前節でお話ししましたが，管の中を流れる液体あるいは気体はひとりでには流れてくれません．液体や気体は流れるとき，管の内表面との間に摩擦が生じるからです．液体や気体には多かれ少なかれ粘り気がありますので，これもまた摩擦の原因になります．液体や気体が流れようとすれば，必ず止めようとする作用が働くのが自然の振る舞いなのです．

　液体や気体が動くと擦り合いが生じ，その結果が熱の発生になります．これがエクセルギー消費です．無駄な消費はなくさねばなりませんが，だからと言って消費をゼロにするわけにはいきません．消費ゼロでは流れは止まらざるを得ないからです．発生した熱は散逸していく運命にありますので，流れを持続するためにポンプやファンが必要になるのです．ニワトリ胚が心臓を発生させるのは正しくそのためでした．人間のつくってきたアクティブシステムが在るのは，火の使用が高度化して動力発生が安定的に行なえるよう

＊1）C.Lloyd, "What on Earth Happened", Bloomsbury, 2012．以下の翻訳本が出版されています．クリストファー・ロイド著『137億年の物語　宇宙が始まってから今日までの全歴史』，文藝春秋社，2012年．

になったが故で，アクティブ型技術は火の使用のメタモルフォーゼなのです．

定住の始まりとパッシブ型技術

　現代人とほぼ同じ骨格の人たちが現われたのは3~5万年前と考えられます．彼らは狩猟採集・不定住の生活を営んでいましたが，やがて農業を始めるとともに定住の生活を営む人たちが現われました．パッシブシステムの始まりは定住の始まりと同時期と考えられます．

　私たちの遠い祖先が最初に設えた住居は洞穴の片隅だったでしょう．それが掘立て柱住居へ変身し，地域環境の気候風土に応じて，木造高床住居や石造（煉瓦造）土間床住居へと進化してきたと考えられます．屋根や壁・床を構える理由は，雨風をしのぎ，暑さ・寒さをしのぐためです．自然の光や熱・空気・水は，穏やかに振る舞ってくれるとは限らず，ときに厳しく振る舞います．屋根や壁はそうした厳しさを和らげるために設えられるようになったと考えられます．

　屋根と壁を構えれば，空間は外部と内部とに区切られるわけですが，ただ単に区切って閉鎖系をこしらえたのでは，屋外の光は入らず真っ暗，風は通らず汚れた空気が淀んでしまいます．開放系の身体をもつ私たちヒトは閉鎖系の内に在っては生きていくことができません．そういうわけで，壁や屋根には開口を設け，開放系の空間とするのです．

　開口は一般に「マド」と呼ばれますが，木造では柱と柱の間の所ということで，「間所」あるいは「間戸」と書いて「マド」，石造では開口を穿って造ったのが「マド」です．木造でも石造でも一般に「窓」と書くことはご存知のとおりですが，木造と石造とで開口の造り方に根本的な違いがあったことは気候風土との関係を考えていく上で重要だと思います．

　以上のことの他に，「窓」という漢字には次のような意味が内包されていることにも注意しておきたいと思います．ウ冠は屋根を表わします．その下にある「公」は共有もしくは共通を意味します．一番下にある「心」は人の感覚情報と言語情報を指します．このように捉えると，窓は内と外とをつなぐ役割を担っていることが改めて確認できます．「窓」という漢字は，窓がパッシブ

システム構成要素の一つとして重要であることを自ずと示しているように思えます．ニワトリ受精卵の殻に無数の小さな穴が開いていることを前節で確認しましたが，殻に窓なくしてヒヨコは生まれ得ず，建築外皮（壁）に窓なくしてヒトは生きられずと改めて思います．

　光や風の調節は長いこと窓に取り付けられた板扉の開け閉めによっていましたが，ガラスの板状化・大型化を可能とする工業技術が石炭利用の高度化に伴って1850年頃から発達してきたおかげで，板ガラスの嵌め込まれた窓が造られるようになりました．ガラスの原料は珪砂です．珪砂は不透明ですが，高温にしてドロドロに溶かし液化させ，その後に冷やして固化させると，光の透過性が発現・保持されるのです．砂糖を溶かして作った飴が光の透過性を持つのと同様です．

　窓ガラスは光を透過させますが，空気を透過させません．選択性があるのです．卵殻が酸素と二酸化炭素を透過させるのに水分を通さないのと似ています．アクティブ型技術へと変身した火の使用が，パッシブ型技術の高度化をももたらしたと言えます．このことは，パッシブとアクティブを互いに排他的に位置付けるのでなく，相補的な関係になり得ると捉えるべきことを改めて示しています．

自然の多様性とパッシブ型技術

　図8は，古典的なパッシブ型技術と典型的なアクティブ型技術がそれぞれ発現させた建築を2例ずつ示しています．上の2枚は，左側が横浜にある茅葺き屋根住居の縁側空間，右側がギリシャ・ニシロス島にある住居群の街路空間です．

　夏に高温多湿で，しかも陽射しが強い気候は，茅葺き屋根の木造住居の形態を発現させました．分厚い茅葺き屋根は，日射に起因する熱の侵入を避け，また冬季の晴れた日には外気温よりも15℃以上低くなる天空による放射の冷却作用を避けるのに効果的です．雨除けと日除けを兼ねた軒の内側にある開閉自由度の高い障子戸は，断熱性に優れる茅葺き屋根とともに在ることで，開放系の空間に涼しさを創出させます．高床はその下部の空間に排湿を担わ

近くの自然
↓
多様性

遠くの自然
↓
一様性

図8 パッシブ型技術がもたらす多様性とアクティブ型技術がもたらす一様性．近くにある自然の活用は多様性を，遠くにある自然の利用は一様性を生み出しやすい傾向がある．

せる設えです．

　次にニシロス島の方を見てみましょう．夏の陽射しは強烈で高温少湿です．外表面が白色塗装の住居群が細長い街路空間を形成しています．この空間は両側の壁面高さに比べて，路面の幅がかなり狭いので，太陽の動きに応じて壁面の下方部分や路面に大きな日陰をつくり出します．街路上空の温度は，晴れていれば，外気温30~35℃のときでも5~15℃となります．これは昼夜ともに同程度ですから，街路面や外壁面・屋根面は天空によってよく冷やされます．

　住居一つひとつの窓は，強い陽射しが室内に入り込まないよう小さめです．壁は煉瓦積みですから，大きな窓を開けることはできません．分厚い壁は彫りの深い窓を可能として，それが効果的な日除けになっています．屋外の光

は，対向する住宅の外表面や彫りの深い窓枠面で反射して小さな窓から室内へと入って昼間の照明を担ってくれます．

煉瓦は熱や冷たさを蓄えやすい性質を有しています．この性質をうまく利用すれば，屋外が最も暑くなる昼下がりの時間帯に暑さがしのぎ得る室内空間を創出できます．冬には，その逆に，屋外が最も寒くなる夜中から明け方にかけての時間帯に寒さがしのぎ得るようにしてくれます．

横浜とニシロスの気候風土には顕著な違いがあります．それが建築の形の違いを発現させたと言えるでしょう．近くにある自然の多様性がパッシブシステムの多様性を生んだのだと考えられます．

一様性を可能にするアクティブ型技術

パッシブシステムの本質的な特徴が多様性であるのに対して，アクティブシステムのそれは一様性です．そのことを**図8**右下2枚にある建築の形を見て確かめてみましょう．左側が大阪，右側がスウェーデンのマルメにそれぞれ建っている35〜40階の高層建築です．大阪は夏に高温多湿，冬に低温少湿，マルメは夏に中温少湿，冬に低温中湿な気候です．大阪とマルメの気候風土はかなり違うわけです．ところが，大阪とマルメの高層建築の形には類似性が際立って見られます．言い換えると，建築形態の気候風土への依存性は消去されています．科学・技術の発展は「自然の克服」を可能とするかのような錯覚をもたらしてきたと，既にお話ししましたが，アクティブシステムを主とする建築の形にはそのことが表現されているように思えます．

私はこれまで講義や講演がある度に**図8**下左にある高層建築の写真を映し出しながら，この建物がどこに建っているかを例えば，シンガポール・サンフランシスコ・上海の3都市を選択肢として質問してきました．選択肢に大阪は含めていないので，誤った質問なのですが，敢えてこの質問を使います．これまで受講者の方々から異議が申し立てられたことはありません．

答えを選んでもらったところで，正答は大阪であることを告げます．そうすると，多くの方々が「何だよ」といった表情で笑います．この笑いが示唆することは重要です．質問の誤りを知らされてだまされたことに気付くわけで

すが，同時にアクティブシステムを主とする建築がどこに建っていても不思議でないことを自ら想定していたことにも気付くからです．一様性というアクティブシステムの本質が内発的に発見できたことが笑いを誘うのだと考えられます．

　一様性を可能としたのは火の使用が高度化してアクティブ型技術を発現させたからです．化石燃料は，遠い過去に生きていた生物群が遺してくれた濃厚極まる資源です．日本の場合，そのほとんどが遠く離れた場所にあります．したがって，アクティブシステムは空間的・時間的に遠くの自然に応じた形を表現していると言えるでしょう．パッシブシステムが空間的・時間的に近くの自然に応じた形を表現しているのと対照的です．

　コロナウィルス禍の拡がりの速さには驚くばかりでしたが，これには都市文明の肥大化が要因の一つとして大きく影響したと思われます．パッシブシステムは建築文化の礎であり，アクティブシステムは都市文明の礎と考えられますが，コロナウィルス禍は，両者の関係性を改めて考え直す機会を私たちに与えてくれたように思えます．

§10.　カタチの見方とカタの読み方

形（カタチ）と型（カタ）

　51 頁の**図8**に示した建築の形（カタチ）にはパッシブ・アクティブという技術の型（カタ）が大いに関係していることを説明しました．形（カタチ）そして型（カタ）と言いましたが，これらの概念が内包する意味を考えてみましょう．

　様々な現象に着目して，その理解を深めていこうとするとき，自分なりの確かな方法を持っているとよいと思いますが，私の場合のそれは，もう四半世紀以上も前のことになりますが，カタチとカタの概念を認識するようにすることでした．そうすることで，考える対象が把握しやすくなったということがこれまで度々ありました．そこで，私なりのカタチ・カタの見方・読み方をお話しして，読者の方々の参考にしていただこうと思います．

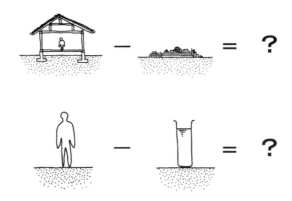

図9 建物も人体も物質の単なる集合体ではない．このことに異を唱える人はいないと思うが，それではこれらの本質は何だろうか？

　図9を見てください．引き算の式らしき絵が二つ描いてあります．普通の算数では，例えば5−3＝?と書けば，?は2となることはご存知のとおりです．その具体例は，リンゴが5個あって3個を取り去ったら2個が残るとか，長さ5cmの紐を3cm分切ったら残りは2cmになるとかです．これらのことをまとめて記号化した表現が5−3＝2です．この計算規則をあえて建物と人体とに当てはめて考えてみると，その答えは何かという問題です．

　上の方の引き算では，左側（引かれる方）が人の居る建物（木造住宅），右側（引く方）が建材の塊です．この建材の塊は，左側の建っている建物を解体して得られるものとします．楔一つ・釘一本をも捨てることなくきれいに並べ置いたと想像してください．建っている建物と建材の塊とで重量を比べてみます．家具や居住者を除けば，両者で重量はまったく同じです．火が付いたとします．そうすると熱が放出されます．燃え尽くされるまでに放出される熱量の合計は，左側でも右側でもまったく同じです．

　重量でも熱量でも差がないのだから，左に示した建物と右側に示した解体後の建材の塊とでは，何から何までがすべて同じ……というわけにはいきま

§10. カタチの見方とカタの読み方

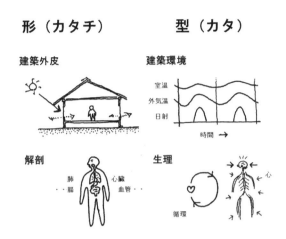

図10 形は見る対象．型は読む対象．建築外皮の構成が形を成し，その形に応じて光や熱の振る舞いが型として現われる．このことは解剖学と生理学の関係によく似ている．

せん．何かが違います．

　図9の下の絵の引き算についても考えてみましょう．左側はヒトで，右側はこのヒトの身体を構成する物質が（まったく仮想上のことですが）ジュース状になって容器に入っているとします．このヒトの体重は70kg（実は私の体重）だとしましょう．容器の重さを除けば，右側のジュース状の物質もやはり70kgです．仮に燃えたとして発生する熱量も，右と左とでまったく同じです．重量でも熱量でも同じなのだから，左側に示したヒトと，右側に示した生体物質の塊とでは何ら違うところがない……というわけにはもちろんいきません．何かが違います．

　この「違う何か」の答えが，「形(カタチ)と型(カタ)」なのです．建物には建物に独特な，また人体には人体に独特な物質の構成があって「形」を成しています．同時に物質の構成に応じた振る舞いが現われます．建物には建物なりの独特な振る舞い，人体には人体なりの独特な振る舞いがあります．この振る舞いを「型」と言います．形に対応した型があるということです．

今度は**図10**を見てください．住宅の断面図は「見る」ことのできる形を表現しています．壁・窓・屋根・床（建築外皮）と住まい手の身体の間にある建築環境空間では，建築外皮の性質に応じて光や熱・空気・湿気がそれぞれに振る舞います．振る舞いの型は，例えば室温の時間変化として現われます．これは形ではありません．窓でも壁でもどこにあるかを指し示すことができます．形があるからです．しかし，室温は，窓や壁のようには指し示すことが適いません．形でなく型だからです．

ヒトの身体に関する代表的な学問に解剖学と生理学がありますが，前者は身体の内なる形を扱い，後者は内なる振る舞いの型を扱っていると考えられます．人体解剖学の本[* 2]を開くと，解剖学が骨格や筋肉・内臓の形を対象としていることが分かります．

血液は血管の中を絶えず流れています．血管内表面にある摩擦に抗して流れを維持し続けるのが心臓です．心臓では血液が絶えず入ってきて，同時に血液が絶えず出て行っています．心臓は典型的な開放系の一つです．心臓に入る血液は元を辿れば心臓を出た血液です．この全体の振る舞いを「循環」というわけですが，循環そのものには形はありません．心臓はどこにありますか？と尋ねられれば，私たちは誰でもおよその位置を指し示すことができます．形があるからです．ところが，循環の位置を指し示そうとしてもどこを指せばよいかわかりません．形ではなく型だからです．循環は型の一例ですが，「心」もまた型の一例と考えられます．脳を含む神経系全体の振る舞いを心と呼ぶのであって，心が身体のある特定の場所に存在しているわけではないからです．

以上のようなわけで，循環・心などの身体で絶えず生じている型に着目した学問が生理学だと考えられます．形に着目した解剖学と対照的です．

ヒトの内なる自然を理解するには形に加えて型を理解する必要があるということになりますが，建築を理解していくにも同様のことがあるのだと思い

---

* 2) 例えば，三木成夫著『生命形態学序説――根源形象とメタモルフォーゼ――』，うぶすな書院，1992 年.

ます．建築環境学は主として型を扱う学問ですが，型ばかりを読んでしまわないようにすることが重要だと思います．型をより深く理解したいのであれば，形を知る必要がありますし，その逆に形の理解を深めたいのであれば，型をよく知ることが必要になると思うのです．

以上のような形と型の捉え方が活かせる簡単な一例を以下に示しておきます．この例は実のところ，私が形と型の考え方を強く認識するきっかけとなったことでした．

形に潜む型を読み取る

A4判の紙と物差しを用意して短辺と長辺の長さを測ります．そうすると，短辺21.0cm，長辺29.7cmであることが分かります．切りよく20cmと30cmであっても良さそうなものですが，そうはなっていません．

A4判の紙を短辺どうしが重なるように折ってみます．そうすると，同じ大きさの小さな長方形二つがA4を構成していたことがわかります．この小さい長方形はA5判と呼ばれます．A5とA4はカタチが同じです．このこ

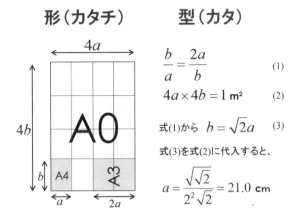

図11 折っても拡げてもカタチが同じ長方形のカタ．
相似な形(カタチ)には美しい数理の型(カタ)が潜んでいる．

とは次のようにして確かめられます．A4 判の紙の短辺か長辺のいずれかに沿って細長い長方形を切り取ります．残った長方形を先ほどと同じように短辺どうしが重なるように折ると，形が著しく変わります．カタチが保存されないのです．

今度は A4 判の紙 2 枚の長辺どうしを合わせてみると，形はやはり同じです．これが A3 判です．A3 に次いで A2，さらに A1 へと拡げていき，A0 までの全体を**図11**に示しました．約束事として A0 の面積は $1m^2$ と決められています．

形の不変を第一の法則，最大面積 $1m^2$ を第二の法則とします．これら二つの法則を A4 判の短辺を a，長辺を b と表わして数式表現すると，**図11**中に書いてある式 (1) と式 (2) となります．長さ a と b の二つが未知数で，これらの関係を表わす式が二つあるので，a と b の値を決めることができます．実際に a を求める式をつくると，2 とその平方根 $\sqrt{2}$ だけが現われる式が得られます．数値を求めてみると，$a \simeq 21.0\,cm$ となって物差しで測った値と一致します．日頃何気なく使っている紙の形には以上のような型が潜んでいたことが分かりました．

形は 2 次元でも 3 次元でも空間の中に現われるので「見る」対象です．それに対して，型は「読む」対象です．折っても拡げても同じ形になる長方形に読むべき型を捉えたときに美しさが感じられるのだと思います．

「読む」対象は一般には文章です．この紙上講義の文章を読んでいる皆さんの頭の中では，ご自身の日本語音声が口には出さなくても流れているはずです．「読む」には短いとしてもそれなりに時間がかかります．「見る」には光が必要ですが，その速さは自然界で可能な上限 $3 \times 10^8 m/s$ ですから「読む」に要する時間と比べて正に瞬間です．

ある言語が話せるということは，元を辿ればその言語音声を耳にすることが最初にあったはずです．光を媒体とするのが視覚，音を媒体とするのが聴覚であることはご存知のとおりです．**図11**中に示した式の展開は聴覚的と言えます．数学という言語を使った話で，理解するにはそれなりの時間がかかるからです．

「見る」は空間的・視覚的，「読む」は時間的・聴覚的なのです．日本語でも数学語でも，文章を「読む」ことができるのは，「見る」対象の文字群があって，そこに意味を読み取るからです．「見る」と「読む」のつながり具合が程よいとき，美しさが立ち現われるのだと思います．

　自然に内在する美しさを発見・把握しつつ，不自然でない建築の形を見出すには，そこに潜む型を読み取ることが肝要だと改めて思う次第です．

§11.　微視的・巨視的描像と物質観

無味乾燥だった微視的世界

　25 頁の**表1**をいま一度見てください．「ヒト　建築環境　10^1」とある段から下方へと数えて 5~7 段目に分子・原子・原子核があります．これらの環境空間の大きさは 10^{-7}，10^{-9}，10^{-10}m 程度です．と言われても 10^{-10} などという値を基にして原子や分子の類がどのように振る舞っているかをすぐにイメージできる人はあまりいないのではないかと思います．

　“あまりいない”と言うのは少しはいるという意味です．分子や原子そのものを対象とした研究や技術開発に携わっている専門家の人たちは，“あまりいない”中に入るでしょう．この分野の専門家（玄人）は，一般の人々よりは「微視的な物質観」を持っているのだろうと思います．私はもちろんその分野の素人です．

　私たちは皆，それぞれの体験に基づく物質観を持って暮らしています．これを「巨視的な物質観」と言うことにしましょう．玄人的な「微視的な物質観」を持っている人たちも，日々の生活を営んでいることは素人と何ら変わりありませんから，やはり「巨視的な物質観」も持ち合わせているでしょう．

　科学的な考え方を学ぶのは，自分の頭で考え，判断し，行動する作法を身に付けるためだと，短くはない教育と研究の経験を通して私は考えるようになりました．科学は玄人のための玄人による考え方と思われがちですが，素人にも開かれているところが，その本質です．科学の玄人はこのことを忘れ

てはならないと思います．忘れていると，科学は疑似科学になる可能性なしとしません．

　物質は原子や分子からできていると，私たちはみな学校で教わります．最近の小中高等学校の標準的なカリキュラムでは中学2年生で教わるのだそうです．私が原子とか分子という言葉を初めて耳にしたのは，高校に進学した後だったように思います．

　50年ほど前を振り返ると，物質は原子や分子でできていると思うことにする，それで済ませる……というようなことだったと思います．関連して原子や分子の数を計量する単位にモル（mol）というのがあって，1モルは原子や分子が6.02×10^{23}個集まっていることを指すとも教わりましたが，だから何？といった印象でした．この無味乾燥な印象はその後50歳になる頃までの35年ほど続きました．

動き回る粒子の実験

　21世紀を迎えた頃，建築環境学の教育を，建築の専門家だけでなく，むしろ住まい手向けにも通用するよう改良したいと考えて，関連する研究や実践に取り組み始めました．この取り組みの最中に素人にも可能な面白い実験[3]に出会いました．**図12**は，この実験を私なりに再現して講義で用いてきたものです．

　透明プラスチック容器を用意して水を入れ，この水にピンポン球と銅球を落とします．するとピンポン球は浮き，銅球は沈みます．その様子を示したのが左上端にある写真です．その右にある写真は，プラスチック容器に水ではなく砂を入れて銅球を落としたところです．実は銅球を落とす前にピンポン球を砂の中に沈めてあります．その様子を示したのが右端の上に示す断面図です．ピンポン球と銅球の位置は水の場合と砂の場合とで逆さになっています．

　砂の中に手を入れることなく，ピンポン球と銅球の位置を水の場合と同じ

———————————

* 3) 板倉聖宣監修『動きまわる粒』，岩波映画，1971年．

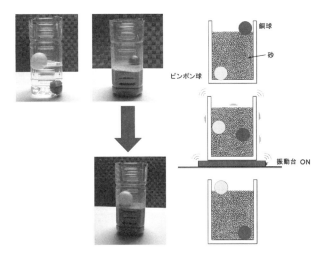

図12 物質が多数の原子・分子たちから成ることを確かめる実験．砂粒たちは水分子たちの模型である．容器底近くにある砂粒たちを激しく振動させると，砂粒たちは乱雑に振動しながら，しかも集団を成して上昇していく．それに応じて上方の砂粒たちは下降していく．

ようにするにはどうしたらよいでしょうか？ それには中段の図にあるように，振動台に容器を載せて砂粒たちが細かくそして激しく揺さぶられるようにすればよいのです．砂粒たちが振動し始めると，数秒後には中央下の写真に示すとおり，ピンポン球は砂の上に，銅球は砂の下へと沈むことが確かめられます．対応する断面図は右下にあるとおりです．

図12では振動台を使うことにしてありますが，実際には家庭用のマッサージ機をプラスチック容器の底にしっかりと押し当てることで振動台の代用とすることができます．

銅球が沈んでいく一方で，ピンポン球が浮き上がってくる間の砂粒たちの振る舞いはなかなか見ものです．砂粒の一つひとつが乱雑に振動していることが分かります．液体の水がピンポン球を浮かせ，銅球を沈ませているのは，私たちの目では見ることができませんが，水分子たちが乱雑に振動しているからなのだと結論できます．砂粒たちの振動は乱雑なのですが，よく見ると，

これらの振動は容器底近くの方でより激しく，上面近くではそれほど激しくはないことが分かります．容器の底近くの方にいた砂粒たちは集団を成して上へ上へと動いていることも分かります．砂粒たちの全体が細かく振動している間，砂の最上面位置はほぼ一定に保たれています．ということは，一群の砂粒たちが集団となって上昇している一方で，他の一群の砂粒たちが集団となって下降しているのです．よく見ると確かに一群の砂粒たちは下降していることが分かります．砂粒たちの集団的な上昇・下降の運動は「対流」現象に他なりません．

　水でも同様です．水分子の一つひとつは水温に応じてそれぞれ乱雑に振動しています．その中にピンポン球と銅球があれば，水に比べて密度の小さいピンポン球は浮き上がり，密度の大きい銅球は沈みます．水温が下方で高く上方で低めならば，下方にある水分子たちはやはり乱雑に振動しつつ群を成して，上向きに移動するようになります．こうして生じるのが液体水の対流です．

　空気で生じる対流もまた同様です．振動する分子たちが集団を成して起こす対流を可能にしているのは，分子たちの一つひとつが分子間に働く引力を振り切って自由気ままに運動するようになるからです．

微視的描像と巨視的描像をつなぐ

　以上の議論に関連して，今後の紙上講義でも重要になる2，3のことを記しておきたいと思います．

　液体の水はよく知られているように1gで1cm^3，18.02gなら18.02cm^{3}です．中途半端な数値を挙げましたが，実はこの体積中にちょうど6.02×10^{23}個（＝1mol）の水分子があるのです．“ちょうど”と言いながら，中途半端でしかも途轍もなく巨大な数では妙な気もしますが，この数は著しく小さい原子・分子を数え上げるのにちょうどよい単位となる数なのです．この考え方は19世紀の初め頃にアボガドロという人が提案しました．これが実際にどのような数なのかはその後長いこと不明でしたが，20世紀初め頃になってプランク・アインシュタイン・ペランといった当時の最先端科学を担った人

たちが具体的な数値，6.02×10^{23} を発見しました．この数値は不思議なことに，放射（＝光）の粒子的な振る舞い，そして水面に浮く花粉粒子の振る舞いという互いに無関係に思える自然現象についての理論と実験から導き出されました[*4]．

　議論を先に進めましょう．液体の水分子は 6.02×10^{23} 個集まって $18.02cm^3$ の体積を占めていることを手掛かりにすれば，水分子 1 個当たりに割り当てられる平均的な体積が計算できます．その結果は一辺がおよそ $3.1 \times 10^{-10}m$ の立方体となります．

　液体の水には大気圧が掛かっていますが，その圧力を上げれば，体積は縮みます．どれぐらい縮むかと言うと，圧力を 100 倍にしてわずか 0.27％減です．液体の水は圧力が増してもほとんど縮まらないのです．というわけで，液体状態にある水分子たちはぎっしりと身を寄せ合っていると言えます．固体の水（氷）でも同様ですが，わずかに体積は増します．氷が水に浮くのはそのためです．

　図12 上端の写真にある砂粒たちは動いていませんが，これは実のところ固体状態にある水分子たちの様子を模擬していたことになります．氷状態の水分子たちは，その温度に応じて振動してはいるのですが，動き回れるほどには自由ではありません．したがって，氷の上に銅球を落としても沈まず，氷の中にあるピンポン球は浮いてくることができません．

　気体の水分子たちはどのように振る舞うでしょうか？水分子を模擬した砂粒たちであれば，プラスチック容器に入っている場合に比べて，粒どうしの距離が 300 倍ほどで気体状態に相当します．砂粒たちを撒き散らして実験するわけにはいきませんが，気体（水蒸気）となった水分子たちは一つひとつが随分と大きな空間を占めることになるのです．気体状態となった水分子たちは，この空いた空間を窒素や酸素などの分子たちと共有するのです．

　気体分子たちはガラガラに空いている空間にいるので，勝手気ままに飛び交うことができます．その速度がどれぐらいなのかは，幸いにして計算する

[*4] 江沢洋著『だれが原子をみたか』，岩波現代文庫，2012 年，初版は 1976 年．

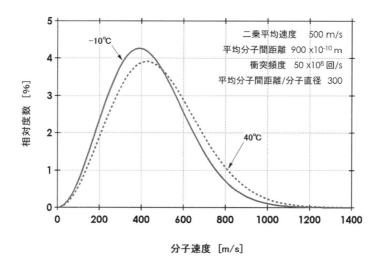

図13 空気分子の速度分布．温度が高くなると速度の大きい分子数が多めになる．−10℃でも40℃でも分子間距離は著しく短いが，分子直径と比べると，300倍もある．衝突頻度は著しく大きいことが気体の特徴である．

ことができます．その方法は今から160年ほど前にスコットランドの科学者J.C.マクスウェルが導き出しました．マクスウェルは気体分子の振る舞いの他，電気・磁気と光の関係を統一的に説明して，光が電磁波であることを理論的に示すという画期的な仕事を成し遂げました．

図13は，マクスウェルの方法にしたがって計算した空気分子の速度分布を示します．大気圧下にある空気が−10℃である場合と40℃の場合です．この図の横軸は速度の大きさを表わしています．分子速度の大きさは0〜1200m/sの範囲にあります．縦軸は，ある速度をもつ分子たちが分子全体のうちどれぐらい在るかを百分率で示しています．400m/s程度の分子が最も多くて，全体の4％ほどを占めていることがわかります．

釣り鐘型の曲線は−10℃でも40℃でも似たり寄ったりに見えますが，40℃の方が全体的にやや右寄りです．これは40℃の空気の方が速度の大きな

§11. 微視的・巨視的描像と物質観　　　65

分子をたくさん含んでいることを意味します。−10℃の空気に触れるのと 40
℃の空気に触れるのとでは、冷たさや温かさの知覚が著しく異なることはよ
く知られているとおりです。極寒日や猛暑日のことを思い起こしてください。
この知覚の違いに比べると、空気の分子速度の違いは随分小さいように思え
ます。空気中で私たちが感じる冷たさや温かさには実のところ、空気だけで
なく、放射（＝光＝電磁波）が大いに影響しているからでしょう。放射の性質に
ついては改めてお話ししたいと思います。

　マクスウェルの方法を使うと、空気を構成する分子どうしの平均的な距離
や分子どうしの 1 秒当たりの衝突回数が求められます。前者は 900×10^{-10} m
程度、後者は 50 億回 /s 程度となります。

　液体または固体状態にある水分子二つの距離は既にお話ししたとおり 3.1
$\times 10^{-10}$ m ほどですが、その 300 倍ほど（$\simeq 900 \times 10^{-10}/(3.1 \times 10^{-10})$）を自由に走
れるわけです。砂粒たちで模擬した気体なら砂粒どうしの距離は砂粒直径の
300 倍ほどと言ったのはこの数値のことでした。

　気体分子たちの一回の衝突から次の衝突までの時間は 2×10^{-10} 秒（$=1/(50$
$\times 10^8)$）ほどです。空気分子たちはスカスカに空いた空間に存在していますが、
その多くがとても大きな速度で走り、頻繁に衝突し合い、その都度あっちを
向いたり、こっちを向いたり……と正に乱雑に動きまわっているのです。

　これほど乱雑に動いている気体分子たちが集団としてはある方向へと統一
的に動いていくのが、砂粒たちの振る舞いをお話しする際に紹介した対流で
す。対流の現象に伴って熱が伝わりますが、そこには分子たちの集団的・統
一的な運動があるのです。この運動はエクセルギー伝達の仕方の一つに他な
りません。

　無味乾燥でつまらなかった私の微視的な物質観は、**図12** の実験を繰り返
し行なうことで活き活きしたものへと改変されてきました。それはエクセル
ギー概念の描像、特に消費のイメージを豊かにするのにも大いに役立ってい
ます。微視的描像と巨視的描像とがつながるようになって、心眼の視力が増
し、物質観が豊かになっていくのだろうと思います。

§12. 排熱があって可能な動力生成

ヤカンと羽根車を使った「思考実験」

　熱力学は18世紀最後半から19世紀中頃にかけてイギリス・フランス・ドイツを舞台として始まりました．図5（36頁）に示した日本・イギリス・アメリカにおける1人当たりエネルギー使用速さは，動力技術の発達に応じて増加しました．動力技術の発達は熱力学を誕生させ，熱力学は動力技術の発展を加速させたと考えられます．このように言うと，熱力学は蒸気機関や内燃機関などだけを対象とした学問であるかに聞こえるかもしれませんが，その対象範囲はたいへんに広いのが特徴です．図3（27頁）に示したダイアグラム（環境の入れ子構造）を私が描けるようになったのは，熱力学について理解がそれなりに深まっていったからなのですが，理解が少し深まる度にその対象範囲の広さと奥深さに驚かされました．それは今なお続いています．

　今回は，熱から動力を産み出し続けるためには何が必要なのかをお話ししたいと思います．熱力学の多くの教科書では，抽象度の極めて高い文章が最初の頁から現われます．何が議論されているのか分からず数頁読んで嫌気がさす人は少なくないのです（私も何度も挫けました）が，そのようなことにならないようイメージしやすい例を対象にして話を進めたいと思います．

　ガスコンロとヤカン・羽根車・洗面器をつなげて成り立つ図14に示すような装置を仮想します．実際につくってみるのではなくて，何が起き得るか，起き得ないかを一つひとつ論理立てて考えていき，考察対象の全体に潜む本質を浮き彫りにします．このような方法を「思考実験」と言います．

　まず，図14-a)に示すように，水の入ったヤカンをガスコンロの上に載せます．蓋とヤカン本体の間には隙間がなく，水が沸騰しても水蒸気は漏れ出ないとします．水蒸気はヤカン注ぎ口からだけ出ていけます．

　ガスコンロのスイッチを入れて火を付けると，水温が上昇していきます．それに伴って液体の水分子たちは次第に勢いを増していき，水面の上側にいる空気分子たち（窒素分子や酸素分子他の集合体）の勢いに近づいていきます．水分子たちの勢いが空気分子たちの勢いと拮抗するまでに増加すると，お湯の

§12. 排熱があって可能な動力生成　　　　　　　　　　67

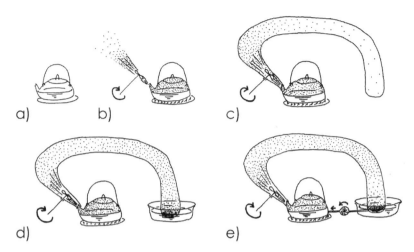

図14 ガスコンロとヤカン・羽根車・洗面器を用いた動力発生の思考実験.
a) から b), b) から c), ……と順を追って e) に至るまでの現象を一つひとつ確かめていくと, 動力発生の持続に必要・十分な条件とは何かが明らかになる.

全体が水蒸気になろうとして煮えくり返ります. 沸騰です. 大気圧 1013hPa（ヘクトパスカル）下での水の沸騰温度は 100℃ です.

　ヤカンの環境空間には気体状態の水分子たちがいくらか含まれていますが, その濃度（単位体積当たりの水分子たちの数）は沸騰状態にある水分子たちに比べると著しく小さい（前者 1 に対して後者 75 ぐらいの比率です）ので, 水分子たちは互いに平衡になろうとして, ヤカン内のお湯から周囲空間へ向けて水分子たちの「流れ」が生じます.

　ヤカン注ぎ口から噴出する水蒸気分子たちの流れの中に, **図14-b)** に示すように羽根車を置くと, 羽根車は回転します. 水蒸気分子たちが羽根板を構成する分子たちを叩くからです. 羽根板の分子たちはあっち向きに叩かれてはこっち向きに叩かれるうちに激しく振動するようになります. 羽根板の温度が上がるのです. しかし, だからと言って, 羽根板がその形状を失ってしまいはしません. それぐらい丈夫な材料で羽根板は構成されています.

　羽根板を構成する分子たちは細かく激しく振動しつつ, それぞれの平均的

な位置を保ち続けて，全体としてまとまった運動，回転を産み出します．これが動力で，エクセルギーそのものです．前節の講義で，対流は分子たちが乱雑に振動しながら，しかも集団的に運動することだと言いましたが，羽根車の回転運動も羽根板を構成する分子たちの集団的な運動に他なりません．

図14-b) に示した羽根車の回転はしばらくは続きますが，いずれは止まらざるを得ません．途中で火が消えれば水蒸気は発生しなくなりますし，火が消えなくてもヤカン内の水がすべて蒸発して空焚きになれば羽根車は回転しようがありません．

とりあえず火は消えることなく維持できるとして，話を先に進めましょう．羽根車を回転させ続けるには水を供給し続けなくてはなりません．そこで，蓋の一部に穴をあけて水を注ぎます．水を注げば，湯の温度は下がります．そうすると，ヤカンから噴出する水分子たちの数は減り，羽根車の回転は弱まってしまいます．そうならないようにするにはコンロの火力を強くせねばなりません．しかし，これではガス燃料・水ともに浪費です．

羽根車を回転させた後の水蒸気は温度がまだ高いので，これを何とか再利用すれば，燃料・水ともに浪費は防げるはずです．そこで，**図14-c)** に示すようにヤカンの外側空間に囲いを設けて，水蒸気分子たちが散逸してしまわないようにすることを考えます．改めてお湯の沸かし始めから考え直してみましょう．羽根車は回転し始めますが，回転が持続する時間は，囲いのない**図14-b)** より長いでしょうか，それとも短いでしょうか？ 正答は後者，短いです．この思考実験を主題とする講義はこれまで幾度も行なってきましたが，受講者の皆さんから出される答えは長いと短いがほぼ半々でした．簡単な問いに見えますが，意外と難しいようです．水蒸気分子たちが拡がり散っていく様子がイメージしにくいからかもしれません．

囲いは水分子たちが拡がり散っていける空間を狭くします．言い換えると，ヤカンを出た後の水分子たちは，囲いがあると混み合いやすくなるのです．囲いのない場合はいつまで経っても水分子たちは混み合いませんが，囲いがあると遅かれ早かれ混み合ってきて，最後は混み具合がヤカン内部と同じになってしまいます．そうなったら水分子たちの流れは止まります．流れが止

§12. 排熱があって可能な動力生成　　　69

まらないように囲いを大きくしていった極限は**図14-b)** と同じですから，囲いの大きさを広げずに拡がり散った水分子たちを回収する工夫が必要です．

　その工夫とは冷却です．冷却すれば拡がり散った水分子たちは勢いを失い，液体の水分子たちへと戻ってくれるのです．そこで，**図14-d)** に示すように囲いの一部を洗面器に入った水に浸して冷やします．洗面器内の水を「冷却水」と呼びます．100℃の水蒸気が結露すると，体積は 1/1500 ほどになります．これは囲い内部の体積が1500倍大きくなったのと等価です．したがって，羽根車の回転は**図14-c)** よりも長く続きます．熱を捨てるのは勿体ないと思えるかもしれませんが，排熱は不可欠なのです．

　しかし，これで十分というわけにはいきません．洗面器に溜まっている冷却水の温度が上がって，囲い内部の水蒸気分子たちが液体に戻るのが止んでしまっては駄目ですし，冷却水の温度を低く保てたとしても，ヤカン内部の水分子たちがすべて洗面器内の冷却水に触れている囲い内側部分に移動したら，ヤカンは空焚きになってしまうからです．ここでは，火が消えない仮定とともに，もう一つの仮定として冷却水の温度は低く保たれ続けるとして，話を先に進めます．

　水蒸気から液体へと状態変化させた水分子たちを，何とかしてヤカン内へと戻さなくてはなりません．そのために冷却水に浸された囲い部分とヤカンとをつなぐ配管を設けることを考えます．

　ヤカン内部にいる水蒸気分子たちは洗面器側の囲い内部にいる水分子たちよりも勢いがはるかに強いので，ただ単に配管を設けたら，ヤカン内部の熱水が洗面器の方へと流れてしまいます．そこで，**図14-e)** に示すように配管の途中に熱水の逆流を防止し，しかも洗面器側からヤカン側へと液体に戻った水分子たちを一方的に流れ続けさせるポンプを設けます．このポンプは羽根車の一種です．したがって，このポンプの羽根板を動かすには動力の供給が必要です．ヤカン注ぎ口の前方で羽根車を回転させているのですから，その軸に歯車を取り付け，動力の伝わる向きを変えるための歯車と軸を組み合わせて，ポンプに動力が供給できるようにします．

　こうして，動力をつくる働きを担う水分子たちは，自らつくり出した動力

の一部によってヤカン内へと戻ってくることができるようになりました．水の流れが「循環」になったのです．このポンプを「循環ポンプ」と呼びます．循環することで動力の生成を担う水は「作業物質」と呼ばれます．

持続可能の4条件

羽根車で得られた動力が循環ポンプの所要動力と等しければ，ヤカン・羽根車・囲い・洗面器・配管・循環ポンプで構成された装置の全体は見て楽しいオモチャになるかもしれませんが，実用性はまったくありません．得られた動力が装置内部ですべて使われてしまうからです．羽根車で得られた動力のわずかを利用するだけで循環ポンプが作動するよう装置の全体をデザインすれば，得られた動力の大部分は装置の外へと取り出せて，様々な仕事に役立てられます．

以上の思考実験で明らかになった動力生成の条件をまとめると**表2**のようになります．一つ目は，作業物質（水）を熱して高温・高圧化するための「熱源」．二つ目は「閉鎖系」．作業物質（水）を封じ込めて，高温・高圧化と低温・低圧化を繰り返させます．三つ目は，作業物質（水）を冷やして低温・低圧化させるための「冷源」．そして四つ目は「循環ポンプ」．作業物質（水）の流れを一方向に維持します．動力生成はこれら四つが揃って持続可能となります．そういうわけで「持続可能の4条件」と呼びます．

図14-e) に至るまでの議論では，火は消えない，冷却水の低温は保たれ続けるという二つの仮定を置きました．**図15**はこれらに対応するガスタンクと海を描き込んだものです．ガスタンクは熱源の大元としての資源，海は冷

表2 動力生成の持続可能4条件

1.	**熱源**	作業物質（水）を加熱して高温・高圧化させ，膨張できるようにする．
2.	**閉鎖系**	閉じた空間に作業物質（水）を封じ込め，高温・高圧化と低温・低圧化を繰り返させる．
3.	**冷源**	作業物質（水）を冷却して低温・低圧化させ収縮できるようにする．
4.	**循環ポンプ**	作業物質（水）を一方方向にだけ流れるようにする．

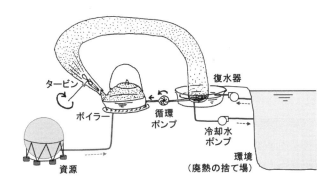

図15 資源から環境への熱の流れと動力生成の関係．思考実験の装置に「熱源」としてのガスタンクと「冷源」としての環境を加えて，初めて動力生成の「持続可能の4条件」が整う．

源の大元としての環境です．

　実際の動力発生装置（発電所）における資源は石炭・石油・天然ガスのいずれかです．これらは遠い昔の地球に生存していた生き物たちの遺物が長い時間をかけて資源へと変成したものです．遠い昔の生きものたちが残した遺産なのですから，その価値はあまねく共有されてしかるべきですが，空間的に偏在しています．このかたよりは"持てる者"と"持てない者"を生じさせ，戦争が繰り返される原因となってきました．戦争は資源の浪費で，無作法の極みです．地下資源の使用には公平さを絶対的な基準とする作法が必要なのだと考えます．

　以上のことから，地下資源を効率よく使用できるようにする技術改良は重要なのですが，"効率よく"という表現はしばしば誤解を招いてきましたので要注意です．最重要と見なされやすい"効率よく"は，持続可能4条件の三つ目，排熱を非効率的であるかに思わせることがあるからです．不可欠な排熱を無視した効率向上はあり得ません．これは熱の流れから取り出せる動力には上限があることを意味します．

　熱から産み出せる動力には超えられない絶対的な上限があることを最初に

指摘したのはフランス人のS.カルノーで1824年のことでした。カルノーは熱力学の2大法則（エネルギー保存とエントロピー生成）が確立される数十年も前に，熱と動力の本質的な関係性を見抜いたのでした。

§13.　閉じられた自然とその利用の必然

核と微視的物質観

　動力発生装置（発電所）の巨大化は都市文明の巨大化を可能にしました。動力生成には熱源・冷源の双方が必須なことは前節の講義でお話ししたとおりです。熱源にはこれまで石炭・石油・天然ガスに加えて核燃料が用いられてきました。冷源の方は環境そのもので遍在していますが，熱源の方は環境とは異なり偏在しています。熱源の巨大化が引き起こす環境問題は様々ありますが，その最たる事例は2011年3月11日に発生し，今なお続く福島原発震災でしょう。収束の困難さを考えれば，核燃料の使用は中止する他ないはずです。核燃料の性質について素人であっても知っておくべきことを理解すれば，そのように結論せざるを得ないと思うのです。それがどういうことかを§11.「微視的・巨視的描像と物質観」でお話しした微視的な物質観に基づいて考えてみましょう。

　再び**表1**（25頁）を見てください。分子の（環境空間としての）大きさはおよそ10^{-9} m，その下段にある原子の大きさは10^{-10} m，さらにその下段にある原子核の大きさは10^{-15}～10^{-14} mです。これらの数値は1880~1930年頃に活躍した科学者たちによって求められたのですが，それは原子や原子核の存在が発見されていく過程でのことでした。

　分子は原子が幾つか集まって構成されたもので，例えば，水分子一つは水素原子二つと酸素原子一つから成ります。液体の水分子一つは一辺がおよそ3.1×10^{-10} mの立方体に入る大きさだと§11.でお話ししましたが，これは0.31×10^{-9} mとも書けます。**表1**に示した10^{-9} mと比べて1/3ほどの値です。水分子は様々な分子の中では小さな部類の一つなのです。

§13. 閉じられた自然とその利用の必然   73

　原子が 10^{-10} m，原子核が $10^{-15} \sim 10^{-14}$ m というのは，仮に原子核を一人の
ヒトがすっぽり入るような直径 2 m の球体だと想定すると，原子の直径は
20~200km ということになります．原子核に相当する球体に窓があって，
そこから外を眺めたとすると，近くても 10km ほど，遠ければ 100km ほど
先に原子の境界面が見えるということです．§11. の議論で，液体の水分子
たちに掛かっている圧力が 100 倍増しても体積は 0.27 % しか縮まないと言
いました．原子核と原子の最遠端との間には相対的にとても大きな空間があ
るにも拘わらず，圧力が 100 倍になっても潰れないのですから，原子の外
縁と原子核との間には何かが詰まっていると考えるのが妥当でしょう．その
詰まっている何かとは何でしょうか？

　答えは電子です．電子たちは原子核と原子の外縁の間で層状の雲のような
形を成して存在しています．原子の個性を決めているのは電子たちです．水
素では電子がただ一つ，炭素では六つ，窒素では七つ，酸素では八つという
具合です．電子一つを粒とみなせば，その直径は原子核と同様に 10^{-15} m の
オーダーです．原子の内側に在る電子たちがどのように振る舞うかについて
詳しいことはお話しできませんが，電子たちはたいへんな勢いで原子核の周
囲空間を粒というよりは波として運動しており，全体として雲状に広がって
いると考えられます．

　電子たちの振る舞いが明らかになる切っ掛けは，波動に他ならないと考え
られていた光（放射）が，粒子としての性質をも併せ持つことを M. プランク
が発見したからでした．これは電子の存在が J.J. トムソンによって発見され
た 1897 年の 4 年後，1901 年のことです．

ガスコンロでの燃焼

　ガスコンロで燃えている炎では，気体状のメタン（炭素原子一つと水素原子四
つが組み合わさった）分子たちが，空気中にある酸素（酸素原子二つが組み合わさっ
た）分子たちと激しく衝突しています．炎の温度は 1200℃ を超えるほどです
から，分子たちは激しく運動しています．分子どうしの激しい衝突は，電子
たちに組み換えを生じさせ，その過程で私たちの目が感じる光が放たれ，ま

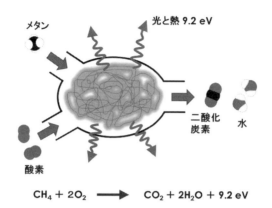

図16 メタン分子一つの燃焼と発熱．メタン分子一つに酸素分子二つが激しく衝突して原子たちが組み換えられると，発光・発熱する．

た同時に発熱が生じるのです．炎の中で激しく運動する原子・分子たちは，ヤカンの底板を構成する金属原子たちを激しく叩いています．これがヤカン内部にいる水分子たちに勢いを与えることになり，水全体が次第に熱せられていくのです．ガスコンロではこの熱を用いて煮炊きするわけです．

分子たちが衝突して電子たちが交換されると，それに伴って原子どうしの組み換えも生じます．燃焼の結果として生成されるのは，二酸化炭素（酸素原子二つと炭素原子一つが組み合わさった）分子一つに対して水分子二つです．電子たちと原子たちの総数は，燃焼の前後で不変です．

ここまで説明したことをダイアグラムとして描くと，**図16** のようになります．ガスコンロの炎を開放系とみて，そこにメタン分子一つと酸素分子二つが入り，二酸化炭素分子一つと水分子二つが出ていきます．その過程で光と熱が出るのです．この図の下部に書いてあるのは，以上のプロセスを記号で簡潔に表現したものです．化学の教科書に載っている化学式です．

図中に 9.2eV とありますが，これはメタン分子一つが酸素分子二つと激しくぶつかり合った結果，放出される光と熱の総量を eV（エレクトロンボルト）という単位で表わしたものです．メタン分子一つは燃焼前に 9.2eV のエネルギ

ーを保持していたのです．エネルギーは消費されず保存されるので，光と熱になるのも 9.2eV です．9.2eV を J（ジュール）に換算すると 148×10^{-20}J となります．エネルギーをわざわざ eV という単位で表現するのは，数値が単純になって分かりやすくなるからなのですが，その有意性は以下にお話しする原子核の分裂との比較で，よりはっきりしてくるでしょう．

核力と核分裂

　電子たちはみな負の電気を同じ量ずつ帯びています．電気には正・負の 2 種あることは，電池の両端に記されているプラス・マイナス記号でご存知のとおりです．電子たちはみな負の電気を帯びているのですから互いにしりぞけ合います．それなのに電子たちは 10^{-10}m よりも小さな原子の内部に封じ込められています．これは不思議なことだと思いますが，その原因は正の電気を帯びている原子核が電子たちを引き付けているからです．

　原子核は陽子・中性子という 2 種の核子で構成されています．陽子は正の電気を帯びていて正負が電子とは真逆ですが，その量は電子と同じです．重さは陽子と電子とでは著しく異なり，陽子は電子の 1840 倍です．陽子は電子に比べて著しく重たいのです．原子核の中で陽子の相手方として在る中性子は，その名のとおり電気的に中性で，その重さは陽子とほぼ同じです．すべての原子は電気的に中性ですが，それは陽子と電子が同数ずつあるからです．

　原子核が $10^{-15} \sim 10^{-14}$ m の直径であること，そしてその中に正の電気を帯びた陽子があることは E. ラザフォードによって発見されました．原子核が 1911 年，陽子が 1919 年でした．中性子は 1932 年になってラザフォードの弟子 J. チャドウィックによって発見されました．電子の発見が 1897 年でしたから，それから 35 年ほどの間に原子の構成要素が次々に明らかにされたのです[5]．

---

[5] S. Weinberg "The Discovery of Subatomic Particles", Revised ed. Cambridge University Press, 2003. 以下の翻訳本が出版されています．スティーブン・ワインバーグ著『新版　電子と原子核の発見：20 世紀物理学を築いた人々』，ちくま学芸文庫，2006 年.

直径 10^{-15}~10^{-14}m という極めて小さな空間中に正の電気を帯びた陽子たちがひしめき合いながら存在できるのもまた不思議なことだと思います。電子たちは陽子たちに引き付けられて 10^{-10}m の直径内に広がっているのに，陽子たちはその 1/10000 よりも小さな空間に留め置かれているのだからです。空間が小さいからには，陽子・中性子たちを締め付けて原子核として安定に保つ強烈な何かが作用していると考えられます。この作用を「核力」と言います。手で支えていた本を離すと，本は床に落ちますが，これは重力が作用するからです。核力は 10^{-15}~10^{-14}m という小さな空間にだけ作用して陽子・中性子たちを締め付けて原子核を形成しています。核力のメカニズムを解明したのは湯川秀樹で，1934 年のことでした。

核力はこの小さな空間の中に大量のエネルギーを蓄えさせています。核力は強烈なので，蓄えられているエネルギーはちょっとやそっとのことでは解放されません。それ故に原子たちの大多数で原子核は安定です。ところが，陽子たちどうしのしりぞけ合いと核力による締め付けとは，陽子たちの数が増えて 90 個を超えると拮抗するようになってきます。そのような原子では外から何らかの衝撃が与えられると，原子核が割れます。衝撃を与えるのに使えるのは中性子です。中性子は電気的に中性なので，電子・陽子に反発されることなく原子核に割って入れるのです。自然界に在る原子で割れ得るのは陽子たちを 92 個持つウランです。

図17 は陽子 92 個と中性子 143 個で合計 235 個の核子から成るウラン原子核が中性子一つに衝突されて，バリウム原子核とクリプトン原子核とに分裂し，同時に中性子二つが放出される様子を**図16** と同様にダイアグラムとして描いたものです。核子 (陽子と中性子) の総数は分裂前が 235+1=236，分裂後が 142+92+2=236 でまったく同じです。核分裂はウラン原子核中に蓄えられていたエネルギーの一部を解放しますが，その大きさは 180MeV にもなります。このエネルギーは核力による陽子・中性子たちの締め上げにより質量の一部としてウラン原子核の内部に蓄えられていたもので，陽子・中性子たちの質量合計のわずか 0.08％，3.2×10^{-28}kg に相当します。

図16 に示したメタン分子一つの燃焼で生じる光と熱は 9.2eV でしたが，

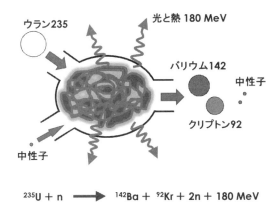

図17 ウラン235原子核の分裂と発熱．核分裂では質量の一部が解放されて大量のエネルギーを保有する放射線（波長が極めて短い光）と熱が発生する．

核分裂で生じる光と熱180MeVはおよそ2000万（$=180\times10^6/9.2=1956\times10^4$）倍に及びます．このようなことはノーベル賞受賞などで著名な科学者たちが著した教科書の多くに書いてありますが，関連してその利用がエネルギー問題の解決に資するだろうとも書いてあります．この言及は短絡的に過ぎます．エネルギーの巨大さが核分裂で新たに生成された原子たちによって保持され，これら原子たちが不安定から安定に移行するまでの間に殺傷性ある光(放射線)を出し続けることについてはまったく言及していないからです．

図17を見ると，核分裂前に一つだった中性子が核分裂後には二つになっています．ということは，ウラン235原子たちの空間密度(濃度)を高くして，しかも総数を十分に大きくすれば，核分裂が連鎖的に起こり得ます．このことに気付いたのはO.ハーン，L.マイトナー，他二人の科学者たちで1938年のことでした．

鉱山から掘り出されるウランは核子数235のものが0.72％で，残り99.28％の核子数238のものは核分裂しません．ウラン235の濃度を90％まで上昇させて連鎖的な核分裂を極めて短い時間のうちに生じさせるようにしたの

がウラン原爆で，1945年8月6日に広島で投下されました．ウラン235の濃度を3%程までに留めて時間をかけて核分裂を進行させ，その際の発熱を動力生成のための熱源とするのが原子力発電所(原発)です．

生存に対する「原発」という負債

　原発ではウラン原子たちを酸化物にした小さな塊を，直径10mm，長さ4m程度のジルコニウム合金の細管に詰めてあります[*6]．ジルコニウムが用いられるのは，ジルコニウムが中性子を透過しやすい性質を持つためです．発電能力が1GW(=100万kW)の場合には，この細管200本ほどを1ユニットとして，100~200ユニットが水槽に収めてあります．この水槽を「原子炉」と呼びます．水分子たちは中性子たちを減速させてウラン原子たちに核分裂を程よく起こさせる役割を担います．

　ウラン酸化物は核分裂反応が起きているとき2600℃ほどの高温に達します．そこから5mm離れた管外表面は330℃程度までに抑えなくてはなりません．融点1900℃のジルコニウム合金が溶融してはならないからです．ウラン酸化物の中心と細管外表面の温度勾配は454000℃/m程度にもなります．人の住む建築の壁体では内外温度差が冬季に25℃ほど，夏季に10℃ほどですから，温度勾配は100℃/m程度です．原発の炉心では建築壁体の4500倍もの温度勾配があるのです．

　ガスコンロの火はスイッチを切れば直ちに消えます．火力発電所(火発)も同じです．原発ではそうはいきません．ジルコニウム細管に中性子を透過させない蓋を被せても核分裂は直ちには止まらないのです．核分裂で新たに生じた原子たちは安定な状態になろうとして放射線を出し続け発熱し続けますが，これを人為的に止める術はありません．人が近づいても安全になるまでには極めて長い時間を要します．発熱が止まるまでの時間の長さは原子の種類によって様々ですが，プルトニウム239はその個数が半減するだけで

---

*6) シャープペンシルでは芯の長さが60mm．極細芯の直径は0.2mm．直径/長さは0.0033(=0.2/60)です．ジルコニウム細管では内径/長さが0.0025(=10 × 10⁻³/4)で超極細です．

24000 年かかります.

　原子炉内の大部分を占めているウラン 238 は，原子炉の運転で，中性子を吸収して核子 239 個のプルトニウムになります. プルトニウム 239 はウラン 235 よりも核分裂性が高いため，原爆燃料としてはより高性能です. 原子炉はそもそもプルトニウム 239 を生産するためにつくられたのでした. プルトニウムを取り出して純度を高める化学処理を行なうのが再処理工場と呼ばれる施設です. その環境汚染が極めて深刻なことは，米国ワシントン州ハンフォードの施設*7) が示すとおりです. プルトニウム原爆は 1945 年 8 月 9 日に長崎で投下されました. そして 6 日後の 8 月 15 日に日本政府はようやくポツダム宣言を受諾して敗戦を迎えたのでした.

　戦後の日本には §7.「"エネルギー問題"は何が問題か？」でお話ししたように著しい経済成長がありましたが，その一環として原発の建設・運転が推進され，その必然として大量の使用済み核燃料が産み出されました. **図18**は日本の原発に併設されている使用済み核燃料貯蔵タンクの 2011 年 9 月時点における貯蔵状況を示したものです*8). 横長の長方形一つが原発立地点 1 カ所に対応しています. 長方形の高さ (タテ) が貯蔵タンク最大容量，幅 (ヨコ) が貯蔵割合を示しています. 長方形の高さをすべて足したのが日本全体における貯蔵容量で 21×10^3 トンほどあります. 福島第一・第二では合計 3.5×10^3 トンほどです. 福島第一の貯蔵割合は 90％ 超，福島第二は 80％ 超です. 2011 年 3 月 11 日の大地震を迎える前に既に貯蔵タンクは満杯に近かったのです. 仮に大地震と津波が起きなかったとしても発電所の稼働は早晩停止

＊7) 第二次世界大戦中に米国政府が主導したマンハッタン計画の一環で，39km 四方ほどの広大な敷地にプルトニウム精製のために建設されました. その後の米ソ冷戦中にも精製が続けられました. 現在は稼働していませんが，敷地に沿って流れるコロンビア川や近隣地域の地下水は放射能によって著しく汚染されています. 放射性廃物の総量は $37 \sim 65 \times 10^3 m^3$ と見積られています. （以上は，https://ja.wikipedia.org/wiki/ ハンフォード・サイト（2024.5.12 閲覧）と J. バスリー：写真で見るアメリカでもっとも汚染された核施設「ハンフォード・サイト」，ビジネス・インサイダー（2019.10.1）より）.

＊8) 数値データは舘野淳著『シビアアクシデントの脅威——科学的脱原発のすすめ』（東洋書店，2012）に依っています.

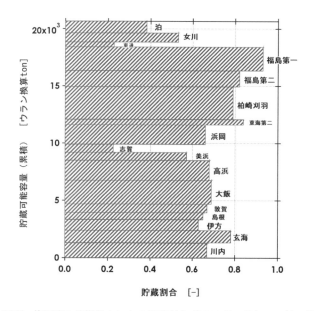

図18 使用済み核燃料タンクの貯蔵割合（2011年9月）．17個の横長長方形が積み重ねられている．各々の高さは各原発における貯蔵容量，横幅は貯蔵割合を示す．

せざるを得なかったと言えるでしょう．貯蔵割合は，日本全体の平均として70％ほどです．使用済み核燃料は長期にわたって保管し続ける必要があります．プルトニウムの半減期（24000年）が途轍もなく長いからです．そういうわけで，原発推進は愚策という他ないと思いますが，その芽は1945年8月15日の敗戦直後には既に吹いていたことは銘記しておくべきだと思います．というのは8月20日（敗戦のわずか5日後）には「科学礼賛」の記事が大新聞に既に掲載されたという事実があるからです[*9)]．

私たちが日頃，呼吸，水・食物摂取，尿・大便の排出を基本として生きていけるのは，体内の生化学反応がすべて原子核（直径 10^{-15}~10^{-14}m）の安定があ

[*9)] 山本義隆著『私の1960年代』，金曜日，2015年，p.7~71．

って，その上で細胞核(直径 10^{-6} mほど)の安定が保障され安全に営まれているからです．原子核が不安定で放射性のある原子で構成された分子を体内に取り込めば，これらの原子核が不安定から安定へ至ろうとするプロセスで強い放射線を体内空間に放ち，細胞核ほかの様々な細胞内器官を傷つけます．その頻度が高いと細胞自身が持っている遺伝子ほかの修復機構の働きが追いつけなくなり，ひいては生体を構成する分子たちの組み合わせが狂わされたり破壊されたりしていきます[*10]．

直径 10^{-15}~10^{-14}m の原子核という極小の自然は「閉じられた自然」だからこそ，私たちヒトを含む生きものたちの存在は保障されているのです．しかるべきは核燃料の不使用だと考える所以です．

§14.　水飲み鳥と地球環境システム

水飲み鳥のお辞儀運動のしくみ

§5.でお話しした「環境の入れ子構造」を 1 枚のダイアグラムとして表現したのが**図3** (27 頁) だったのですが，この図が描けるようになったのは，熱力学が私なりに理解できるようになったからでした．このダイアグラムの中に表現したかったことは，入れ子構造を成す環境の形(カタチ)と型(カタ)の全体なのですが，形(カタチ)の方はともかくとして，型(カタ)の方についてはこれで十分というわけにはいかないだろうと思っています．というのは，ダイアグラムは静止画であって動画ではないからです．

地球環境の大気下に在って絶え間なく起きている様々な気象・海象・生命現象のすべては，一瞬たりとも止まることがありません．これらの現象に共通する特徴は生成・消滅の繰り返しでしょう．静的ではなく，まさに動的です．ということで，静止画である**図3**のダイアグラムは，空間的・視覚的な

---

*10) ジョン・W・ゴフマン著，今中哲二ほか訳『人間と放射線——医療用 X 線から原発まで』，明石書店，2011 年復刊(訳書初版は社会思想社，1991 年．英語原書初版は 1981 年).

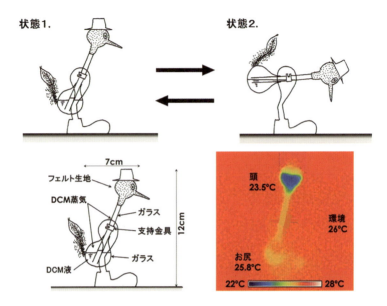

図19 水飲み鳥のお辞儀運動と温度分布．湿らせた頭で蒸発が生じると，状態1→状態2→状態1→状態2→……の運動が繰り返される．

側面（形・カタチ）についてはそれなりに表現できているとしても，時間的・聴覚的な側面（型・カタ）については十分には表現できていないと思うのです．時間的に加えて聴覚的とわざわざ言うのは，§10.「カタチの見方とカタの読み方」でお話ししたことに基づいています．物体を構成している原子・分子たちの空間配置全体を一瞬に捉えるのが視覚で静的，一方，一瞬に比べて十分に長い時間が流れるなかで初めて働くのが聴覚で動的です．思い描くべき模型には，静的に加えて動的が補われてしかるべきだと考えます．

そういうわけで，入れ子構造を成す地球環境全体の働き（型・カタ）をできるだけ単純な模型で表現できるようにしたいとあれこれ考えているうちに，水飲み鳥（あるいは平和鳥）と呼ばれるオモチャがあることを知り，その利用を思いつきました．

水飲み鳥は，§12.「排熱あって可能な動力生成」でお話しした動力生成の

§14. 水飲み鳥と地球環境システム　　83

原理を巧みに利用した玩具です．したがって，熱力学の理解を深めるのにも
適していますし，地球環境システムの大枠としての働きを知るのにも大いに
役立てられると思ったのです．それがどういうことかを以下にお話ししまし
ょう．

　図19は，水飲み鳥のお辞儀運動（状態1と状態2の繰り返し），その運動中の
体表面温度分布，そして身体構造を示しています．まず図19左下にある水
飲み鳥の断面図を見てください．頭とお尻（胴体下部）が球状，胴体上部は細
長い筒状になっています．頭・お尻・細長い筒状胴体の全体は内部が空洞で
薄いガラス壁で囲まれています．どこにも開口はないので，ガラス壁で囲ま
れた内部空間は閉鎖系です．

　この閉鎖系にはジクロロメタン（略称DCM，化学記号ではCH_2Cl_2）の液体と
蒸気が封入されています．DCM液には微量の青色（または赤色）染料が混ぜ
てあって，DCM液の閉鎖系内での運動が見え易くなるようにしてあります．
閉鎖系内で蒸発と凝縮を繰り返せるDCMは，§12.「排熱あって可能な動
力生成」でお話しした作業物質であり，ガラス壁で囲まれた閉鎖系空間は，
表2(70頁)に挙げた「動力生成の持続可能4条件」の中の2番目そのものです．

　首元から頭・嘴にかけてのガラス表面には薄いフェルト生地が貼りつけて
あります．後述するように，この生地部分を水で濡らすと，水飲み鳥はお辞
儀運動をするようになります．フェルト生地の下端（首元）より下にあるガラ
ス筒胴体はお尻の内部にまで貫入しており，筒の下端はお尻内部の空間に開
いています．立位にある水飲み鳥のお尻内空間はその半分以上がDCM液
で満たされています．DCM液がガラス筒内外の両側にあるのは筒の下端が
開いているからです．DCM液面より上部の空間は飽和状態のDCM蒸気
が満たしています．

　DCM蒸気の飽和圧力は20℃で大気圧の45%ほど，30℃で70%ほどです．
飽和圧力は温度が低いほど低いのです．高温は勢いの大きいDCM分子た
ちが多いことを意味しますから，圧力は高くなります．図19左下に示した
立位の水飲み鳥ではガラス筒内側のDCM液面が外側よりもやや高くなっ
ています．これは，ガラス筒内側にあるDCM蒸気の圧力がガラス筒外側

よりもやや低いからです．両者の蒸気圧が等しければ，液面の高さはまった
く同じになります．

　細長い筒状胴体の中ほどには支持金具があり，2本の足の大腿部中央辺り
にある丸穴につながれています．この金具で支えられた水飲み鳥の重心位置
は，立位の状態1ではお尻内部の中心辺りにあります．状態2に至るために
は重心位置が上昇していく必要がありますが，それを可能とするのがDCM
蒸気の圧力変化です．

　フェルト生地で覆われた嘴を水で濡らすと，毛細管現象によって水はフェ
ルト生地の中を拡がっていき，顔や首の部分が湿っていきます．湿った部分
が顔・頭の半分ぐらいを占めるようになるかならないうちにガラス筒胴体内
部の液面は上昇し始め，また同時にガラス筒外部の液面は下降し始めます．
頭内部空間の圧力が下がるからです．両液面の高低差は次第に大きくなり，
やがて筒状胴体内部の液面が首の下端を越え，頭の中に入っていき，それと
ともに水飲み鳥の重心位置が頭を前倒するに十分なまでに上がります．そう
すると，支持金具を回転軸として水飲み鳥はお辞儀をします．

　最も深いお辞儀の状態2では，胴体上部から頭までの内部空間とお尻内部
のガラス筒外側の空間とが一体となり，両空間を占めていたDCM蒸気の
圧力が同じになります．その結果，頭の方にまで上昇していたDCM液は
すべてお尻の中へと流れ落ち，重心の位置が再びお尻の中心辺りに戻って，
水飲み鳥の体位は元の状態1に復帰します．

　ガラス筒内側にある液面が上昇する一方で，お尻部分のガラス筒外側にあ
る液面が下降する第一の原因は，頭部外側のフェルト生地における水の蒸発
冷却です．その様子は**図19**右下の表面温度分布画像が示すとおりです．頭
の外表面が冷やされると，その内部で飽和しているDCM蒸気も冷やされ
ます．そうすると，蒸気状態のDCM分子たちは全体として勢いを失って
圧力が低下し，また，一部のDCM分子たちは液化します．その結果，
DCM液はガラス筒内部空間を上昇していくのです．

　ストローを使ってコップに入っているジュースを飲むときに唇をすぼめて
ストロー内の空気を吸いますが，これはストロー内にある空気の圧力を低下

させるためです．そうすると，ストロー外の大気圧がジュース液面を押し下げ，ジュースがストロー内を上昇するのです．これと同じことが水飲み鳥体内で起きています．

DCM液全体の上昇は，お尻内部にあるDCM蒸気の占める空間を膨張拡大させ，その結果，DCM蒸気の圧力が下がり，また温度がわずかに下がります．**図19**右下の温度分布画像を見ると，お尻の温度 (25.8℃) が環境の温度 (26℃) よりやや下がっていますが，それはこのためです．こうして生じたお尻の内外温度差に応じて周囲空間からお尻の内部へ熱が流れます．

§12. の**表2** (70頁) にまとめておいた「動力生成の持続可能4条件」との対応関係を確認してみましょう．熱源はたった今説明した環境 (周囲空間) そのものです．水飲み鳥のお尻に環境から熱が流れ込むからです．閉鎖系は，前述のとおりで，ガラス壁で囲まれた内部空間，作業物質はDCMです．冷源は，頭の外表面を覆う湿ったフェルト生地です．循環ポンプはどこにあるでしょうか？ §12. で議論したヤカン・洗面器などからなる仮想の熱機関では循環ポンプは独立した存在でしたが，お辞儀を繰り返す水飲み鳥の場合には，水飲み鳥の身体全体が循環ポンプを兼ねています．お辞儀運動そのものがDCM液を上下動させているからです．

お辞儀運動のエネルギー収支

図20 は，**図19**右上に示した表面温度分布を基にして計算した水飲み鳥のエネルギー収支 (上) とエクセルギー収支 (下) です．いずれの図でも，濡れた頭での収支と，頭から下のお尻までの身体部分の収支とが示してあります．フェルト生地とガラスから成る頭は，水が蒸発していくとともに熱の出入りがあるので開放系です．一方，水飲み鳥の身体の方は閉鎖系です．出入りするのは熱と仕事だけだからです．

まず頭部分のエネルギー収支を見てみましょう．水の蒸発による冷却で奪い去られる熱エネルギーの速さは51.88mWです．これによって表面温度が環境温度より2.5℃程度下がり，環境から頭へと熱が28.51mWの速さで入ってきています．これらの差し引きは23.37 (=51.88−28.51) mWで，頭の内

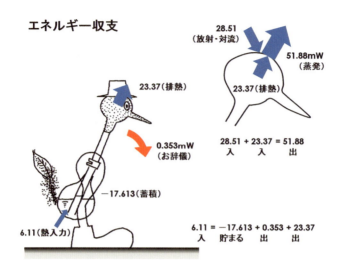

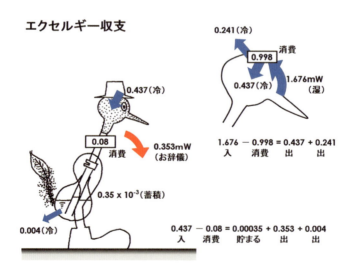

図20 水飲み鳥のお辞儀運動のエネルギー収支（上）とエクセルギー収支（下）．消費の項がエネルギー収支にはなく，エクセルギー収支にはあることに注意．

部から湿った頭へと出ていきます．水飲み鳥の身体では，頭から23.37mW
が外へと出ていく一方で，環境中からお尻へと6.11mWが入ってきていま
す．お辞儀の仕事として取り出されるのは0.353mWです．

　水飲み鳥の身体から出ていく熱と仕事の合計23.723(=23.37+0.353)mWは，
お尻に入ってくる熱6.11mWと釣り合いません．両者の差17.613mWは
DCM液が蓄えていた熱エネルギーが減ることで釣り合うことになります．
DCM液の温度はこのために下がるのですが，温度の低下幅はとても小さく，
図19右下の表面温度分布からは読み取れない程度です．DCM液は熱エネ
ルギーを蓄えやすいのです．

　以上挙げた4つの数値は，[入る]=[貯まる]+[出る]のように収支式として表
現できます．**図20**上半分にある水飲み鳥の足元に示してある式がそれです．
熱エネルギーの貯まる速さ−17.613mWの負号は減少を意味します．頭の
絵の下に示してある式は頭部分におけるエネルギー収支です．この式では蓄
えられる熱エネルギーはありません．フェルト生地とガラスから成る頭は厚
さが薄く，蓄えられる熱エネルギーはないと仮定したからです．

　エネルギー収支全体を見て分かるのは，熱源は環境（周囲空間）とDCM液
に蓄えられている熱，冷源は蒸発冷却が生じている頭で，これら熱源・冷源
の間でお辞儀運動が起きていることです．ここまで述べてきて気付くのは，
環境に対して資源は何かがいま一つ明確ではないことです．ということで今
度は，エクセルギー収支の方を見てみましょう．

お辞儀運動のエクセルギー収支

　水飲み鳥は，顔・頭を濡らして蒸発が起きるが故にお辞儀の仕事が生成さ
れるのですから，液体の水に資源性があると考えるのが素直でしょう．環境
中の湿気が飽和しない（相対湿度が100%にならない）限り，液体の水には蒸発す
る能力があります．蒸発は，言い換えると，水分子たちが存在する空間の体
積を増すことです．このことは§12.でも沸騰状態に関連してお話ししまし
た．常温の場合には，水蒸気状態にある水分子たちの占める体積は液体状態
の10万倍にも及びます．したがって，水飲み鳥の頭を濡らした水はとても

大きな拡散能力を持っているのです.

　水飲み鳥にとっての資源は，液体水の拡散能力だったのです．この資源性（拡散能力）はエクセルギー概念によって定量化でき，「湿エクセルギー」と呼ばれます[11].

　それでは，**図20**下半分に示した水飲み鳥のエクセルギー収支を見ていきます．まず頭部分です．頭のフェルト生地に湿エクセルギー 1.676mW が入ってきています．そのうちの 0.998mW が蒸発によって消費されると，頭から外へと向かう冷エクセルギー 0.241mW と，頭の中に入る冷エクセルギー 0.437mW が産み出されます.

　ここで「冷エクセルギー」とは何かを説明しておきましょう．冷エクセルギーは拡散が引き起こす冷却能力を表わします．その流れは熱エネルギーの流れとは逆向きです．冷エクセルギーは温度の低い方から高い方へと流れるのです．冷エクセルギーと対の位置付けにあるのは「温エクセルギー」で，拡散が引き起こす加熱能力を意味します．温エクセルギーの流れる向きは熱エネルギーが流れる向きと同じです．水飲み鳥では体表面温度が環境温度より低いので，温エクセルギーは生じません[12].

　話を元に戻しましょう．頭内に入った冷エクセルギー 0.437mW のうち 0.08mW が消費されると，お辞儀の仕事が 0.353mW の速さで取り出されます．仕事の大きさはエクセルギーでもエネルギーでも同じです．仕事は水飲み鳥の身体を構成している分子たちのすべてが集団的・統一的に形（カタチ）を保ちつつ動くことだからです[13]．お尻からは 0.004mW の速さで冷エクセルギーが出ています．前述のように，水飲み鳥体内の DCM 液もわずかに冷やされていますが，これによって蓄えられる冷エクセルギーは，わずか $0.35\mu W (= 0.35 \times 10^{-3} mW)$ です．以上のエクセルギー収支は，**図20** の下に描いてある水飲み鳥の足元にまとめて記してあります．エクセルギー収支は一般

＊11）　詳しくは §32.「湿潤・乾燥と湿り空気」で述べます.

＊12）　詳しくは §29.「拡散能力・エクセルギーそして消費」で述べます.

＊13）　詳しくは §27.「仕事・熱とエネルギー保存則」から §29.「拡散能力・エクセルギーそして消費」で述べます.

に，[入る]−[消費]=[貯まる]+[出る]のように表現されます．式の中に消費の項があらわに表現されることが特徴的です．エネルギー収支では消費の項は現われません．エネルギー概念は保存されることが本質であって，消費は表現できないのです．

頭のフェルト生地に湿エクセルギーの入り 1.676mW があってお辞儀の仕事 0.353mW が得られていることがわかりました．両者の差は水飲み鳥の身体の内外空間ですべて消費されています．お辞儀の仕事 0.353mW は湿エクセルギー 1.676mW の 21%です．残り 79%が消費されるからお辞儀運動が起きていると言えます．

水飲み鳥を用いた地球環境システム模型

以上の議論で熱機関としての水飲み鳥の働きが明らかになりましたので，次は，水飲み鳥を使って**図21**に示すような地球環境システム模型がつくれ

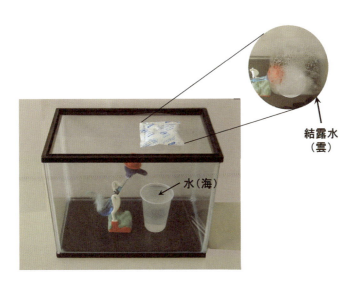

図21 水飲み鳥を用いた地球環境システム模型．透明プラスチック板の蓋を被せた容器は閉鎖系．蓋上面を冷やすと，その下面に結露が生じる．

ることをお話しします.

　水飲み鳥と水の入ったコップを透明なプラスチック容器の中に入れます．コップは水飲み鳥が深くお辞儀をしたときに嘴がちょうどコップ内の水に浸されるところに置きます．嘴をコップ内の水に浸し濡れたことを確かめてから薄いプラスチック板の蓋を容器に被せ，しばらくの間全体の様子を観察することにします．

　蓋を被せて30秒が経ち1分が経つと，水飲み鳥は盛んにお辞儀を繰り返すようになります．お辞儀の繰り返しは蓋を被せてから3~4分経つと最も速くなりますが，6分ほどが経つと，お辞儀の繰り返しが緩慢になり始めて，8分ほどが経過するとお辞儀の繰り返しはほとんど止まってしまいます．そこで，蓋を外してみます．そうすると，水飲み鳥はしばらくして再びお辞儀運動を始めます．

　蓋を被せたプラスチック容器は閉鎖系なので，お辞儀が止んでしまったのです．蓋が被せてあると，容器内の空気は外の空気と入れ換われず，水飲み鳥の頭で蒸発した後の水分子たちはプラスチック容器内に淀み続け，容器内の空気温度に応じて決まる飽和水蒸気圧にまで水分子たちの数が増えてしまう（飽和状態になる）と，蒸発が生じなくなるのです．このような状態を「平衡」と呼びます．言い換えると，「非平衡」が水飲み鳥にお辞儀運動を持続させていたのです．

　プラスチック容器内の水飲み鳥がお辞儀運動をしなくなった状態で，よく冷やしてある保冷材を蓋の上に載せます．**図21**はこの状態を示しています．保冷材を載せて2分ほどが経つと，水飲み鳥のガラス筒胴体の中をDCM液面がゆっくりと上昇し始めるのがわかります．その後1分ほどが過ぎると，水飲み鳥はお辞儀運動を再び繰り返すようになります．お辞儀運動の繰り返しをしばらく眺めた後に保冷材が置いてある蓋の下面を見ると，**図21**右上の写真に示すように結露が確認できます．水飲み鳥の嘴・頭・首，そしてコップ内の水面で蒸発した水分子たちがプラスチック蓋の下面で凝縮して再び液体に戻り，その結果，環境空間の湿度が低くなって，非平衡が復元したのです．

§14. 水飲み鳥と地球環境システム　　　91

　結露現象は水分子たちが凝集して，それらが全体として占める体積を縮めることです．このことにより水分子たちは湿エクセルギーを保有することになるのです．環境空間の程よい乾燥が水に資源性を生じさせるとも言えます．湿潤（凝縮）と乾燥（蒸発）は相補的な関係にあるのです．

　蓋に載せる保冷材の位置をコップの直上とすれば，プラスチック容器内で雨が降り，コップ内に水が戻ってくることになります．水循環の誕生です．保冷材の冷却能力（冷エクセルギー）が持続できれば，水循環は維持され，水飲み鳥のお辞儀運動も持続可能となります．プラスチック容器内での水分子たちの蒸発・凝縮が繰り返せると，水飲み鳥体内における DCM 分子たちの蒸発・凝縮も繰り返せるようになるわけです．これらは連鎖現象なのです．プラスチック容器の外にランプを設けて容器内部を照らせば，連鎖現象はより活発になります．

　プラスチック容器内の空気は地球大気，水飲み鳥は生命現象の総体，保冷材は宇宙，コップ内の水は海や湖・川，そしてランプは太陽に相当します．**図3**（27 頁）のダイアグラムでは表現しきれなかった「環境の入れ子構造」の働き（型・カタ）がより明示的になったのではないでしょうか．少なくとも私はこうして地球環境システムの動的な描像を明確にすることができたのでした．

第3章

つながる**自然**を読む

§15. 個体発生・系統発生と環境

細胞──生きものの最小単位

　動的平衡を維持している地球環境システムのイメージが，§14.「水飲み鳥と地球環境システム」の議論によってだいぶ明確になりました．そこで今度は 動的平衡の仕組みを備えている私たちヒトを含む生きものたちが地球環境システムの中でどのように発生展開してきたかを概観してみましょう．

　生きものの一匹あるいは一頭・一人の誕生から死までを「個体発生」と言い，また 38 億年ほど前だったらしい最初の生命誕生に始まって連綿と続いてきた生命活動の全体を指して「系統発生」と言います．ヒトの一生は個体発生，ウィルス・菌類・植物・動物全体の進化は系統発生です．私たち一人ひとりの今を生きる身体は，他のすべての生きものたちとともに系統発生の最先端を担っていますが，私たちヒトの個体発生が系統発生とどのような関係にあるかを知っておくことは，生物学の素人にとっても重要です．不自然でない暮らし方や在るべき技術の描像が明確になるだろうと思うからです．

　私たちの身体を構成している皮膚・筋肉・内臓・骨は，そのすべてが多くの細胞から成り立っています．ヒトはニワトリやイヌ・ネコと同様に多細胞生物の一種です．多細胞生物では，体内の細胞一つを系とすれば，周囲にある細胞たちはすべてその系にとっての環境です．系と環境の関係が多重性を帯びる多くの細胞から成るヒト一人の身体は，その外に広がる建築環境，そして社会環境の内に在って生きています．細胞環境・建築環境・社会環境の

§15. 個体発生・系統発生と環境　　　　93

それぞれと遺伝情報・感覚情報・言語情報の関係性については，§6.「情報
の発現と環境の形成」でお話ししたとおりです．

　身の回りにあるものを指して，「これは生きもの，あれは生きものでない
……」と，私たちは難なく言い分けられますが，不思議なことに生きものと
は何かを定義しようとすると，それが易しくはないことに気付かされます．
私なりの理解に基づいた定義を記してみると，次のようになります．

　「生きものとは細胞を単位として複製・修復・分離・独立・融合・解体を
自律的・調和的に繰り返して動的平衡を保ち続けられるよう活動する系であ
る」．

　生物学は，生きものをこのように定義できるよう発達してきたと思えます．
「細胞」は英語で "Cell" と言いますが，そう名付けたのは R. フックというイ
ギリスの科学者で 1674 年のことでした．フックは倍率 150（直径 10μm の円が
直径 1.5mm の円に見える）程度の光学顕微鏡を自ら製作して，様々な物体を観
察しました．コルクガシの樹皮を観察したところ，小さな部屋が多数集まっ
ているかのようであったことから，その部屋形状の一つを指して "Cell"（細胞）
と呼びました．樹皮そのものは生きてはいないので，フックは生きものの単
位としての細胞を発見したわけではありません[1]．同時代のオランダ人
A. レーウェンフックも倍率 200 程度の顕微鏡でバクテリア・赤血球・精子
などを含む様々な生きものを観察しましたが，細胞が生きものの最小単位と
の認識には至りませんでした．

　その後 160 年ほどが経った 1838 年にドイツの植物学者 M. シュライデン
は，植物の身体が小さな壁で囲まれた空間を単位として成り立っているとの
仮説を唱えました．これに触発された動物学者 T. シュワンは様々な動物を
対象とした顕微鏡観察の経験から，動物もやはり細胞を単位として成り立っ
ているに違いないと考えるようになりました．

　シュライデン，シュワンからさらに 20 年が経った 1859 年にドイツの生
物学者 R. ウィルヒョウは「すべての細胞は他の細胞に由来する」との仮説を

───────────
[1] 宮地裕司著『生物と細胞』，仮説社，1999 年．

提唱して，生物学者の多くが細胞の存在を共通認識するようになりました．細胞が生きものの最小単位として認識されるまでにフックやレーウェンフック以来185年を要したのです．

細胞の認識が共有されるまでの歴史は，科学上の概念が定着するには時間がかかることを示しています．仮説が立てられ，その検証が積み重ねられていくことで，鍵となる概念は初めて共通認識化されていくわけです．エネルギー問題はエクセルギー問題として認識すべきだと私は考えていますが，細胞が認識されるまでの歴史を知ると，エクセルギー概念が正しく認識されるまでにはまだまだ時間が必要だろうとの感慨を持ちます．

単細胞生物から多細胞生物へ

細胞が共通認識される前のことですが，イギリスの植物学者 R. ブラウンは細胞の中に黒ずんだシミ状に見える部分があることに気付いて，「核 (Nucleus)」と名付けました．1831年のことです．§13.「閉じられた自然とその利用の必然」で原子核の発見は1911年だったと言いましたが，それは細胞核の発見から80年後のことだったのです．ブラウンによる核の命名から40年近く経った1869年頃，スイスの生理学者 J.F. ミーシャーは黒ずんで見える細胞の部分（核）に注目して顕微鏡観察と化学分析を行ない，核にはリンが多く含まれていることを発見しました．それから75年が経った1944年頃，細胞核を構成しているのが DNA（デオキシリボ核酸）であり，これが遺伝機能（カタ）を担っていることを O. エイブリー等が発見しました．そのわずか8年後の1953年，F. クリック，J. ワトソン，R. フランクリンは DNA の二重螺旋構造（カタチ）を発見したのでした．

私たち一人ひとりの個体発生は，精子を受け入れた卵細胞（受精卵細胞）一つから始まって，胎児→乳児→幼児→小児→青年を経て成年になると，およそ60兆個の細胞たちで構成された身体になります．ヒト細胞の一つが平均的にどの程度の大きさかを確認してみましょう．ヒトの身体の平均密度は $0.9 \sim 1\mathrm{g/cm}^3$（$900 \sim 1000\mathrm{kg/m}^3$）です．仮に体重70kg，密度 $0.95\mathrm{g/cm}^3$ とすると，体積はおよそ $73700\mathrm{cm}^3$ となります．この体積が60兆個の細胞たちで占め

§15. 個体発生・系統発生と環境　　　　　　　　　　　95

られているわけです．平均的な細胞一つが立方体に収まっており，それが60兆個集まったのが身体全体の体積とすれば，微小な立方体一辺の長さは10μmのオーダーとなります．

図22はヒトを含む生きものの大きさと体重の関係を示しています．横軸が身体の代表長さ（大きさ），縦軸が体重です．いずれの軸も対数で表現してあります．表示したい長さと体重の範囲が広いからです．この図には10種類の生きものが示してあります．生きもの名称下にある括弧内の数値は細胞個数です．ヒト細胞の代表長さ $10\mu m (= 10^{-5} m)$ は，単細胞生物のマイコプラズマやマラリア原虫より10倍以上大きく，クラミドモナス（緑藻）と同等，

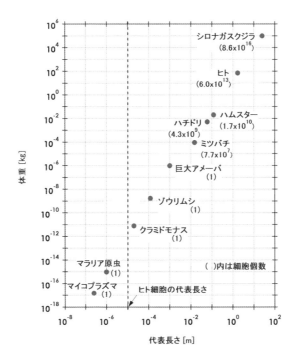

図22 ヒトを含む生きものの大きさと体重・細胞数．縦の破線はヒト細胞の代表長さ $10\mu m$ を示している．単細胞生物では代表長さ（直径）が $10^{-6} \sim 10^{-3}$ m，多細胞生物では体長が $10^{-2} \sim 10^{1}$ mの範囲．

ゾウリムシの 1/10，巨大アメーバの 1/100 程度であることが分かります．

　単細胞生物どうしを比べても大きさに著しい違いがあるわけですが，これは体内の複雑さに差異があるからです．マイコプラズマやマラリア原虫などは細胞内の構造が単純なので小さく，クラミドモナスやゾウリムシなどは体内の構造がかなり複雑なために大きいのです．ヒトの細胞も構造が複雑なので，やはり大きめです．単純な単細胞生物は「原核生物」，複雑化した単細胞生物と多細胞生物は「真核生物」とも呼ばれます．

　細胞一つの単純・複雑の違いは，建物にたとえて言えば，一つの空間に寝台・便所・台所を備えた小屋か，居間・書斎・キッチン・寝室・トイレ・浴室など複数の部屋からなる住宅かの違いに似ています．

　多細胞生物はご存知のように大小さまざまです．**図22** では小さいほうの代表としてミツバチを示しました．その細胞数は 7700 万個程度で，ヒト細胞 60 兆個はその 78 万倍です．現生する最大の多細胞生物はシロナガスクジラですが，その細胞数 8.6 京個はヒトの 1400 億倍ほどと考えられます．

　直径 1mm 程度の巨大アメーバが単細胞生物として最大なのは，この大きさを超えると，脂質・タンパク質で構成される細胞膜が内容物を支えきれなくなるからでしょう．この限界を超えて身体を複雑化，ひいては高度化していくために，細胞たちの一部は集まって生きることを選択したと考えられます．それが多細胞生物です．

　生きものたちはみな自らの動的平衡を保ち続けるために，栄養物質を摂取し続けると同時に老廃物を排出し続けなければなりません．その基本は，分子たちの「拡散」による移動です．例えば，静穏な水中を拡散だけで 1mm 進むのに，栄養物質の一つである砂糖分子なら 34 分ほど，砂糖分子より 50 倍ほど大きいタンパク質分子なら 40 時間ほどを要します[2]．

　自らの身体に比べて広大な水中を環境としている単細胞たちであれば，拡散現象だけを頼りに生きていけるでしょうが，多細胞生物たちには無理です．

---

[2] T.McMahon & J.Bonner, "On size and life", Scientific American, 1983. 以下の翻訳本が出版されています．マクマホン＆ボナー著『生物の大きさとかたち　サイズの生物学』，東京化学同人，2000 年．

体内奥にある細胞では拡散だけを頼りにしては物質の出し入れができないからです．多細胞生物たちが肺や血管・心臓・腸・肝臓・腎臓などからなる形態であるのは，体内奥の細胞たちに遅れることなく栄養物質を送り続けるとともに，細胞で産み出される老廃物質を滞ることなく体外へと排出し続けるためです．

拡散による分子たちの輸送は膜の技術（パッシブ型技術），分子たちの集団としての輸送は管の技術（アクティブ型技術）の原形と考えられます．§8.「パッシブとアクティブ」でお話ししたパッシブ・アクティブの考え方の大元は，生きものたちが系統発生の中で連綿として編み出してきた仕組みにあったと改めて思います．

系統発生が生んだ大気の変化

系統発生は単純から複雑へと生きものたちを多様化させてきましたが，棲

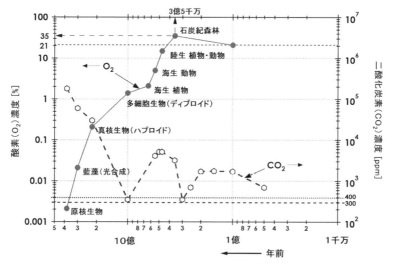

図23 系統発生と酸素・二酸化炭素濃度の変化．横軸に平行な最も上に位置する破線は現在の地球の酸素濃度21%を，下方の2本は二酸化炭素濃度300〜400ppmを表わしている．

息する空間も水中から陸上までへと拡げてきました．**図23**は，生命現象の始まりと考えられる38億年前から5千万年前までの間に大気の酸素濃度と二酸化炭素濃度がどのように変動したかの概略を示しています．左側縦軸は酸素濃度（百分率），右側は二酸化炭素濃度（ppm）です．単位ppmはparts per millionの略で百万分率のことです．百万分率（ppm）は小さな濃度を表わすのに適した単位です．

　系統発生の初期25億年ほどは単細胞生物たちだけが棲息していましたが，その間に大気の酸素濃度は著しく上昇し，その一方で二酸化炭素濃度は著しく下降しました．酸素濃度の上昇を示す折れ線のところどころに系統発生した生きものたちの名称を記しました．体内の構造が最も単純な原核生物に比べてやや複雑化が進み，光合成器官を備えるようになった藍藻が30億年ほど前に現われました．藍藻たちは海水に溶けている二酸化炭素を利用して著しく増加していき，その結果大気の二酸化炭素濃度を激減させ，同時に酸素を大量に発生・拡散させて，大気中の酸素濃度を著しく上昇させました．

　炭水化物は細胞たちの栄養物質の一種として重要ですが，その利用（燃焼）には酸素が必要です．生きものたちは酸素がなくては生きていけません．しかし，だからと言って酸素が大量なほどよいというわけでもありません．酸素はその高い反応性によって身体を構成する物質を壊してしまう危険性があるからです．単細胞生物たちの一部が大型化したのは，酸素分子と不必要に出会ってしまう危険を回避するためでもあったと考えられます．体積に対して表面積が相対的に小さくなれば，環境中の酸素分子に不用意に触れてしまうリスクが減るからです．

　酸素の利用が下手な単細胞生物たちの一部は，単細胞のままで大きくなる代わりに，酸素の利用が上手な単細胞の生きものを自らの体内に棲まわせるという手段を取りました．細胞内共生です．私たちヒトを含む多細胞生物たちの身体を構成する細胞には「ミトコンドリア」と呼ばれる器官がありますが，その祖先は酸素利用が上手な単細胞生物だったと考えられます．細胞どうしが共生して個体を成すのが多細胞生物ですが，彼らは細胞内共生に加えて，細胞外共生をも行なう生き方を選択したと言えるでしょう．

§15. 個体発生・系統発生と環境　　　99

　生きものたちは，多細胞化による複雑化・高度化とともに生殖方法も進展
させました．無性生殖に有性生殖が加わったのです．単細胞生物たちの身体
は「ハプロイド」，多細胞生物たちの体細胞は「ディプロイド」と呼ばれます．
ディプロイドの DNA はハプロイドの 2 倍あります．2 倍なのは母方と父方
の双方から遺伝情報を引き継ぐからです．ディプロイド細胞は 10 億年ほど
前に現われました．

　単細胞生物の親と子は互いにまったく同じ（クローン）ですが，有性生殖す
る多細胞生物の親と子は，大まかに言うと半分同じで半分違います．母と父
のディプロイド細胞を 100％受け継いでしまうと，DNA の量が多過ぎて細
胞はパンクしてしまうので，多細胞生物は生殖のためにディプロイド細胞を
いったんハプロイド細胞に戻して，母方と父方のハプロイド細胞を融合させ
てディプロイドに戻る手段を編み出したと考えられます[3]．融合する一方が
卵細胞，他方が精子です．有性生殖は，多様性を産み出す基本と考えられま
す．無性生殖の複製では同一性が連続するだけですが，有性生殖では相違性
が創出されるからです．これらのことは §9.「技術の型と建築の形」で取り上
げた多様性・一様性の在り方に関係しているように思われます．

　3 億 5 千年前頃に大気の酸素濃度は現在の 21％より 1.7 倍も高い 35％ほ
どに達したことがありました．植物たちが水生から陸生へと展開して，その
数が著しく増加したからでしょう．この頃より 2 億年ほど前の二酸化炭素
濃度は 5000ppm 程度でした．これは現在の 300~400ppm より 14 倍も高い
値です．5000ppm は，換気が不十分な教室に学生たちが満席状態で 1 時間
ほど講義が続いた際に生じ得る濃度です．

　5000ppm と 300~400ppm の差に対応する炭素は太古の植物・動物たちの
身体に固定されたと考えられます．系統発生の最先端に位置する私たちヒト
を含む生きものたちの環境たる大気（酸素濃度 21％，二酸化炭素濃度 300~400ppm）
は，生きものたちの系統発生が産み出したと考えられます．ということは，

───────────
[3] 団まりな著『性のお話をしましょう——死の危機に瀕して，それは始まった』，哲学
書房，2005 年.

化石燃料の燃焼で排出される二酸化炭素の大部分は太古の大気成分だったと言えるでしょう.

　化石燃料は偏在し，環境たる大気は遍在しています．いずれも地球環境システムが創出した貴重な存在です．ヒトという生きものの一部は偏在する化石燃料(エクセルギー)源を使用する方法を生み出しましたが，浪費癖も身に付けてしまいました．その結果は過度の競争とその必然としての環境汚染をもたらし，ひいては本来なら小さくなるべき貧富の差はむしろ拡大方向へと進んでしまいました．偏在する化石燃料は抑制的に，遍在する自然エクセルギーはより賢くより上手に利用する技術の進化・展開が重要な所以です.

§16.　寒冷・温暖化リズムと体温の恒常性

上昇・下降を繰り返した太古の地球表面温度

　§5.でお話しした「環境の入れ子構造」は，私たちが生きる現代を対象に，人とその最も身近な環境——建築環境——を中心として表現したものでした．環境の入れ子構造は，前講§15.でお話しした40億年にもわたる系統発生の間にも，その時々に応じて存在したと考えられます．単純から複雑へと，入れ子構造の要素群が生成されては消滅し，消滅しては生成され……を繰り返し，現在へと至ったと考えられるのです.

　環境の入れ子構造(図3, 27頁)の全体はおよそ15℃に保たれていると考えられますが，それは太陽から地球への「光の入り」と，地球から宇宙への「熱の出」の双方があって，両者の大きさがほぼ等しいためです.光の入りが増し，熱の出が減っていけば，地表面の平均温度は上昇傾向になり，その逆に光の入りが減り，熱の出が増していけば，下降傾向になるはずです．系統発生が展開してきた数十億年の間，地表面の平均温度にはどのような変動があったでしょうか？　今度は，熱の振る舞いを念頭において系統発生の様相を考えてみたいと思います.

　40億年にもわたる系統発生のおよその様相が今日明らかになっているの

§16. 寒冷・温暖化リズムと体温の恒常性　　101

は，太古に棲息していた植物や動物たちの化石が数多く発見され，また南極
などの氷河に封じ込められていた太古大気の気泡が採掘され，それらの物理
的・化学的な性質が古生物学や地質学などを専門とする研究者たちによって
分析されてきたからです．

　太古に棲息していた菌類や植物・動物の環境温度は化石として残り得ませ
ん．しかし光や熱の振る舞い，そして温度が影響する他の自然現象を間接的
な証拠として，論理の鎖を縦横に紡いでいけば，不確実さがある程度は伴う
としても，環境温度の変動範囲やその周期についておよその知見を得ること
はできるはずです．その意味で，地球の寒冷・温暖化リズムと宇宙線の関係
についてスベンスマルク*4)等が展開してきた研究は大いに参考になります．

　図24の上端に描いてある折れ線は，スベンスマルクの知見*5)を参照して，
地球表面温度（地表付近の大気温度）の過去5億年間にわたる変動のおよその様
相を私なりに描いてみたものです．

　地表付近の大気温度（陸上に棲息する生きものたちの環境温度）は，5億年前から
現在に至るまで変動を繰り返してきたことが分かります．変動の最低値はお
そらく9~12℃，最高値は18~21℃，現在の温度は最低と最高のちょうど中
間辺りで14~16℃にあると考えられます．3千万年前から現在までの間を見
ると，環境温度は低温から中温の間にあったようですから，この期間では，
現在に至るまでゆったりとした上昇の傾向にあったということです．

　いま，「ゆったりとした上昇」と言いましたが，その前には「ゆったりとし
た下降」がありました．このような上昇・下降サイクルの周期は5千万年か
ら1億年だったと思われます．周期が仮に5千万年とすれば，これまでの
40億年に起きた変動の繰り返しは約80回，1億年として約40回あったこ
とになります．このようなゆったりとした上昇と下降の所々には短い周期の

───────────────

*4) デンマークの天体物理・宇宙気候学者．太陽活動の低下が地球大気への宇宙線侵入増
加をもたらし，下層雲を形成，その結果，地球は寒冷化するという学説（スベンスマルク
効果）を提示．詳しく知りたい読者は次の本が参考になります．H. スベンスマルク, N. コー
ルダー著『不機嫌な太陽──気候変動のもうひとつのシナリオ』，恒星社厚生閣，2010.

*5) H. Svensmark, Evidence of nearby supernovae affecting life on Earth, Monthly Notices
of the RAS, Vol.423, pp.1234-1253, 2012.

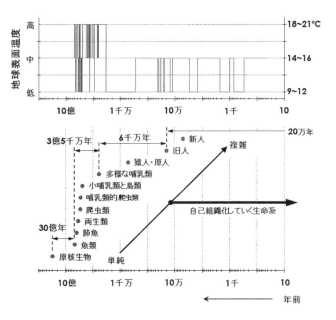

図24 動物の系統発生と地球表面温度の変動．年数を示す横軸は対数表示．地球環境は寒冷化と温暖化を繰り返してきた．この繰り返しは多様な生きものたちの発生に大いに影響してきたと考えられる．

より小さな上昇・下降が幾つも繰り返されたと考えられます．

魚類・両生類の出現

　最初の魚類が現われてから多様な哺乳類が現われるまでに3億5千万年ほどがかかっています．この3億5千万年という時間は，原核生物たちが38億年前に発生した後に最初の魚類が現われるまでに要した30億年の1/9です．生きものたちの多様化は加速していったと言えるでしょう．

　多様化が著しく進展した3億5千万年の間の環境温度は，**図24**上部の折れ線を参照して分かるように，変動を幾度も繰り返しました．単純から複雑への生きものたちの多様化には環境温度変動が少なからず影響したと考えられるわけです．

§16. 寒冷・温暖化リズムと体温の恒常性　　　103

　背骨のある動物たちを指して「脊椎動物」と言います．魚類・両生類・爬虫類・鳥類・哺乳類はみな脊椎動物として同類です．一方，脊椎動物でない動物を「無脊椎動物」と呼びます．私たちにも馴染みある無脊椎動物は，チョウやハチ・ハエなどの昆虫たち，クモたち，エビ・カニたち，イカ・タコ・クラゲたち，カタツムリ・ナメクジたち……といった具合で，ちょっと思い起こすだけでも多数が挙げられます．

　無脊椎動物たちは脊椎動物たちよりも先行して現われました．38億年前に現われた最初の単細胞（原核）生物を単純の極みとして，複数の細胞が集まって生きる様々な無脊椎動物たちが現われ，30億年という時間が経過したら最初の脊椎動物として魚類が出現するに至ったのです．初期の魚類が現われる前にはナメクジウオ・ホヤなどの（「脊索動物」と呼ばれる）類が現われ，その後本格的な脊椎動物としてまず魚類が現われました．魚類が現われ得るところまで生きものたち全体の複雑さの度合いが高まる（多様化の幅が広がる）には脊索動物の出現が必要だったのだと考えられます．

　ご存知のように，魚は鰓で呼吸します．魚は泳ぐことで身体の周りに水流を生じさせますが，その際に一部の水を口から取り込み，鰓蓋下の開口からその水を排出します．鰓は水中の酸素を濾し取り，同時に体内で発生した二酸化炭素を水に滲み出させる役割を担っています．魚の身体全体もその一器官である鰓も開放系なのです．

　地殻の下には高温・高圧のマントルがありますが，地球はこのマントルを熱源，地殻の上端面（地表）を冷源とした熱機関です．この地球熱機関によって産み出される動力は地殻の水平（地球表面に沿った）移動とそれに伴う隆起・沈降を繰り返させてきました．このような地殻の変動は生きものの系統発生が始まる以前から存在し，現在でも続いています．私たちがときおり経験する地震は，地球誕生以来続いている地殻変動の片鱗です．

　最初の魚類が現われた後の3億5千万年間に起きた地殻の隆起は，魚類の一部に両生類への変身を生じさせる原因になりました．水から空気への環境空間の変化が鰓呼吸から肺呼吸への改変をもたらしたと考えられるのです．両生類は幼生（子ども）のときは鰓呼吸で過ごしますが，成体（大人）では肺

で呼吸するようになります．水から空気へと環境空間を変えるのです．とは言っても，湿潤な環境が不可欠です．両生類と魚類の間に位置する生きものとして肺魚がいます．肺魚は鰓でなく肺で呼吸するので「肺魚」の名があります．肺魚は生きものたちの一部が水中から上陸する過程で両生類にまでは変身せず，魚として留まり生き延びることにしたのだと思われます．

　魚類・両生類の生殖では体外の水中に放出された卵細胞と精子が融合して受精卵が生成されますが，爬虫類・鳥類では体内で受精卵を生成した後に受精卵を殻で覆って体外に放出します．卵殻は §8.「パッシブとアクティブ」でお話ししたとおりパッシブ型技術の原形で，酸素の取り入れと二酸化炭素の排出を行なう仕掛けですが，受精卵にとって最も身近な環境の湿潤を保つための仕掛けでもあるのです．

　§14.「水飲み鳥と地球環境システム」でお話しした水飲み鳥のお辞儀運動は，水の湿エクセルギーが消費されることで実現するのでした．爬虫類・鳥類の受精卵では内部の血液循環以外には動力は不要です．水分の拡散が著しくて受精卵が乾燥しては元も子もなくなるので，湿エクセルギーが無為に消費されてしまわない仕掛けとして卵殻をつくり出したと言えるでしょう．

環境温度の変動と恒温動物の出現

　地球は自転しながら太陽を中心として公転しています．自転1回を1日，公転1回を1年と呼び，1年がおよそ365日なのはカレンダーでご存知のとおりです．自転は1日の間に昼と夜を生じさせ，また自転軸が公転面に対して67°ほど傾いているために季節変化が生じます．

　屋外の気温は，明け方の5~6時に最も低くなり，昼下がりの1~2時に最も高くなる傾向があります．夜に温度が下がるのは地表が温度の低い天空にさらされ，昼に温度が上がるのは高温の太陽からやってくる光にさらされるからです．そのため陸上で生活するようになった生きものたちは，水中よりもはるかに大きく変動する環境温度を日々体験せざるを得なくなりました．

　環境温度の変動に応じて体温が変動する動物を「変温動物」と呼びます．春の始まりを指す「啓蟄」という語がありますが，これは冬ごもりしていた虫た

ちが蠢き出すことを意味します．環境温度が上昇しはじめて虫たちが筋肉を
動かし易くなりはじめるのです．「うるさい」は「五月蠅い」とも書きます．環
境温度が十分に高くて，蠅が活発に飛び回っているのが煩わしいことを表現
するのに，この漢字を当てたのでしょう．初夏から初秋にかけてハエを取る
のは易しくありませんが，中秋を過ぎる頃になると易しくなります．ハエの
動きが鈍くなるからです．ハエになったつもりで想像を巡らしてみると，環
境温度の低下は生死にかかわることに気付かされます．近くにいる人が追い
払おうとして振り下ろしてくるハエ叩きの動きに，サッと反応して飛び去り
たいところですが，低体温ではそれが叶いません．筋肉が動きにくいからで
すが，これでは生き延びるのが大変です．天寿よりも短い一生で終わらざる
を得ない個体が少なくないに違いありません．

　というわけで，環境温度の変動に身を任せない生き方を編み出そうとする
動物たちが，爬虫類の中から現われ出します．「恒温動物」の誕生です．体温
調節のしくみは今から2億年ほど前に出現したと考えられます．鳥類，そ
して，その後に現われた多様な哺乳類はみな恒温動物です．私たちヒトもま
たその一種です．体温の低下や上昇をいちいち心配せずに，この文章を書い
たり，あるいは皆さんがこの文章を読めたりするのは，私たちヒトが恒温動
物の一種である証しです．

個体発生は系統発生を反復する

　以上お話ししてきたことを一枚のダイアグラムとして描いたのが**図25**で
す．単純から複雑への系統発生の展開を上向き螺旋で示してあります．螺旋
の右端にナメクジウオから魚・トカゲ・ネズミ・サル・ヒトの成体を並べ，
左端にはこれらの幼生，その少し右手前には受精卵たちが縦に並んでいます．
螺旋の左側にある波線群は，環境温度と変温・恒温動物の体温日変動を示し
ています．最上端に「室内の温度」とあるのは，§8.と§9.でお話ししたパ
ッシブ型・アクティブ型の建築環境技術が創出し得る変動極小の温度です．

　螺旋中央左下の受精卵に始まり，左端の幼生を経て右端の成体への変身（メ
タモルフォーゼ）が個体発生ですが，受精卵から幼生への段階は多くの動物た

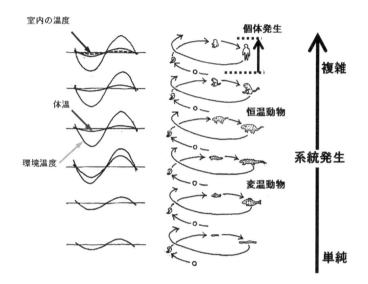

図25 体温恒常性の出現と系統発生．初期に現われた動物たちの体温は環境温度の変動に同じだったが，神経系の複雑化に伴って体温を恒常化させていった．

ちで似ています．そのことを最初に指摘したのはドイツの生物学者 E. ヘッケルで，**図26** のように幼生の姿を比較できるよう描いて示しました[*6]．1874 年のことです．当時は想像を膨らませ過ぎとの批判もあったようですが，現代における知見に基づいて考えてみると，ヘッケルは慧眼の持ち主だったと言えるでしょう．その後 80 年ほどを経て DNA の分子構造が発見され，また，現在では生きものたちの身体を構成する細胞はみな DNA を有していることが明らかになっているからです．ヘッケルは，「エコロジー」(生態学) という語も提案しました．生きものたちが互いにどのように関係し合って生きているか，その様態を問い学ぶことが重要と考えたからでしょう．

　商品の宣伝文句などによく使われている"エコ"の語源はこのエコロジーです．本来の意味合いが矮小化され，"環境に優しくすること"がエコロジ

---

*6) 柳沢桂子著『卵が私になるまで——発生の物語』，新潮選書，1993 年．

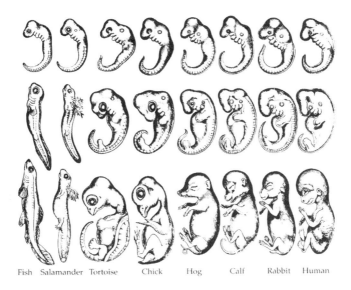

図26 E.ヘッケル（1874年）による8種類の動物（サカナからヒトまで）の胎生時における個体発生の比較（http://ja.wikipedia.org/wiki/エルンスト・ヘッケルより）.

ーと見なされることが多いですが，言語情報の歪みはそれ自体が環境問題の一つだと思われます．

体温の恒常性と冷暖房技術

　私たちヒトは，生きものたちの単純から複雑への長い時間をかけた営みが地球上の空間の隅々へと広がってきたからこそ存在し得ています．**図24**の右横向き矢印で示してあるように，自己組織化していく生きものたち全体が地球生態系を担っているのですから，ヒトはその中で特に優位な存在なわけではなく，むしろ他の生きものたちに支えられて存在していることを改めて認識し直すことが重要だと思います．

　多様な哺乳類が現われたのが今から6020万年前で，その後，私たち現代人の前に生きた旧人が出現したのが20万年前，そして新人が現われたのが3万年ほど前です．多様な哺乳類が現われてから新人が現われるまでが6

千万年ほどですから，最初の魚類から多様な哺乳類が現われるまでに要した3億5千万年の1/6ほどです．系統発生の展開はそれ以前にも増して加速の度合いを増しました．

現代の暖冷房技術は，関連する科学や技術要素の著しい発展があって可能になりましたが，この発展に要した時間は最近の100年ほどです．これは，動物たちの一部が体温調節のしくみを編み出し始めた後，旧人や新人が現われるまでに要した6千万年のわずか60万分の1です．

暖冷房システムの設計・構築そして運転は，目標とする室内温湿度の値を想定して行なわれます．想定は設計・運転の条件として必要ではありますが，その値を寸分たがわず保持することが十分条件というわけではありません．ヒトを含む恒温動物たちは，環境温度の変動に対して体温の変動を小さくするしくみを体内に備えるようになりましたが，もっとも身近な建築環境（室内）の温湿度が一定不変になってしまったら，参照すべき変動がなくなることを意味するからです．建築内部の熱環境調整は，人の体内に刻印された系統発生の側面に応じて行なわれるべきでしょう．

§17.　恒常性の維持と「感覚-行動」プロセス

ヒト体温の概日リズム

系統発生が恒温動物たちを2億年ほど前に生み出し，その後1億年以上を経て，ヒトが恒温動物の一種として存在するようになりました．変温動物から恒温動物への変身(メタモルフォーゼ)は，**図25**に示したように，日変動する温度の最低値と最高値の差（日較差）を狭める仕組みを体内に備えることだったと考えられますが，体温の変動幅は実際のところどの程度まで縮められたのか，それを概観してみましょう．

図27は，体温日変動の測定例二つを示しています．Aは20~23歳の大学生12人の3時間ごとに測定された鼓膜温度の平均値，Bは大人1人(年齢不明)

§17. 恒常性の維持と「感覚ー行動」プロセス　　　　109

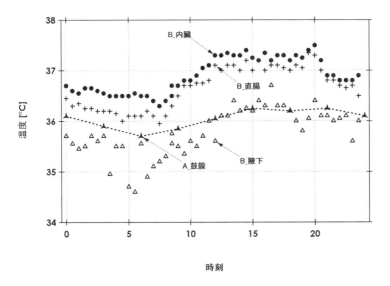

図27 ヒト体温の概日リズム．A_ は 20〜23 歳の大学生 12 人の 3 時間ごとに測定された鼓膜温度平均値．B_ は大人 1 人の内臓・直腸・腋下の 30 分ごとの測定値．

の内臓・直腸・腋下温度です*[7]．内臓温度とは小型温度計を装着したピルが体内に留まっている間の温度値で，内臓深部の温度と見なせます．直腸温度とは肛門から直腸に挿入された温度計の示す値です．いずれも朝方に低め，夕方に高めになる傾向が見られます．最も高いのは内臓温度で，その日平均値は約 36.9℃，変動幅は 1.2℃ ほどです．A_ 鼓膜と B_ 腋下は，いずれも低めです．これによって深部体内で発生した熱は体外へと流れ出ることができています．

　ある土地における外気温の日較差（変動幅）は，海に近いか遠いかによって，

---

*[7] A_ 鼓膜は，斉藤雅也ほか：「夏季の住まい方が住まい手の心理と生理に与える影響に関する研究」，日本建築学会大会学術講演梗概集，pp.499-500, 2000 年より．
B_ 内臓・直腸・腋下は，B.Edwards et al., A comparison of the suitabilities of rectal, gut, and insulated axilla temperatures for measurement of the circadian rhythm of core temperature in field studies, Chronobiology Int. 2002, No.19, pp579-597 より．

また季節によって異なりますが，私の住んでいる横浜の気象データを見ると，日較差は5~10℃です．それに比べて，体温の日較差はその1/4~1/8です．「恒温動物」という呼称は，体温の日較差がもっと小さいかに思わせますが，実際は**図27**に示した程度の幅があるのです．

　体温の日変動は生理現象ですから，§10.「カタチの見方とカタの読み方」で議論した形（カタチ）と型（カタ）との関係で言えば，後者に他なりません．**図26**に示した個体発生の初期における脊椎動物たちの形（カタチ）には相似性が見られましたが，体温の日変動という型（カタ）は，生きものたちが系統発生の間に経験してきた環境温度の変動が名残りとして今なお存在している証しと言えるでしょう．前講§16.の最後で，「建築内部の熱環境調整は，人の体内に刻印された系統発生の側面に応じて行なわれるべきでしょう」と述べた所以です．

周囲環境とヒトの「感覚−行動」プロセス

　屋外や屋内で絶え間なく繰り返される環境の変動に対して，系統発生が生み出した以上のような体内生理を基本として，私たちヒトがどのように環境変動へ応答し，行動するかを概観してみましょう．§15.と§16.でお話ししたように，私たちの身体を構成している60兆個に及ぶ細胞たちの大多数は，つくられては壊れ，壊れてはつくられることを繰り返して動的平衡を維持しています．そこで，まずはその基本となる細胞分裂が温度条件とどのように関係するかを見てみましょう．**図28**はその1例を示しています[8]．

　この実験は，口腔粘膜から細胞検体を採取して細胞分裂の活発さが温度条件によってどの程度変わるかを観察したものです．この図の横軸は九つの温度条件，縦軸は細胞分裂の活発さを示しています．活発さは，細胞の培養に用いられたトリチウム水が細胞にどれぐらい多く取り込まれたかを，放射線の大小を測定することで調べられました．トリチウムは中性子を二つ持つ水素の1種で放射性です．したがって，培養後の細胞たちが放射線をたくさ

---

[8] J. B. Reece et al., Campbell-Biology, 9th Edition, Pearson, 2011, p.80 より.

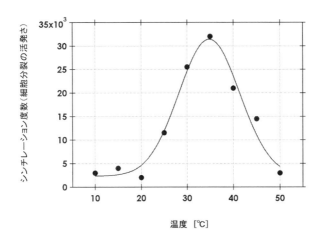

図28 細胞分裂の活発さと温度条件．トリチウム水を含む寒天培地の温度を5℃ごとに変化させて，ヒト細胞の分裂回数の多寡を調べたところ，培地温度35℃で最多となることが明らかになった[*8]．

ん出すのであれば，細胞たちは盛んに分裂したと考えられるわけです．グラフから細胞分裂は35℃の条件で最も活発なことが明らかです．細胞たちの温度が35℃程度より低くはなく，また高くもない条件で，私たちの身体は動的平衡の状態を維持しやすいと言えるでしょう．

このことを踏まえて，今度は寒さ・暑さにかかわる私たちヒトの巨視的な振る舞いに目を向けてみましょう．**図29**を見てください．私たちの身体の周囲では，光や熱・湿気・空気が絶え間なく多様に振る舞っています．その結果として生じる変動が急だったり，変動の幅が大きかったりして，私たちの身体を構成する細胞たちの健全な活動が損なわれそうになると，私たちは例えば「暑い」や「寒い」を意識することになります．

周囲環境における熱の振る舞いは，知覚そして意識の元となる感覚を生起させます．**図29**中に描かれている時計回りの太い矢印は，環境変化が感覚を，感覚が知覚を，知覚が意識を，意識が行動を生起させることを示しています．

行動は多くの場合，環境に変化を生じさせます．例えば，窓を開けたり閉

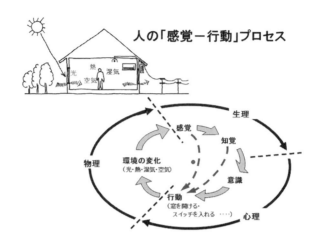

図29 ヒトの「感覚−行動」プロセス．身近な環境における物理量が変化すると，生理・心理反応が生じ，ひいては行動が発現する．

めたり，電灯やエアコンのスイッチを入れたり切ったりすれば，室内環境には大なり小なり変化が起きます．環境そのものには変化が現われない行動もあります．例えば，セーターを着たり脱いだりです．

　ある行動が生じて，その結果室内温度が上がる，あるいは下がるといった物理的な変化が生じれば，それが再び感覚・知覚・意識・行動を生起し，再び環境変化が生じ……という具合に物理・生理・心理プロセスは続きます．この全体を指して「感覚−行動」プロセスと呼びます．

　行動は，意識を経ることなく感覚や知覚から直接的に現われることもあります．例えば，寝相が悪くて掛けていた布団がベッドの横に落ちてしまったとします．そうすると，皮膚の表面温度が下がり始めます．放熱が増すからです．それを防ぐのに私たちは無意識のうちに縮こまった姿勢を取りますが，やがて目が覚めて（意識が現われて）「なんだか寒いなあ」と（声には出さずとも）言語表現しながら，布団が落ちていることに気付き，布団を掛け直します．途中に現われた身を縮める行動は意識を経ずに生じています．

図29の楕円状に描かれた矢印群の中央付近に小さな丸があります．この丸を原点として紙面に垂直な直線を上向きに描いたと想像してみてください．この直線は時間軸を意味します．ヒトの「感覚－行動」プロセスは，この時間軸の周りを螺旋状に進行し，それに伴って室内環境は時間的な変化と空間的な分布を生じます．

時間変化と空間分布は資源（エクセルギー）の消費によって現われます．消費されるのが身近な資源なのか，それとも遠隔な資源なのかは，建築環境システムがどのように設（しつら）えられるかによって大いに異なります．また，消費の結果として現われる室内環境の時間変化・空間分布も建築環境システムの性質によって大いに違ってきます．

ヒトが為す何らかの行動は必ず筋肉の運動によっています．例えば，窓の開閉には，腕と手・指の筋肉が動きます．電灯などのスイッチを入り切りするのも同様です．窓やスイッチのある場所まで身体を移動させる必要もありますから，もちろん腰や足の筋肉も動きます．行動（筋肉運動）は§8.と§9.でお話ししたパッシブ型・アクティブ型システムと対応させると，ヒトの身体に備わったアクティブシステムの働きと言えます．アクティブシステムでは，例えば，ポンプなどの羽根板が定まった向きに形を保ったままに運動しますが，これは羽根板を構成する分子たちの集団が統一的に運動することでした．同様に，筋肉細胞内に並んでいる多数の繊維を構成している分子たちが集団を成して統一的に収縮と伸長をくり返すことで，私たちの身体にいわゆる運動を起こさせます．行動は，筋肉細胞たちの内部にある繊維群が統一的に動くことで，その目的が達成されるので，アクティブシステムの働きと同等だと考えられるわけです．

アクティブ型技術の定向進化

このように考えてくると，室内環境の調整を目的としたアクティブ型技術は，筋肉運動を軽減するために発達してきたと言えるでしょう．言い換えると，アクティブ型技術が現在よりもはるかに未発達だった時代は，筋肉運動を最大限に活用せざるを得なかったということです．とは言え，少しでも苦

を減らし，楽を増すのに無為だったわけではありません．§9.「技術の型と建築の形」でお話ししたような地域ごとの特徴を活かす古典的パッシブシステムが創出され得たのだからです．

現代に至って当たり前となっている照明や暖房・冷房・換気のためのアクティブシステムは，遠隔な資源の消費を前提として成り立っています．この消費は過大にして過多となりがちです．パッシブシステムが不十分であっても，アクティブシステムさえ強引に機能させれば，室内環境をそれなりに調整することが可能だからです．

アクティブシステムにより多くのことをより速く行なわせれば，苦は減り楽が増すというわけで，現代のアクティブシステムはヒトの「感覚 – 行動」プロセスを不活発化（静的に）するよう定向進化し，ひいては §7.「"エネルギー問題"は何が問題か？」で図5（36頁）に示したように，エネルギー使用速さの増大を招きました．アクティブシステムへの過度な依存傾向は苦減楽増の欲求に中毒性があることを示しています．中毒症状の顕在化あるいは自覚化がいわゆるエネルギー・環境問題だと考えられます．中毒症状の重篤化は，系統発生によって創出された恒常性維持のしくみを破壊する危険を孕んでいると思われます．

アクティブ型技術の定向進化はパッシブ型技術の退化を伴ってきましたが，エネルギー・環境問題の認識は，例えば，壁・窓・屋根などの断熱性・遮熱性向上や太陽光発電パネル・地中温（冷）利用ヒートポンプの採用などの必要性を次第に人々に気付かせるようになってきました．これらは省エクセルギー・自然エクセルギー利用技術に他なりません．身近な資源の適切な消費で機能し得るパッシブシステム・アクティブシステムを積極的に導入することが重要になってきたと言えます．

省エクセルギー・自然エクセルギー利用の推進は必要ですが，それだけで十分条件も満たせるかというと，そうはいかないと思われます．というのは，身近な資源を消費することにしたとしても，そのシステムに遠隔な資源を消費する旧来のシステムと同様の働き方を強いるのであれば，ヒトの身体の恒常性維持が破壊される危険性は依然として存在したままだからです．

ヒトの「感覚 – 行動」プロセスは，系統発生が生み出した恒常性維持のしくみを上手く働かせるためにあります．パッシブ型技術はヒトの「感覚 – 行動」プロセスの健全性が保持できるように，またアクティブ型技術はそのようなパッシブ型技術と整合するよう構築し直していく必要があるのです．

§18. いわゆる五感は十三感

神経系の発達と建築環境・体内環境

「感覚 – 行動」プロセスが健やかに働くためには，いわゆる五感が必要です．五感は五官があってのこと．五官とは目・耳・鼻・皮膚・舌の五つを指します．§6.「情報の発現と環境の形成」でお話ししたように，建築環境に対応する感覚情報は，光・熱・空気・湿気(水)・音の振る舞いに応じて現われます．これら五つの環境要素は五感あるいは五官と 1 対 1 に対応するかに思える

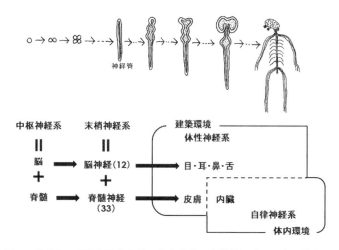

図30 神経系の発達と建築環境・体内環境．末梢神経系は一方で体表面近くに張り出して体性神経系，他方で内臓に張り出して自律神経系を構成している．

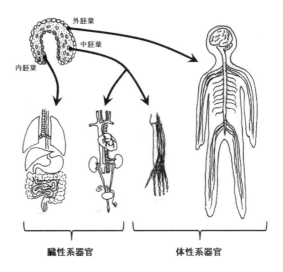

図31 三胚葉の臓性系・体性系器官への分化と形成．内胚葉に位置する細胞たちは肛門から口への管を構成し，主として消化器系になっていく．外胚葉は皮膚と神経系に，中胚葉は骨格系・筋肉系・循環器系・生殖系になっていく．

かもしれませんが，必ずしもそういうことではありません．例えば，光が皮膚に吸収されると熱が生じます．その結果として熱さや温もりの感覚，そして知覚が生じます．汗水が皮膚表面で蒸発すると皮膚温度が下がります．その結果，冷たさの感覚が生じ，空気の流れ方に応じて寒さや涼しさの知覚が現われます．環境要素どうしが互いに関係し合って感覚が生じ，ひいては知覚が現われることが少なくないのです．

感覚・知覚そして意識は私たちの身体に備わっている形（カタチ）ある神経系に現われる型（カタ）と言えるでしょう．**図30**の上部にあるポンチ絵は，約60兆個の細胞たちで構成される大人の身体のうち神経系をなす細胞たちだけに注目して，その全体がどのように形成されていくか，その概略を描いたものです．中ほど少し左側にあるのは「神経管」と呼ばれる神経細胞たちの塊です．

個体発生が始まった直後の身体は「内胚葉」・「中胚葉」・「外胚葉」と呼ば

§18. いわゆる五感は十三感　　117

れる三つの部分からなり，これらが大人の身体とどのように対応するかを描
くと**図31**のようになります．**図30**に示した神経管は，**図31**では左上端に示
した外胚葉を構成する一群の細胞たちから発生します．外胚葉は神経系に加
えて皮膚へとなっていきます．内胚葉は肺や肝臓・胃腸，中胚葉は血管群や
腎臓・生殖器・骨・筋肉群へとなっていきます．内臓・血管群の全体を指し
て「臓性系器官」，骨・筋肉・皮膚・神経系の全体を指して「体性系器官」と呼
びます．

　内胚葉を構成する細胞たちは発生初期に凹みをつくり始めます．凹みの
空間は次第に深くなっていき，やがて凹み始めたところのちょうど反対側に
開口が現われます．こうして一本の管が現われます．最初に凹んだところは
大人の身体の肛門，最後に開いたところは口です．肛門から腸・胃・食道・
口へと至る管は開放系です．水・食物が口から入り，それらの一部が腸から
体内空間へと吸収されていき，残渣が肛門から出ていくからです．

　図30に示した神経管は，口・食道・胃・腸・肛門の原形が生じる頃に現
われます．神経管の上方部分にある細胞たちは脳へと展開していき，下方部
分は身体の隅々へと広がって，全体として**図30**上部右端のような形（カタチ）
を有する神経系になります．

　神経系の全体は中枢神経系と末梢神経系からなると捉えることができま
す．中枢には脳と脊髄があり，これらに対応する末梢として首より上に左右
12対の脳神経，首より下に33対の脊髄神経があります．脳神経の多くは頬
（ほお）そして目・耳・鼻・舌に張り出します．脊髄神経はその多くが皮膚表
面の直下まで隈なく張り出します．脳神経・脊髄神経いずれも一部は内臓群
へと張り出します．

　目・耳・鼻・舌・皮膚の外側に広がるのが，§6.「情報の発現と環境の形成」
で既にお話ししたように建築環境です．生理学や解剖学の書物を見ると，「体
内環境」という語が使われていますが，環境の定義は？と思って探しても（私
の調べた限りでは）見当たりません．「環境」は自明な語と思われているのかも
しれません．§3.「環境，そして系とは何だろうか？」で述べたように，環境
とは「〈主体となる何か〉を囲んで存在するモノとコトの全体」です．そうする

と，体内を環境とする主体は，中枢の上端部分，すなわち脳ということになります．そういうわけで，脳を含む神経系の全体は，建築環境に囲まれるとともに体内環境にも囲まれて存在すると捉えることができます．建築環境と体内環境は，**図30**右下に示すように，互いにつながり合って存在していると言えるでしょう．

全身に張り巡らされた神経系と十三感

表3は，冒頭に述べた五感を，**図30**と**図31**に示したことを踏まえ，また三木・中村の論考[*9]を参考にして改めて分類し直してみたものです．脳神経系の端末があるのは目・耳・鼻・舌，脊髄神経系の端末があるのは皮膚・内臓の表面直下です．脳神経の一部は内臓へも張り出します．目は視覚，耳は聴覚，鼻は嗅覚，舌は味覚，皮膚は触覚ということで五つ，したがって五官・五感とはならず，さらに8種類が加わって合計13種類，したがって十三感に分類されました．

耳に関係する感覚に平衡覚があります．子供の頃，でんぐり返しを3回ほど連続して行なってすぐに直立しようとしたら足元がふらついた……そのような体験のある人は少なくないと思いますが，これは鼓膜の内側（内耳）にある三半規管内に封じ込められているリンパ液と耳石と呼ばれる小さな石が激しく乱雑に動いたために，上下方向が分からなくなったのです．三半規管内の底部に突き出ている神経細胞たちの端末が，いつもとは異なるリンパ液・耳石の動きに応じて働いたので平衡覚が乱されたわけです．言い換えると，三半規管は身体各部の相対的な位置関係を絶えず測定し，身体全体の（力学的な）動的平衡を維持しているのです．

三半規管は，その名が示すように三つの管で構成されています．これらの管はそれぞれに輪状を成して，三つの輪が互いに直角となるような位置関係にあります．物理学で空間を表現するのに直交する三軸（xyz軸）が用いら

[*9] 三木成夫著『ヒトのからだ——生物史的な考察』，うぶすな書院，1997年．
中村雄二郎著『共通感覚論』，岩波現代文庫，2000年．

表3 いわゆる五感は十三感．これらのうち九感は体性，二感は臓性である．温覚・冷覚の二感は体性・臓性の双方に係わっている．

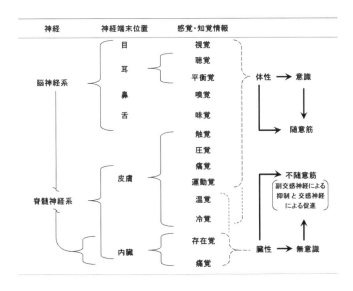

れますが，その大元は三半規管にあると思われます．

　皮膚では触覚に関連して圧覚・痛覚があります．皮膚表面に対する圧力(単位面積当たりにかかる力)に応じて触覚・圧覚・痛覚の違いが生じるのです．圧力が小さければ触覚，大きければ痛覚で，これらの中間に圧覚があると考えられます．先の丸まった鉛筆と注射針では，両者に加わる力が同じでも，二の腕を押した際に生じる感覚が異なります．前者なら圧覚，後者なら痛覚となるのはご存知のとおりです．

　図32に触覚・圧覚・痛覚を発現させる神経端末とともに運動覚・冷覚・温覚神経端末のおよその形と相対的な位置関係を示します．運動覚は腕や足・手指などの動きを捉える感覚です．鉛筆で字を書く，キーボードを叩いてパソコンに文字入力するなどが可能なのは，運動覚に応じて指・手・腕の筋肉群が円滑に動けるからです．歩いたり走ったりも同様です．運動覚は平衡覚が必要なのと似ています．

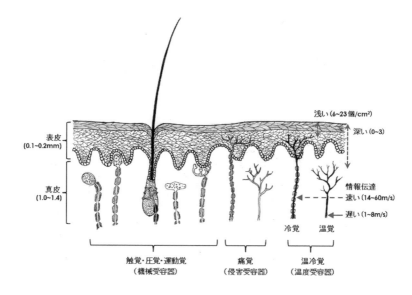

図32 皮膚の神経端末の断面形状と相対的な位置．皮膚と体外環境の境界面は表皮の上端．神経端末は役割の種類に応じて境界面からの深浅が異なる．

　皮膚には「冷覚神経」・「温覚神経」と呼ばれる細胞たちの端末がそこかしこに分布しています．冷覚神経端末は温覚のそれよりも，図32右端に示すとおり，皮膚表面の近くにあり，表面 $1\,cm^2$ 当たりの端末数は冷覚の方が 6~23個で，温覚の 0~3個より数倍も多くあります．

　内臓の存在覚は，お腹が減った，お腹が一杯，胸がドキドキ……などの言語表現の大元になる感覚です．内臓の痛覚は，存在覚が極まって痛みへと変化した感覚と考えられます．

　以上十三感のうち視覚から運動覚までの九感は皮膚表面に近い体内に関係するので「体性」，内臓の存在覚・痛覚は皮膚表面よりかなり深い体内に関係するので「臓性」と呼びます．温覚と冷覚は主に「体性」ですが，内臓にも関わるのでやや「臓性」でもあります．

神経細胞による情報伝達

　体性・臓性感覚はいずれも筋肉運動へ向けての入力となります．表3右端

§18. いわゆる五感は十三感　　121

に示すように，体性の方は「随意筋」，臓性の方は「不随意筋」への入力となります．不随意な筋肉の運動は，副交感神経による抑制と交感神経による促進とが拮抗することで生じています．

　ここまで述べてきた神経細胞たちにはいずれも端末が二つあり，一方から他方へと感覚情報が伝達されます．**図32**に示したのは皮膚表面近くにある入力側の端末たちで，中枢側に他方の端末たちがあるわけです．両端末の間にある細長い管状の部分は「軸索」と呼ばれます．軸索は「ミエリン鞘」と称される一種の絶縁体に覆われているものと覆われていないものがあります．冷覚・温覚神経細胞では，冷覚の方の軸索にはミエリン鞘があり，温覚の方にはミエリン鞘がありません．情報伝達は鞘ありで速く，鞘なしで遅いのが特徴です[*10]．

　情報伝達の速さは，**図32**に記したように鞘ありで 14~60m/s，鞘なしで 1~8m/s です．鞘ありが鞘なしよりも 10 倍以上も速いのはミエリン鞘の絶縁効果によります．ミエリン鞘は情報伝達に係わる物質が軸索の途中でできるだけ漏出入してしまわないよう抑制するのです．ミエリン鞘を「絶縁体」と呼んだ所以です．

　一方の端末から軸索を経て他方の端末へと情報伝達が生じるのは，細胞内外の空間を満たしているカリウムイオン（K⁺）とナトリウムイオン（Na⁺）それぞれの濃度に細胞内外で違いがあるからです．細胞膜には開閉できる微小開口と微小ポンプが無数に並んでいて，これらイオンの出入りが一方の端末から他方の端末へと次から次へと生じ，その結果として起きる濃度差の変動が軸索に沿って現われます．十三感となるべき情報はこうして伝わっていきます．

　微小ポンプは，§12.「排熱あって可能な動力生成」でお話しした「動力生成の持続可能 4 条件」（**表2**，70 頁）にあるポンプと同様の役割を担っています．細胞膜を貫いて出入りしたイオンたちを直ちに元の位置へと戻して細胞内外

[*10] A. Damasio & G.B. Carvalho, The nature of feelings: evolutionary and neurobiological origins, Feb. 2013, Nature Reviews /Neuroscience, pp.143-152.

の濃度差を維持し，神経細胞たちの動的平衡を保ち続けるのです．

冷覚神経細胞の方が温覚よりも情報伝達が速く，しかも**図32**に示したように冷覚の端末が温覚よりも浅めに多数あるのは，旧人から新人に至る系統発生が氷河時代に起きたことと関係しているだろうと思われます．

情報伝達は遅いより速い方が優れているだろう．そのように思えるかもしれませんが，遅速は優劣とは関係ありません．冷たさや温かさの知覚は，一方が冷覚神経細胞だけ，他方が温覚神経細胞だけの働きによって生じるわけではないからです．

速い情報伝達と遅い情報伝達の相補的な作用が，冷たさや温かさ，ひいては涼しさ・温もりといった言語表現の元となる感覚・知覚を生じさせていると考えられます．私たちの体温に見られる恒常性は，環境温度の変動に対応した冷覚・温覚神経細胞たちの相補的な振る舞いがあってこそ実現されていると言えるでしょう．

§19. 情覚・意識と不快・快の評価

認知のプロセス

図29（112頁）に示したように，意識は感覚に始まり，行動へと至るプロセスの後半部分に現われます．意識は神経系全体の働きの一部として発現するのです．

表3（119頁）に示した十三感が元になって，例えば，「明るい」・「暗い」・「熱い」・「冷たい」などが現われるわけですが，これらの言語表現はいずれも意識があって初めて可能になっています．身体が疲れ気味のときにソファに横たわってちょっと難しめの本を読み始めると，5分も経過しないうちに眠くなってきて，2頁も読み終わらないうちに眠ってしまった……そのような経験は誰しもあるでしょう．文字を追って何らかのイメージが脳裏に立ち現われている最中は有意識，眠り始めた後は無意識です．無意識でも神経系が働いていることは§17.「恒常性の維持と「感覚−行動」プロセス」でお話しした

図33 直角でないのに直角と見なすのは意識の元となる知覚による．大量の感覚情報が脳内で圧縮・統合されて知覚情報になり，意識化されていく．

とおりです．

　神経細胞たちの端末から発出される無数の感覚情報は脳に集まってきて意識になるのですが，生(なま)の感覚情報は量が多過ぎるので意識が現われる前に脳内で圧縮処理され，その過程で知覚情報が生じます．

　意識があって表出される言葉の数々は，いずれも知覚情報の束が基本になっていると考えられます．知覚は感覚と大同小異に思えるかもしれませんが，大いに違います．

　1例を挙げて考えてみましょう．**図33**を見てください．これは我が家にある四隅が直角のテーブルを斜め上方から撮った写真です．写っているテーブル縁の2辺に沿って直線を描き込んでみたところ2直線の交わる角度は43°となりました．90°(直角)でないなら，このテーブルは長方形ではないだろう……そう思う人はいないでしょう．

　2次元空間中に表現されている一隅が43°の四角形はテーブルそのもので

はありません．しかし，写真上の四角形は実在するテーブルと1対1に対応すると，私たちは暗黙のうちに見なしているのです．写真の中の2次元空間の四角形を見ることで眼球内にある視細胞たちは刺激され，その結果として発出された大量の感覚情報が脳に伝達され，実在するテーブルと対応付くように圧縮処理されて知覚情報になったと考えられます．知覚情報は感覚情報より圧縮されていますが，その情報量はなお多大です．多大な知覚情報はさらに統合されたり分離されたりしていき，意識が創出されていくと考えられます．

情動と情覚

§10.「カタチの見方とカタの読み方」で議論した形（カタチ）と型（カタ）の関係性に改めて注意すると，神経細胞たちの集合体——神経系全体——が成している形（カタチ）に現われる型（カタ）が「心」と言えます．感覚から知覚情報が生じるまでのプロセスは心の一部分に違いないのですが，ここまでお話ししてきたことが心の主たる部分だとしたら，何か無味乾燥に思えてきます．それは「心」と言うときに，その中心にあるはずの有味湿潤さが含まれていないからです．

心を有味湿潤にする神経系の働きを指して「情動」（英語で"Emotion"）と呼びます．不快や快，そして喜怒哀楽を生じさせる神経系の働きです．ウキウキする，胸が高鳴る，腹が立つ，ムカつく，頭にくる，しょげる，落ち込むなど様々な言語表現の元になる気持ち（気分）を指して「情覚」と呼ぶことにします．「情覚」は私の造語なのですが，元はと言えば英語の"Feeling"で，"Emotion"に対応します[11]．A. ダマシオが提示した"Emotion"に対応する"Feeling"はとても重要と思えるので，"Feeling"の訳語は？と思って調べてみたのですが，見つかりませんでした．片仮名表記で「フィーリング」と表現するよりは感覚や知覚と並べて違和感のない語を当てたほうがよいだろうと（脳科学の素人な

---

* 11) A.Damasio, "The strange order of things – Life, feeling, and the making of cultures", Pantheon Books, 2018. 次の翻訳書が出版されています．アントニオ・ダマシオ著『進化の意外な順序—感情，意識，創造性と文化の起源』，白揚社，2019年.

りに）考えて「情覚」と呼ぶことにしました．情覚は感覚と意識の間に知覚と併行（あるいは相前後）して生じると考えられます．

図33 に示したテーブルを例として改めて考えてみましょう．テーブル隅の角度を知覚することは喜怒哀楽と直接的には関係しません．単なるテーブルを見て喜びや怒りを覚える人はいないでしょう．しかし，このテーブルが私にとって掛け替えのない特別な家具だったとして，何かの原因でひどく傷つけられているのを写真で見て知ったとします．この場合は悲しみや怒りといった不快の情覚が知覚に伴うでしょう．その逆に壊れていたテーブルがきれいに修復されたのを知った場合には嬉しい気持ちが湧くでしょう．これは喜びという快の情覚が知覚に伴ったのです．こうして知覚情報たちの多くは情覚情報を帯びることで有味湿潤さを担うようになります．

系統進化した脳の3層構造

感覚・知覚・情覚のおよその違いが分かってきたところで，これらと脳の形（カタチ）の関係を概観してみましょう．脳はおよそのところ3層の入れ子構造をなしていると捉えることができ，それを脳の正中断面として描くと**図34** のようになります．これら3層は系統発生を反映しています．

最も深部にある第一層は魚類・両生類・爬虫類の段階で発達した脳に相当します．第一層は脊髄の上端にある延髄・橋，その背側に位置する小脳などからなります．延髄・橋は，呼吸，心臓の拍動，栄養の消化・吸収，血圧の制御，咳・くしゃみ，嚥下（えんげ）・嘔吐に係わります．建築環境の構成要素としては水・空気が関係します．

3.5～4億年前に起きた魚類・両生類から爬虫類への系統発生プロセスで，環境を構成する物質は水から空気へと大きく変化しました．両生類から爬虫類への系統発生で陸棲が可能になりましたが，それには体内を構成する液体の恒常性維持（質と量の保持）のしくみが，脳内に設えられることを必然としました．また，四足の発達とその滑らかな運動を可能とするよう小脳が発達しました．

第二層は原始哺乳類の段階で発達した脳に相当します．視床・視床下部・

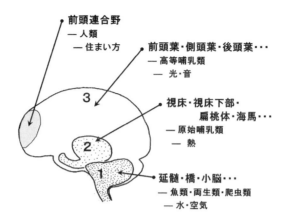

図34 系統発生を反映した入れ子構造の脳. 脳は大別して3層からなると捉えることができ、それぞれの層には系統発生の過程で獲得された働きが存在している.

扁桃体・海馬などの部分から構成されます. 第二層は「大脳古皮質」とも呼ばれます. §16.「寒冷・温暖化リズムと体温の恒常性」でお話ししたように, 体温調節のしくみは今から2億年ほど前に原始哺乳類の発生とともに現われました. この仕組みの司令部が位置するのは視床下部です. 建築環境の構成要素としては, 体内の温度調節なのですから, もちろん熱が関係します. 扁桃体・海馬は情動や記憶に中心的な働きを担います.

　第三層は高等哺乳類で発達した脳の部分に相当します. 第二層が「大脳古皮質」と呼ばれるのに対応して, 第三層は「大脳新皮質」と呼ばれます. 第三層は第二層に比べて系統発生的に新しいからです. 後頭葉（後頭部）で視覚情報が, 側頭葉（耳のやや上）で聴覚情報が, それぞれに圧縮処理され, 知覚情報になります. 視覚と聴覚なので, 建築環境の要素として関係するのは光と音です. 光と音に係わる知覚情報の結び付けは, ヒトに至って言語情報を発現させました.

　この文章が印刷されている紙面に入射する光は, 文字周辺の白いところでも, 文字そのものの黒いところでも同じです. ところが, 反射する光は文字周辺の方が断然に強いので, 私たちは文字形状という知覚情報を得ることが

できています．この知覚情報に結び付けられた一連の音が脳内に記憶されていれば発声が可能になります．

第三層の(両耳よりも前側にある)前頭葉のさらに前方部分(額のちょうど裏側)は「前頭連合野」と呼ばれ，人類に至って最も発達した部位です．私たちヒトが自らの脳を含む身体を「自己」と認識したり，理性的な行動を起こしたりすることと関係します．建築空間における住まい方(ライフスタイル)は前頭連合野の働きが大いに関係していると考えられます．

不快・快と二つの記憶

私たちの脳にはこれまで述べたような3層の入れ子構造（カタチ）があるわけですが，その働き(カタ)の概略をダイアグラムとして描くと，**図35**のようになります．

建築環境・体内環境から得られる現在の感覚情報は，**表3**(119頁)に示した臓性・体性神経系から第一層を経由して，あるいは経由なしで第二層に直接入ります．そうすると情動が働いて情覚が発現し，次いで第三層で知覚そし

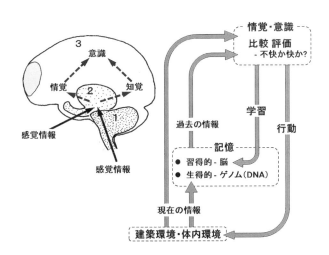

図35 過去・現在情報の比較評価・学習・行動の循環プロセス．情覚は無意識のうちに発現し，過去と現在の情報が素早く比較され不快か快かが判断される．

て意識が発現します．

　情覚は，体温や体液の恒常性維持にとって体内環境と建築環境が望ましい（不快でない）状態にあるか否かを，素早く大雑把に判断した結果として現われます．情覚が素早く発現するのは，究極の不快は死だからです．不快か否かの判断が緩慢で結論が出る前に死んでしまったら元も子もありません．不快の判断は生き延びれるか否かに係わるので迅速なのです．情覚はしたがって意識よりも基幹的な脳の働きによって現われると言えます．情覚に引き続く意識は，素早さには欠けるものの精緻さにおいては情動に勝る認知の結果と言えます＊12)．松本が「情動」に着目し，またダマシオが“Feeling”(情覚)に注目したのは，軌を一にしています．

　不快か快かの評価は，体内環境・建築環境について記憶されている過去の情報と現在の情報との比較に基づきます．過去の情報には2種類あり，一つは系統発生で獲得された情報，いま一つは個体発生で獲得された情報です．前者は生得的(先天的あるいは先験的)，後者は習得的(後天的あるいは経験的)です．生得的な情報はヒト細胞の一つひとつが保有するDNAに書き込まれ記憶されています．一方，習得的な情報は，脳内部にある神経細胞たちが記憶すべき内容に応じてつながり合いを固定することで記憶されていきます．

　「寒い」・「温かい」・「暑い」・「涼しい」などの形容詞は必ず何かと何かの比較を表現しています．例えば「今日は昨日よりも寒い」，あるいは「この部屋はあの部屋よりも涼しい」のようにです．比較される一方が「今日」で他方が「昨日」，あるいは一方が「この部屋」で他方が「あの部屋」です．いま注意を向けている現在の情報を一方として，過去の情報が他方に据えられ，両者が比較されるのです．これらの比較が思い浮かぶのは意識が発現している(居眠りしていない)からですが，この意識には情覚が必ず伴います．

　建築環境の照度や温湿度・気流の状態に対する人の好みは，人それぞれが経験してきた住まい方に応じて大なり小なり異なります．「好み」と言いましたが，その大元には情覚があります．建築環境を不快でない状態へと改変あ

＊12) 松本元著『愛は脳を活性化する』，岩波科学ライブラリー，1996年．

るいは維持するための人の行動様式は，情覚に結びついて定まるのです．

§17.「恒常性の維持と「感覚－行動」プロセス」でお話ししたように，人の「感覚－行動」プロセスは系統発生が生み出した体内環境の恒常性維持のしくみをうまく働かせるためにありますが，この働きが不自然でないためには，住まい方の意識が快の情覚を伴っていることが鍵となります．

遠隔地から運ばれてきたエクセルギーばかりを大量消費する住まい方が快の情覚と結びついている人たちに，その小量消費を強いつつ代替として身近にあるエクセルギーを消費する行動様式を（社会的な正義のはずだからと）求めてしまうと，その人たちには不快の情覚が結びついてしまう可能性なしとしません．いや，むしろ可能性大となるように思えます．そうなっては，エクセルギー・環境問題は解決の方向へと向かうどころか，解決への方向からむしろ遠ざかってしまう可能性大です．

身近にあるエクセルギーをまずは適切に消費する，次いで遠隔地から得た稀少なエクセルギーを小量消費する住まい方の意識を，快の情覚が伴うよう育んでいく．そのための適切な方法を弛むことなく開発し，実践し続けていくこと――住環境教育――が重要でしょう．「持続可能な開発」とはこのような営みを指すのだろうと改めて思います．

§20.　天動説・地動説と宇宙観

天球上の太陽の動き

人体を小宇宙，地球外の空間全体を大宇宙として，これらの間で最も身近に位置する建築空間を中宇宙とする自然観を一枚のポンチ絵として表現したのが**図3**(27頁)でした．**表1**(25頁)に示したように，ヒトの身体(小宇宙)を代表する長さを1 (= 10^0) mとすると，中宇宙(建築環境)のそれは10 (= 10^1) mほど，大宇宙では 10^{26} mにもなります．大宇宙は並外れて大きいわけです．いま「並外れて大きい」と言いましたが，小宇宙から大宇宙までのすべては並外れて小さな粒子たち (原子や電子・核子たち) を基本ブロックとして構成され

ています．**表1** に記したように原子の直径は 10^{-10} m，原子核は $10^{-15}\sim10^{-14}$ m
ほどです．§11.「微視的・巨視的描像と物質観」では，原子の存在に基づく
物質観を「微視的」，私たちが自らの目で捉えることのできる物質観を「巨視
的」とも言いました．

　10^{26} mというオーダーの大宇宙はそのすべてを裸眼で視認することは適い
ません．大宇宙は§11.に述べた巨視的物質観の埒外なのです．埒内とし得
るのは，裸眼で見える月，目を傷めないようサングラスを掛けて視認可能な
太陽，七つある惑星たちのうちの五つ(水星・金星・火星・木星・土星)です．

　無数にある恒星たちは太陽や月・惑星たちに比べて太陽系の外側のはるか
遠方にあります[*13]．恒星たちどうしは，したがって地球からは等間隔に見
えます．走行中の電車の窓から見える遠くの山々は視界中であまり動かない
のに対して，近くにある建物などは次から次へと視野内に入ってきては出て
いきます．恒星どうしの距離が不変に見えるのは，恒星たちが皆はるか彼方
にあるからです．「恒星」と名付けられた所以です．

　惑星には天球上を惑うような動きがあるため「惑星」と呼ばれます．とは言
っても，惑星たちの惑う動きは誰にでも簡単に見えるわけではありません．
「明けの明星」・「宵の明星」と称されることもある金星は，天文学素人の私で
も見たことがありますが，その惑うような動きを自らの目で確かめたことは
ありません．

　古代から天体観測は行なわれていたと考えられますが，観測結果を記録し，
まとめたことで有名なのは，紀元前150年頃のヒッパルコスです．このこ
とは西暦(紀元後)150年頃にプトレマイオスが著した数理天文学の書『アルマ
ゲスト』に記されています．ヒッパルコス・プトレマイオスの天体観測は大
きな木製の分度器・定規を用いて裸眼で行なわれました．望遠鏡の発明は
17世紀に入ってからのことです．

　地球が宇宙の中心に在って天の方が動いているとする「天動 (地球中心) 説」
の宇宙観は，プトレマイオスによって確立されたのでした．私たちが今日の

---

*13) 最も近い恒星のプロキシマ・ケンタウリでも地球・太陽間距離の25000倍です．

図36 天球儀の1例（フレデリクスボー城，デンマーク，1600年代の初め頃にデンマーク王クリスチャン4世の居城内に飾られ保存されてきたもの）．

公教育で教わるのは「地動（太陽中心）説」です．地球が自転しながら太陽の周りを1年かけて公転していることは，（理解の程度は問わないとして）多くの人が知るところでしょう．私が地動説の話を初めて聞いたのは小学生の頃だったような気がしますが，詳細はまったく思い出せません．皆さんはどうでしょうか？ 私は原子の存在を長いことただ単に鵜呑みにしていたと，§11. で告白しましたが，地動説についても大同小異だったと，大学勤めが定年退職に近くなった頃になってやっと気付きました．というわけで天動説と地動説の関係性を私なりに詳らかにしておこうと思います．

　建築環境学では天空における太陽の位置が季節に応じてどのように変わるかを求めることがしばしばありますが，これは敢えて言えば天動説に基づいています．「天動説は非科学的，地動説は科学的」といったニュアンスの表現に出会うことがありますが，これは中世までの無知蒙昧な人々に比べて18

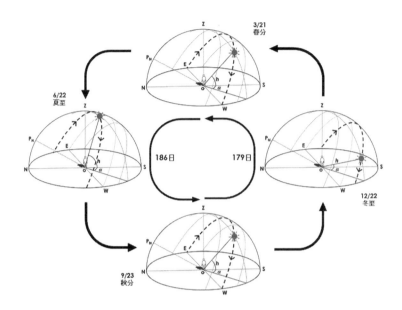

図37 地表面上の1点から見える太陽位置の年変動．太陽は春分から秋分にかけて真東より北側から昇り，真西より北側に沈む．秋分から春分にかけては真東・真西より南側となる．

世紀以降の人々の優越性・進歩性を含意しているように思われます．天動説はそのすべてが誤りなのではなく，建築環境学における太陽位置計算のようにそれなりの実用性は今日でもあるのですから，天動説を非科学的と闇雲に断じてしまっては，それこそ非科学的でしょう．

　図36は天球儀の1例です．球体面上に(晴れた夜空に見える)恒星たちとともに(昼間に見える)太陽がどのように位置づけられるかを表現しています．この天球儀は17世紀初頭に建てられたデンマーク王クリスチャン4世の居城内に飾られているものです．コペルニクスが地動説の端緒となる考え方を提示したのが1543年．地動説が天動説よりも正しいと言い張ったブルーノが火刑に処せられてしまったのが1600年です．したがって17世紀初め頃は天動説の宇宙観がいまだ主流だったと言えるでしょう．

　屋外で実際の空を見上げると，太陽はその位置を朝方から夕方へと変えて

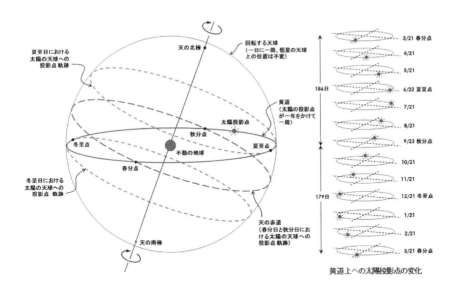

図38 天球儀の形(カタチ)に表現される太陽の動き方(カタ). 春分点・秋分点で天球の赤道大円に交わるのが黄道大円. 天球上への太陽の投影点が1年をかけて黄道大円上を動くと考える.

いくことはご存知のとおりです. 日ごとの変化の仕方が1年の間にどのように移り変わるかを示したのが**図37**です. 周囲に高木や建物がないところに立ったとして, 頭の上に逆さまにした巨大なお椀が覆い被さっていると空想します. 太陽はこのお椀の側面上を時々刻々動いていくと考えます. その軌跡が半球上に描いてある太い破線です. 四つの半球がありますが, それぞれ春分・夏至・秋分・冬至の日に対応しています.

春分の太陽は, 真東から昇り真西に沈みます. この日から夏至までは, 太陽は真東より北側から昇り真西より北側に沈みます. 夏至とは日の出と日の入りの位置が北側に最も片寄る日を指します. 秋分の太陽は春分とまったく同様に真東から昇り真西に沈みます. 秋分から冬至にかけては春分から夏至とは逆に, 日の出は真東より南側から, 日の入りは真西より南側へとなります. 冬至は日の出と日の入りが南側に最も片寄る日です.

手元にあるカレンダーにしたがって春分から夏至を経て秋分に至るまでの日数を計算すると 186 日になります．1 年を 365 日として残り 179 日です．夏至側の日数は冬至側よりも 7(=186−179) 日長いのです．

図38 は**図36** に示した天球儀が具体的に何を示しているかを私なりに読み解き，図化表現したものです．球体を斜めに貫く直線が天球の回転軸です．天球の中心には不動の地球があると空想します．天球の中心を通り回転軸に直交する大円(太い破線)を「天の赤道」，天の赤道に斜めに交わる大円(太い実線)を「黄道」と呼びます．

天動説という精緻な数理モデル

恒星たちはみな天球上に固定されており，地球を中心として等速で周回していると考えることができます．しかし，太陽は恒星たちとは異なり，その天球上の位置が 1 年の間に変動します．**図37** はそのことを示しています．プトレマイオスは黄道を想定して太陽の運行が等速周回する天球に従うと考えました．ヒッパルコスやプトレマイオスの観測によると，当時の春分から夏至までは94.5 日，夏至からら秋分までは92.5 日で 2 日の違いがありました．このことが等速周回する天球と齟齬を生じないようにするために，プトレマイオスは**図39** に示すように，太陽が周転する円の中心が地球中心から外れた点 C (線分 CE は周点円半径の 4.1%，∠ ACB = 65.4°) にあると，想定しました．このように考えれば，黄道への太陽の投影点が他の恒星たちとまったく同様に等速運動するとみなせたのです．

黄道上に現われる太陽の投影点は春分点から夏至・秋分・冬至点を通って再び春分点に戻ります．**図38** 右脇にあるダイアグラムは，太陽の投影点が黄道上を 1 年の間にどのように運行するかをコマ送り画として表現してみたものです．

惑星たちには太陽と同様な周回に加えて，ときおり逆行が観測されたので，惑星の運行モデルは太陽のそれよりもかなり複雑になりました．その要点は惑星が周回する小さめの円の中心が大きめの円の周上を回転するとの仮定でした．恒星・太陽・月・惑星たちの天球上の動きをそれなりに正確に表現す

§20. 天動説・地動説と宇宙観

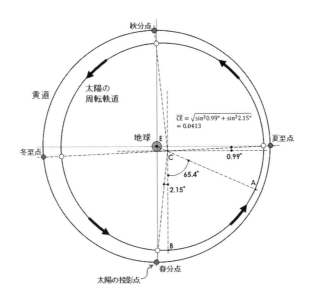

図39 天の北極側から見たと仮想した太陽の周転軌道と黄道．恒星たちは地球を中心として周回し，太陽は地球の外に位置する点 C を中心として周回すると，プトレマイオスは考えた．

る方法の開発は，平面・球面の幾何学や三角関数の発達を促しました．幾何学や三角関数はもちろん今日でも重要ですが，元はと言えば天動説の精緻化に関連して考え出されたことなのです．

地動説を既に知っている立場から考えると，天動説の数理モデルはつじつま合わせのようにも思えますが，望遠鏡もパソコンもなしで構想し得ることは何か……と思い巡らしてみると，プトレマイオスの数理モデルが極めて巧みに構築されていることに気付かされます．天動説が 1600 年以上にわたって疑われることがほとんどなかったのは，数理モデルの精緻さにあったと考えられます[*14]．

改めて**図38**を見てください．赤道の上側半球の頂点を「天の北極」，下側

[*14] 山本義隆著『世界の見方の転換』，みすず書房，2014 年．

半球の頂点を「天の南極」と呼びます．一つの恒星が天球上のどこに在るかは赤経・赤緯座標で表わします．赤経とは恒星・北極・南極を通る大円と春分点・北極・南極を通る大円が張る角度です．赤経は 15°を 1 時間(=360°/24h) として 0~24h の値で表現する習慣です．赤経 0h を春分点の位置とします．夏至点は 6h，秋分点は 12h，冬至点は 18h です．赤緯は，天球の中心から見て赤道より上側をプラス，下側をマイナスとして −90°~+90°の値で表現します．例えば，プロキシマ・ケンタウリ（太陽系に最も近い恒星）は赤経 14 h 29m（秋分点より 37°ほど冬至点寄り），赤緯 −62.4°です．この赤緯では日本の空からは見えません．アンドロメダ銀河は赤経 0.7 h，赤緯 42.3°にあります．アンドロメダ銀河は，私の住む横浜なら，例えば 2 月 3 日の夜 8：00 頃には真西から北寄りへ 28°（ほぼ西北西）で見上げ角 38°ほどの空に見えます．

　天球が 1 周して恒星の位置が元に戻るまでを 1 恒星日と呼びます．その間に太陽は周転円上を約 0.99°(≈360°/365 日)先に進みます．したがって 1 太陽日（太陽が元の位置に戻るまでの時間）は，1 恒星日よりやや長くなります．

　図38 には天の赤道より上側・下側に赤道面に平行な小円 (細い破線) があります．北極側の小円は，夏至の日に黄道上の太陽投影点が他の恒星たちとともに 1 回転する軌跡です．もう一方の南極側の小円は同様に冬至の日における太陽投影点の軌跡です．これらは**図37** に示した夏至・冬至の太陽軌道に対応します．

太陽を中心にした地球の自転・公転

　コペルニクスは，地球も惑星の一つとして惑星たちはみな太陽を中心にして周転していると見なした方が数理モデルは簡明になるとして地動（太陽中心）説を提起しました．その後にブラーエによって行なわれた裸眼で可能な最高精度の惑星観測データをケプラーが丹念に解析し，惑星運動について以下の 3 つの著しい事実を発見しました．

1）惑星の軌道は太陽を一つの焦点とする楕円である．

2）太陽と惑星を結ぶ直線が一定時間内に掃く面積は一定である．

3）惑星の公転周期の 2 乗を楕円軌道長半径の 3 乗で割った値はすべての

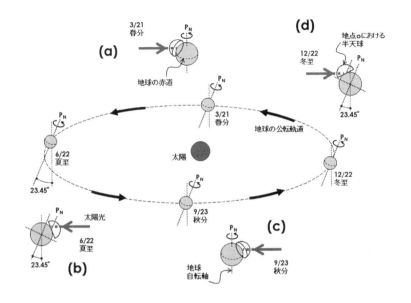

図40 太陽を中心にして自転しつつ公転する地球．地球の自転軸は，公転面に直交する直線に対して 23.45°傾いている．自転軸は 1 年を通じて揺れることなく平行に移動する．

惑星で同一である．

ケプラーが発見したこれらの事実を踏まえて，ニュートンは運動量(物体質量と速度の積)の保存を前提として「重力の法則」を導き出しました．17 世紀後半，ペスト禍の最中にあった英国でのことです．重力の法則は，その後 100 年ほどの間に地球の扁平性や潮汐などのほか，天体に係わる様々な現象を首尾よく説明することに有効で，地動（太陽中心）説は天動説に代わる宇宙観となって今日に至っています．

図40 は太陽を中心として地球が自転しつつ楕円軌道上を公転している様子を描いたものです．地球の自転軸は公転軌道面に直交する直線に対して 23.45°傾いています．自転が 1 太陽日，公転が 1 年（=365.25 日）です．地球自転軸は公転する間ほとんど揺れることなく平行移動します．楕円には焦点

が二つありますが，その一方に太陽は位置します．ケプラーの発見した楕円軌道の部分面積に関する法則（面積速度一定の法則）は，春分（3/21）から秋分（9/23）までが秋分（9/23）から春分（3/21）までよりも7日だけ長いという事実に対応しています．

図40には天球を描き添えませんでしたが，それは前述のように最も近い恒星（プロキシマ・ケンタウリ）でも地球と太陽の平均距離の25000倍に及ぶからです．**図40**の (a) 〜 (d) は，春分・夏至・秋分・冬至における地球と太陽光の関係を，太陽光が紙面と平行な向きにあると想定して描いたものです．地上の点Oにおける仮想天空も併せて示してあります．(a) は太陽光が左から地球へ，(c) は太陽光が右から地球へやってくると想定して描いてあります．春分・秋分では昼と夜の長さが同一です．そうなるのは太陽と地球中心を結ぶ直線（太陽光線）が垂線となるような平面内に地球自転軸がある (a) と (c) の場合です．(a) が春分，(c) が秋分です．

(b) では地球自転軸と公転面（太陽光）の張る角度が 66.55°（=90°−23.45°），(d) ではその角度が 113.45°（=90°+23.45°）になります．(b) が夏至，(d) が冬至です．夏至または冬至では，地球自転軸を公転面上に投影した直線が太陽光線の向きと一致します．また地球自転軸と太陽光線を含む平面は公転面に対して垂直です．

したがって地球の北半球にある場所（例えば日本）で空を見上げると，夏には太陽が高く，冬には低く見えます．南半球では逆になります．北半球が夏のときに南半球で空を見上げると，太陽は低く見えます．北半球と南半球では季節が逆になるのです．

太陽と地球を結ぶ直線が最も長くなる軌道面上の点を「遠日点」，最も短くなる点を「近日点」と呼びます．公転する地球が遠日点を通過するのは夏至を過ぎて10日ほど経った7月3日頃，近日点を通過するのは冬至を過ぎて10日ほど経った1月3日頃です．地球と太陽の距離が短くなる近日点では地球全体に届く太陽光は増えます．にもかかわらず，冬に寒くなるのは何故？と思う人があるかもしれません．それは北半球の地表に届く太陽光は冬には天空の低いところからやってくるからです．太陽と地球の間の距離は遠日点と

近日点で 3% ほどの違いがありますが，それよりも太陽の見上げ角度の夏・冬における違いの方が大きく影響するのです．

以上のように考察してきてみると，地球と太陽の距離は程よく，地球の北極・南極を結ぶ軸の傾きもまた程よく，この軸周りに程よく自転していることの有り難さを思います．これらのことなしに外気温の日変動も四季の変化も生じ得ず，ひいては**図 27**（109 頁）に示したような体温の緩やかな概日リズムも創出されなかっただろうと思えるからです．

§21.　潮の満ち干と体内時計

月の満ち欠けと公転周期

図 37（132 頁）は 1 年の間に仮想天空上の太陽がその位置をどのように変えていくかを 1 枚の絵として示したものでした．これはもちろん昼間を対象にして描いたものですが，夜空に見える月について同様の絵を描くと，どのようになるでしょうか？

晴れた夜空に見える月は，恒星・惑星たちよりも遥かに大きく，また明るく見えます．月が光って見えるのは，月の半分が常に太陽光に照らされ，その反射光が地上にいる私たちの目に到達するからです．月の呼び名には満月・三日月などがあって，地上からの月の見え方が変化することはご存知のとおりです．これは月と太陽・地球の相対的な位置関係が時々刻々変化していることが起因して生じる現象です．

図 41 は，一巡する月の見え方を**図 37** と同様の仕方で表現したものです．新月の日から 1 週ほど経って見えるのが上弦の月，次の 1 週ほど後に満月，さらに 1 週ほどが経って下弦の月，その後の 1 週ほどを経て再び新月となり，一巡です．

新月の夜間は実のところ月は地平線より下側にあります．昼間は仮想天空上に現われますが，私たちの目には見えません．月の日照面が地球とは正反対の側にあるからです．昼間に恒星・惑星が見えないのは，大気で散乱され

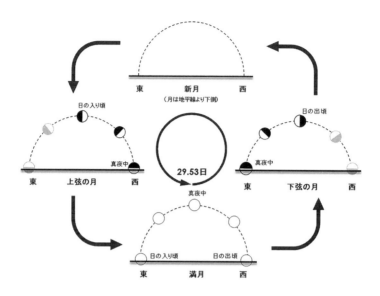

図41 夜空に見える月の満ち欠け．新月に始まり，上弦の月，満月，下弦の月を経て，再び新月を迎えるまでの日数は 29.53 日．

る太陽光が天空全体を明るくするためですが，このことも手伝って地球からは月を見ることが適いません．

　上弦の月は，日の入りの時間帯に天空の高いところに見え始めて月面の西側が光って見えます．上弦の月は真夜中に月の入りとなります．満月は日の入りの時間帯に東側の空に見え始め，翌朝までずっと天空上にあり続けます．都市では建物内の電灯光が窓外へ漏れ出たり，街路灯の光が路面を照らしていたりするので，屋外でもあまり暗く感じられません．したがって，満月が地表を明るくする効果は大したことはないように思えますが，都市から十分に離れた場所であれば，満月の照明効果は小さくはないことに気付かされます．満月は日の出の時間帯になって西の地平線下へと沈んでいきます．下弦の月は，真夜中頃になって東の空に現われ始め，日の出頃に天空の高いところに到って月面の東側が光って見えます．その後，日が昇り空が明るくなっ

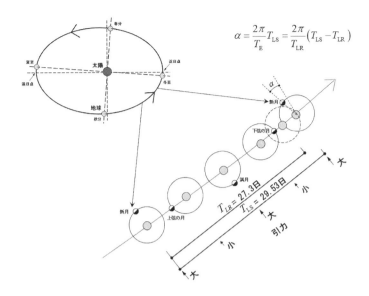

図42 地球・月の公転・自転と引力．月が自転1回分（すなわち公転1回分）を終えてから朔望1巡を終えるまでの間に月が回転する角度 α は，その間に地球が太陽に対して公転する角度に等しい．

ていくにしたがい見えなくなっていきます．

　月の朔望(満ち欠け)周期は 29.53 日です．朔望は，地球の公転1年に 12.4(= 365.25/29.53) 回生じます．自転し公転する地球と冬至・春分・夏至・秋分の関係は**図40**に示したとおりですが，11月初旬から12月初旬に朔望周期1回分が現われると想定して太陽・地球・月の位置関係を描くと，**図42**のようになります．この図は，地球の公転に引き摺られながら地球の周りを公転する月を，北極星の方から見下ろしたとして表現しています．私たちが視認できる月面の痘痕模様はいつも同じですが，それは月が地球の周りを1回転するあいだに自らも1回転しているからです．したがって，月の公転周期と自転周期は同値です．

　地上からの月の見え方が新月から満月を経て再び新月へと変化するのは，月が地球に対して公転しているからですが，地球は太陽に対して公転してい

るので，月の見え方はその影響を受けて毎日少しずつ変化します．したがって月の朔望周期 T_{LS}(=29.53 日)は月の公転周期 T_{LR} よりも長く，その差は(T_{LS} − T_{LR})日です．

$(T_{LS} - T_{LR})$ 日の間に月が公転する角度 α は，月の公転 1 周分の角度を 2π として $(2\pi/T_{LR})\cdot(T_{LS} - T_{LR})$ と表わせます．一方，地球の公転周期を T_E(=365.25 日)，公転 1 周分を 2π として，α は $(2\pi/T_E)T_{LS}$ とも表わせます．したがって，**図42** 中に示す式が成り立ちます．この式に T_E = 365.25 日，T_{LS} = 29.53 日を代入すると，月の公転周期 T_{LR}=27.3 日(<29.53 日)が得られます．

潮の満ち干と太陰日

古代の人々は月の朔望が潮の満ち干と同調しているように見えることに気

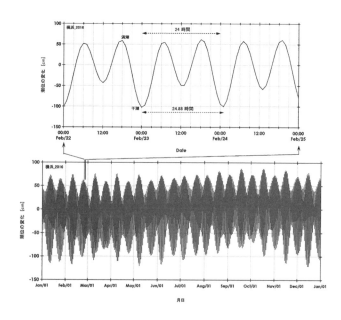

図43 満潮・干潮のリズム（横浜港，2016 年）．満潮・干潮はともに 1 日に 2 回ずつ現われる．満ち干の振幅は 2 週間ごとに大きくなったり小さくなったりする．

§21. 潮の満ち干と体内時計

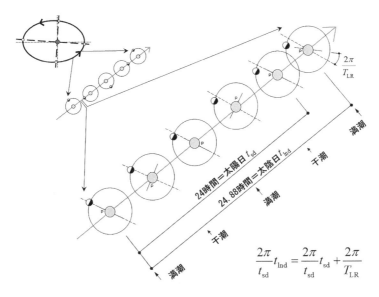

図44 太陽日・太陰日と満潮・干潮のリズム．太陰日が太陽日より 0.88 時間長くなるのは地球が公転しているためである．

付いていましたが，そこにどのような因果関係が潜んでいるかを見出すことはできませんでした．今日では，地球・太陽・月の間に重力が作用していることが知られていますが，そのことを初めて説明するのに成功したのはニュートンでした．ニュートンは太陽を中心とする惑星の運動を考察することによって重力の法則を発見したのでしたが，この法則を海水と月・太陽の間に当てはめて潮汐メカニズムを詳らかにしたのです．

図43 は横浜港内における潮位の（横浜気象台による）観測データの 1 例です．縦軸は平均潮位をゼロとした潮位変化を示しています．下段が 2016 年 1 月 1 日～12 月 31 日の 1 年間全体，上段が 2 月 22～24 日の 3 日間を拡大表示しています．2 月 22～24 日の潮位変動を見ると，満潮・干潮のリズムは 1 日に 2 回ずつ現われていることがわかります．満潮が +50cm ほど，干潮が −100cm ほどで両者の差は約 150cm あります．干潮（または満潮）が 3 回現われるのに 24.88 時間かかっています．

新月が現われた後の 1 日の間に月と地球の位置が相対的にどのように変

化するかを，**図42**の一部を拡大して表現したものを**図44**に示します．地上の点Pは1太陽日（= 24時間）で1回転します．月は$2\pi/T_{LR}$（約13°）だけその間に公転します．したがって，地上の点Pが再び月に正対するまでの時間t_{lnd}は1太陽日t_{sd}（=24時間）よりやや長くなります．時間t_{lnd}の間の地球自転角度$(2\pi/t_{sd})t_{lnd}$は，1周分の角度(2π)と月の公転角度分の和に等しいので，**図44**中に示す式が成り立ちます．この式に$T_{LR}=27.3$日と$t_{sd}=24$時間を代入すると，$t_{lnd}=24.88$時間となります．この値は，**図43**の上段に示した干潮3回分の時間と一致しています．1太陽日24時間よりも少し長い24.88時間を1単位として太陰日と呼びます．陰は月を意味します．

　地球中心と地上の点Pを結ぶ直線が地球・月の中心を結ぶ直線と重なるとき満潮，両直線が直交するとき干潮になります．満潮から干潮（あるいは干潮から満潮）は6.22（=24.88/4）時間ごとに繰り返されます．

　太陰日と満潮・干潮の関係性を知ったところで，改めて**図43**の1年全体を見てみましょう．潮位差の極大が生じた後ほぼ1週が経って極小が生じ，そのまた1週後に極大……が繰り返されています．潮位差の極大は満月または新月のときに，極小は上弦の月または下弦の月のときに生じます．このことは**図42**に示した引力の大小に対応しています．

　月の公転軌道面は地球の公転軌道面と同一平面内に在りません．しかし，両平面の交わる角度は5°ほどで十分に小さいので，これらは同一平面にあるとみなせます．そうすると，**図42**に示したように満月または新月のときは太陽・月・地球が一直線上に並ぶので，引力の合成が最大に，その一方で上弦の月または下弦の月のときは太陽・地球を結ぶ直線と月・地球を結ぶ直線が直交するので，月と太陽の引力は合成されず，それぞれ独立に働くので極小になると言えます．

月と太陽が及ぼす起潮力

　海水面上から月を見上げたとして，月が天頂に見えるとき海水は真上に引かれ，月が海水面近くに見えるとき海水は水平方向に引かれます．この力を指して月の「起潮力」と呼びますが，その大きさと向きには地球上の場所に応

§21. 潮の満ち干と体内時計　　　　　　　　145

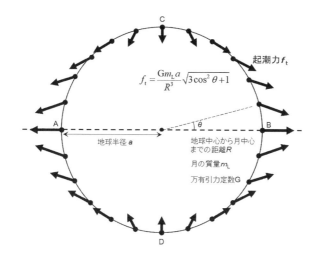

図45　起潮力の大きさと向き．地球の中心と地表上の点Bを結ぶ直線を右に延長した遠方に月があると仮定すると，海水に働く月の引力は矢印のようになる．矢印の長さは力の相対的な大きさを表わす．

じた分布があり，また地球の自転と月の公転に応じた時々刻々の変化があります．太陽の起潮力についても同様です．

　机の上に積んである数冊の本が崩れ落ちるのも，また雨粒が落ちてくるのも地球の重力が作用しているからですが，これらの物体には月と太陽の重力も同時に作用しています．とは言っても，地上の物体 1 kg 当たりにかかる月と太陽の重力は，地球の重力を 1 とすると月で 1.12×10^{-7} 程度，太陽で 0.515×10^{-7} 程度でとても小さいので，身近にある普通の大きさの物体には月や太陽の引力が作用しているようには思えません．

　しかし，物体の体積が大きく，したがって質量が大きくなれば，月と太陽の重力は無視できなくなります．地球表面積の 70% を覆っている海水はまさにそのような物体です．しかも，海水は液体なので流動可能です．したがって，**図43**に見られたような視認可能な潮の満ち干が生じるのです．

　地球表面上にある海水の一塊を系として月の重力に起因する起潮力の大きさと向きを計算すると，**図45**のように分布することが分かります．月は破

線の右遠方にあると想定しています．地表上の点Aや点Bにある海水は真上に引き上げられ，点Cや点Dにある海水は地球中心に向かって押し下げられます．点Cと点A（または点B）の間にある矢印たちを見ると，海水は点A（または点B）の方に向かって流される傾向にあることが分かります．点Dと点A（または点B）の間でも同様です．この図で矢印の長さを0.46倍にすれば太陽の起潮力分布となります．

　地球表面に陸地がまったくないと仮定すると，求められる潮位の分布は点Cと点Dでおよそ−18cm，点Aと点Bでおよそ+36cm，潮位ゼロは**図45**で$\theta \simeq 55°$に対応する場所です．潮位差は最大で54cmになります．これは**図43**で読み取れた150cmの1/3ほどでかなり小さい値です．その理由は実際の地球表面では30％ほどを陸地が占め，その海岸線は地域によって様々なためです．**図43**は横浜港内に特異的に現われる潮位リズムなのです．

体内時計を司る重力と太陽光

　地球の公転と自転に応じた光と熱の動的な振る舞いは，§20.「天動説・地動説と宇宙観」でお話ししたとおり四季の変化や外気温の日変動を生じています．関連して，私たちの身体には**図27**（109頁）に示したように体温の概日リズムがあるのでした．地球・月の公転・自転は重力の動的な振る舞いを引き起こしているわけですが，これと関連して私たちの体内にはやはり概日リズムがあります．**図46(a)** は，横軸に1太陽日24時間を取り，**図43**に示した潮位観測データを満潮（●印）と干潮（○印）の時刻変化パターンとして表現し直したものです．縦軸は182日分（最上端が1月1日で最下端が6月21日）を表わしています．●○パターンは，図中の上方にある太直線が示すように全体的に右下がりです．満潮・干潮が太陰日にしたがうためです．

　図46(b) は，ある赤ちゃんが生後11日目から182日目までの172日間に睡眠と覚醒をどのように繰り返したかを丹念に記録した1例です[*15]．生後

---

* 15) Winfree, A.T., "The Timing of Biological Clocks", Scientific American Library, W.H. Freeman Co.Ltd., NY, 1987.

§21. 潮の満ち干と体内時計

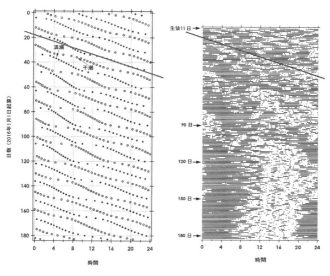

(a) 満潮・干潮のリズム　　(b) 乳児の睡眠・覚醒のリズム

図46　満潮・干潮のリズムと体内時計．横軸に太陽日24時間を取ると，太陰日は24.88時間でやや長めなので，潮の満ち干には右下がりのパターンが現われる．生後間もない乳児の睡眠・覚醒パターンは、潮の満ち干によく似ている．

150日目以降を見ると，8時頃に目が覚め（眠り終わり），20時頃に眠り始めていることが分かります．睡眠・覚醒の繰り返しは太陽日にほぼ従っているように見えます．ところが，生後11日目から120日目を見ると，繰り返しのパターンは太陽日と同期せずかなり崩れているように見えます．しかし，出鱈目なわけではありません．左図にある太直線に平行な直線を，この図の上に重ねてみると，右下がりの傾向がよく一致します．赤ちゃんは新生児になる前の10ヵ月の間をお母さんの胎内で過ごしますが，潮汐リズムによく似た睡眠・覚醒リズムを体内時計として保持していたのです．

§5.「環境の入れ子構造」で，ヒトはみな1日のうち90〜95％を建築環境に囲まれて過ごすと言いましたが，胎内での生活10ヵ月を経た（誕生直後の）新生児・乳児は，大人よりも長時間を建築環境に囲まれて過ごすでしょう．

95％を優に超えていると考えられます．ということは，**図46(b)** の150日目以降に見られるパターンが獲得されるのは，窓を透過して室内に入ってくる太陽光を毎日規則正しく浴びるからに他なりません．

屋外や屋内で絶え間なく繰り返される環境の変動に対して，系統発生が体温の概日リズムを生み出したと，§17.「恒常性の維持と「感覚－行動」プロセス」でお話ししましたが，**図46** に見られる重力・太陽光の振る舞いに応じた体内時計の同調性もまた系統発生が生み出したと言えるでしょう．

昼間に窓から得られる光で室内を照らし明るくすることを「昼光照明」（あるいは「採光」）と呼び，これに対置する照明を「電灯照明」と呼びます．もちろん前者はパッシブ型，後者はアクティブ型の技術です．

今から40年ほど前のことですが，建築の照明を主題とする学術集会に出席した時のことを思い出します．何人かの著名な先生方から次のような発言がありました．「電灯照明技術はこれからさらに発達していくから，室内に求められる明るさを一定不変にできる電灯照明が昼光照明を無用にして，無窓建築さえ可能にしていくだろう」．この発言に違和感を覚えたのでしたが，当時の私には何故かを説明することができませんでした．その後20年近くを経て，重力と太陽光の相補的な振る舞いが司る体内時計の存在を知って，あの違和感は何であったのかが氷解したのでした．

第4章
改めて知る光と熱の振る舞い

§22. 波そして粒として振る舞う光

拡がり進む波の本性

　照明には昼光照明と電灯照明があると§21.で述べましたが,関連して「人工照明」という語をよく耳にしたり目にしたりします.その定義を(百科事典その他で)調べてみると,「人工の光源を用いる照明」とあります.その通りだとは思いますが,自然の光源(太陽と天空)が外されているのが気になります.

　真っ当な環境技術は,§8.「パッシブとアクティブ」で議論したように,パッシブ型とアクティブ型の技術が統合されて成り立ちます.パッシブ型の照明は,太陽・天空を光源として窓と日除けを適切に設え備えることで初めて可能になるので,人工照明の一部と考えるのが妥当です.したがって,人工

昼光照明　＋　電灯照明　＝　人工照明

図47 昼光照明＋電灯照明で構成される人工照明.昼光照明は,窓・日除けの適切な設えがあって成り立つので,電灯照明と並ぶ人工照明の一方法である.

照明は図47に示すように，昼光照明と電灯照明を統合して成り立つと，改めて定義し直したいと思います．

図47中にある矢印の付いた直線たちは，改めて断るまでもなく，「光線」を示していますが，これら光線たちはそもそも何を表わしているでしょうか？以下ではこのことを考えてみたいと思います．

光線は，光の最小単位を「粒」と仮想して，この粒が光源を発して受照点までを最短経路で辿るとして直線を当てはめた描像（イメージ）です．これは，平面幾何学の公理：「直線は点と点の間を最短の距離となるよう結んだ線である」に対応します．ユークリッドは紀元前300年頃に平面幾何学の公理・定理を体系化しましたが，その際には光線のイメージを手掛かりにしたのではないかと思われます．

光を「粒」と見なす考え方が一方の極にあるとすると，他方の極には光を「波」と見なす考え方があります．平らな水面を人差し指で1秒ほどの間隔で突っつき続けると，突っつかれた水面部分を中心として水面の山なり部分と谷なり部分とが同心円状に広がっていくのを見ることができます．この現象を指して，「波」あるいは「波動」と呼びます．波動現象がどのようなことなのかを思い描くのによい簡単な実験なので，お風呂の湯に浸かっているときにぜひ試してみてください．

図48は，以上のように振る舞う波と，開口のある衝立との関係を示したものです．点状の波源（点波源）は画面のはるか下方に位置していると想像してください．点波源を出発した波が衝立に向かってきたところを真上から見たのが左側に描いてある絵です．グレーで示した部分が波の山なり部分，白色が谷なり部分です．

衝立の直近まで進んできた波の山・谷の境界線は衝立にほぼ平行（曲率がほぼゼロ）です．点波源が下方の十分遠いところに位置しているからです．衝立の中央には開口があります．上段の絵は，波長（山頂と山頂の距離）λ が開口幅 D の10倍（$\lambda/D = 10$），中段は1/2（$\lambda/D = 0.5$），下段は1/10（$\lambda/D = 0.1$）の場合を想定しています．これらの絵では波の山・谷の関係を見やすくなるように，開口幅に比べてかなり誇張して描いてあることに注意してください．

§22. 波そして粒として振る舞う光

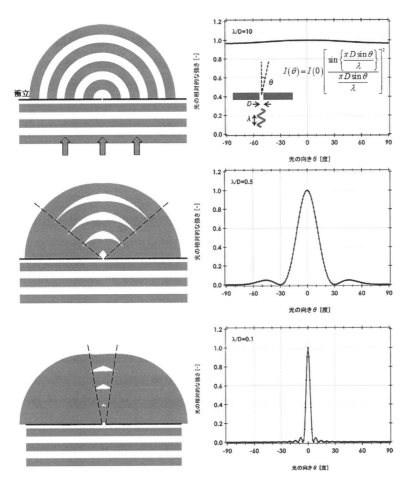

図 48 広がり進む波の重ね合わせがつくる波の束．波長が衝立開口幅に比べて大きめな場合は拡散的に，その逆に波長が開口幅より小さめな場合は直進的になる．

波長 λ が開口幅 D より大きいのが上段の絵の場合ですが，開口を通過した波は点波源を発するのと同様に左右によく広がっていきます．右横の図は，波の進む向きと波の強さの関係を示しています．横軸は波の向きを表わし，開口面に垂直な線に対して衝立左側に沿う向きを −90 度，右側に沿う向き

を +90 度として示してあります．波の強さと角度の関係を表わす曲線は，図中に記した数式によって計算できます．上・中・下段の絵と図を一望して分かるのは，波長に比して開口幅が大きめになると，波が直進的になることです．

　波長 λ が一定で開口幅 D が小さくなっていく極限では開口は点波源と同等です．この場合，波の強さは方向にはまったくよらず，どの方角にもあまねく平等です．このことから，波の先端のごく小さな部分が新たな点波源となって次から次へと広がっていくのが波の本性であり，だからこそ開口前方周囲空間への回り込みが生じると考えることができます．この現象を「回折」と呼びます．このことを初めて提示したのは C. ホイヘンスで，1690 年頃のことでした．ホイヘンスはニュートンと同時代人です．

　波長 λ が一定で開口幅 D が大きくなっていくと，λ/D の値は小さくなっていきます．その極限で，波は開口に垂直な向きにだけ現われることになります．これが光線……と言いたくなるところですが，開口幅は広いので，多数の光線が横並びになった「光束」と言うのがより正しいでしょう．**図 47** に描かれた光線たちは，実のところ，幅のある光束を 1 本の直線で代表させて表現していたのです．

　開口幅が大きくなるのは，多数の点波源が横並びになるのと同じです．そうすると，山と山が重なり合って波が強まるところと，山と谷が重なり合って波が弱まるところとが縞模様状に現われます．その結果，波は次第に直進性を増していくのです．このような波動現象に特有な強めあい・弱めあいを「干渉」と呼びます．干渉の存在は T. ヤングによって 1800 年頃に提案されました．ホイヘンスによる回折の提案から 110 年が経ってからのことでした．ヤングは，ロゼッタ・ストーンに刻まれた模様が実のところ古代文字で構成された文章であることを発見したことでも著名です．

　波を伝える物質を「媒質」（あるいは「媒体」）と言います．水の波では（当然のことながら）水が媒質です．音波の媒質は空気です．例えば，A さんが B さんに声を掛けたとします．A さんは声帯を振動させて，声帯に触れている空気塊を振動させています．そうすると，波が空気を伝わって空間中を広がってい

き，その一部がBさんの鼓膜に届き，鼓膜が振動します．こうしてAさんの発した言葉がBさんに伝わります．Aさんの声帯は音波源，Bさんの鼓膜は受音面です．音の波では水面の山なり部分に相当するのが小さな空気塊の収縮部分，水面の谷なり部分に相当するのが膨張部分です．Aさんの声帯とBさんの鼓膜の間には膨張・収縮を繰り返す小さな空気塊たちが連なって存在し，隣り合う空気塊たちの収縮・膨張が波として伝わっていくのです．

収縮・膨張は必ず減衰していきます．減衰は空気塊たちのまとまった運動が熱化することを意味します．これはエクセルギー消費に他なりません．言語音声が判読可能になるのは空気塊たちが次から次に減衰（熱化）していくからです．減衰なしとすると，音声は言語として判読不可能でしょう．エクセルギー消費があってこその言語音声の存在なのです．

水の波でも音の波でも媒質の存在は明らかですが，光の波を伝える媒質は何でしょうか？ 空気でないことは確かです．地球からはるか遠くにある太陽からは光が地球表面まで絶え間なく届いていますが，地球大気上端より外の宇宙空間には空気がありません．それなのに光は伝わってきています．

見えない電場・磁場の存在を確かめる簡単な実験

光が波に他ならないことがヤングによって確証された後，しばらくして電気や磁気の研究が進展し始めましたが，その展開は光を伝える性質が空間に備わっていて，何か媒質があるわけではないことを明らかにしました．

磁石の斥力・引力，物体の摩擦が引き起こす電気的な斥力・引力は，似てはいるものの互いに無関係と長いこと信じられていましたが，H.C.エルステッドは1820年頃に両者に関係があるらしいことを見出しました．これを契機として電気・磁気の研究が大いに進展します．ファラデーは空間には（重力を伝える重力場に加えて）電場・磁場が備わっているとする考え方を1840年に示し，その25年後の1865年にJ.C.マクスウェルは電場と磁場がどのように相互作用しあうかを数理モデルとして表現することに初めて成功しました．その後，この数理モデルから導かれる波の速さは光速の実測値に一致することが明らかになり，光は電磁波と呼ぶにふさわしい波動現象であること

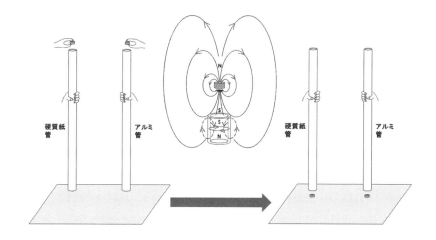

図49 空間に備わる電場・磁場の相互作用を確かめる実験．磁石が落下すると，アルミ管に沿う磁場が変化して管壁内に環状電流が生じる．電流には巻き付くような磁場が発生するが，この磁場に伴う力は磁石を支える向きに働く．

が明らかになりました*1)．

　電場・磁場の相互作用は，家電製品などに広く応用されていますが，その存在に気付くのは易しくはありません．そこで，**図49**に示す素朴な実験で確かめてみます．

　一人が左手に硬質紙管，右手にアルミ管を持って，図示のように床に対して垂直に支えます．そして，もう一人が紙管とアルミ管の上端に，直径が紙管・アルミ管の内径よりやや小さい扁平な円柱形磁石を持ち，これら二つの磁石を同時に手放します．磁石は管内を落下していきますが，アルミ管内を落下していく磁石は紙管内を落下していく磁石よりも遅れて床に到着します．紙は電気を通さず，アルミは電気を通します．電気を通す物質を金属と呼ぶのはご存知のとおりです．原子たちそれぞれの最外縁近くにある電子たちが自由に動けるのが金属です．

---

*1) 江沢洋著『現代物理学』，朝倉書店，1996，pp.93-94．

§22. 波そして粒として振る舞う光　　　155

　磁石の周りには N 極から S 極へと結ばれる磁力線が，**図49** 中央に示して
あるように多数あります．これら磁力線は磁石に付随しているので，磁石が
落下すれば，それに伴って磁力線も一緒に落下していきます．これは，アル
ミ原子たちの周囲空間にある磁場が変動することを意味します．磁場が変動
すれば，それに釣られて電子(自由電子)たちは動かされます．電流の発生です．
電流には進行方向に巻き付くような磁場が発生し，磁力線が新たに現われる
性質があります．この磁力線は，落下してくる磁石を支えようとする向きを
持つので，アルミ管内を通過する磁石はゆっくりと落下していくのです．

光子たちの桁違いな質量

　電磁場の変動が伝える波こそが光であれば，もはや光を粒と見なすのは誤
り……となりそうなところですが，波としては説明がつかない現象が 19 世
紀最後半になって新たに発見されました．発端は溶鉱炉内にある赤熱した鉄
が放つ光の強さと波長の関係を表わす数理モデルの探求でした．結論として
明らかになったのは，光を粒と見なす数理モデルが測定結果をよく再現する
ことでした．この数理モデルは M. プランクによって発見され，1901 年に
公表されました．

　光は波か粒か？　一方が正しいなら他方は誤りと信じ込まれてきたのでし
たが，A. アインシュタインはプランクの式が意味するところを深く考察し
て，光には波そして粒としての性質が併存することを提示しました．1905
年のことです．アインシュタインは，光の粒を改めて「光子」と呼び，光子が
携帯するエネルギーは光の振動数に比例し，光子の質量はエネルギーを光速
の 2 乗の値で割った値となることを明らかにしました．

　図50 は，アインシュタインが示した関係式を基にして様々な波長の光が
質量の大きさとどのように関係付けられるかを 1 枚のダイアグラムとして
描いたものです．図中左下に記した 3 式は，この図の作成に用いたアイン
シュタインの関係式です．

　この図では可視光の代表波長を $0.55\mu m$ $(=0.55\times10^{-6}m)$ として，光子の質量
が波長の長短に応じて相対的にどれぐらい異なるかを示しています．波長は

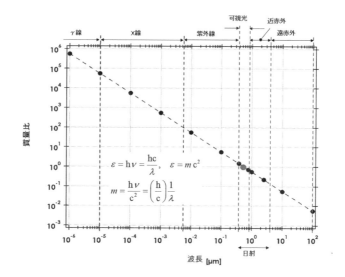

図50 いろいろな光子の波長 λ と質量 m の関係．光子は波長が短いと重たく，波長が長いと軽くなる．光速 c ($= 3 \times 10^8$ m/s) は一定．振動数 ν ($= c/\lambda$) が大きくなると，プランク定数 $h (= 6.63 \times 10^{-34}$ J・s) に比例して光子のエネルギー ε は大きくなる．ε を c の2乗で割ると質量 m となる．

短い方から順に γ 線・X線・紫外線・可視光・近赤外線・遠赤外線です．これらの波長範囲は $10^{-6} \sim 10^2$ m，質量比の範囲は $10^{-3} \sim 10^6$ でとても広いので，横軸も縦軸も対数で表現してあります．

日射は主として可視光・近赤外線からなり，波長の短い側にわずかな紫外線を含みます．紫外線に当たると日焼けが生じますが，これは，紫外線の光子が可視光のそれよりも 10~100 倍重たいことに起因しています．日射に含まれる紫外線は可視光や近赤外線よりもわずかなのに日に焼けるのは紫外線の光子が重たいからなのです．X線は可視光の 100~10 万倍の重さです．したがって X線は身体を透過するので医療診断に応用できます．X線の積算照射量が大きくなれば，破壊される細胞の数は増えるので，照射は医療診断に必要となる最小量に留めなければならないわけです．γ 線の光子は可視光

の光子の 10 万 ~ 100 万倍も重たく，細胞を破壊する能力が極めて高いこと
を特徴とします．核兵器は言うに及ばず，放射性物質の生成を必然とする電
力生産は止めなくてはならない所以です．

　一方，遠赤外線の光子では可視光の 1/100~1/10 の重さしかありません．
しかし，この軽さこそが皮膚表面近傍の体内にある温冷覚神経端末を刺激す
ることになります．したがって，遠赤外線の光子たちの湧き出しを必要に応
じて促進したり抑制したりすることが可能なパッシブ型・アクティブ型技術
を改めて開発し直していくことはとても重要です．遠赤外線光子たちの振る
舞いは，温もりや涼しさの知覚を創出する鍵となるからです．

§23.　ほどよい明るさと人工照明

眼と視覚のしくみ

　可視光の代表波長 0.55μm に相当する光の粒（光子）を基準として，その軽
重が人の身体とどう関係するかを読み取るために作成したのが，前講に示し
た**図50** でした．

　今この文章を読んでいただけているのは，可視光が紙面に届いて，反射す
る光が文字部分とその周辺とで異なることに応じて読者の目と脳が働いてい
るからに他なりません．以下では，この可視光に着目して，「明るさ」の感覚・
知覚が光の強さとどのように関係しているのか，そして人工照明が創出すべ
きはどのような光環境なのかを考えてみましょう．

　図51 は，私たちの右側眼球の水平断面を上から眺めたとして描いたもの
です．眼球は直径 24mm ほどで質量は 7.2g ほどです．密度は約 1g/cm^3 で
水とほぼ同じです．

　視野中の 1 点を注視しているとき，その点と瞳孔の中心とを結ぶ線が視
線です．視線の元は眼球最奥部の中心窩（か）と呼ばれるところです．眼球内面に
は錐状体（すい）・桿状体（かん）と呼ばれる視細胞たちが視線からの傾角に応じて**図51** に
示すように分布しています．錐状体と桿状体は合わせておよそ 1.2 × 10^8 個

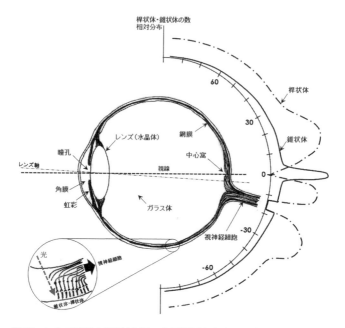

図51 ヒトの眼球の断面（右目の水平断面を上方から眺めるとした場合）．
錐状体は中心窩に集中して、桿状体は眼球面内に広がって存在している．

ほどあります．

　錐状体は中心窩とその直近±3°の範囲に最も多く，そこから外れていくほど少なくなります．桿状体は中心窩にはなくて，視線に対して±35°の範囲に多くあります．視線から傾角-12°から-18°の範囲にある眼球内面には錐状体も桿状体も存在しません．ここを通って視神経細胞たちの束が眼球の外へ出ていき大脳へと向かうからです．このことは誰でも簡単な実験で確かめられます．白紙に直径1cmほどの黒丸（●）二つを5cmほど離して描き，左側の●を右目で（左目を閉じながら）凝視します．顔面と紙面の距離を15cm前後で適当に調整すると，右側の●が視野から消えるのがわかります．右側の●と瞳孔中心を結ぶ直線の延長には錐状体・桿状体がないので，●を感覚できないのです．

§23. ほどよい明るさと人工照明　　　159

視神経細胞の個数はおよそ 1.2×10^6 個で，視細胞の個数の 1/100 です．§19.「情覚・意識と不快・快の評価」で，感覚情報は圧縮処理され知覚情報になると言いましたが，視神経細胞が脳に送り込むのは，錐状体や桿状体が反応して得られた感覚情報そのものではなく，圧縮された情報なのです．

可視の波長範囲は**図50** に示したように，0.4~0.8μm です．可視の波長に範囲があるのは色と関係しています．0.4μm より波長がわずかに長いと紫色，0.8μm よりわずかに短いと赤色に感じます．紫外線は紫の外側の光，赤外線は赤の外側の光という意味です．可視の光は波長の短い方から順に紫・青・緑・黄・橙・赤です．錐状体にはSタイプ，Mタイプ，Lタイプの3種類があって，Sは紫・青に，Mは緑・黄に，Lは黄・赤に敏感です．これらS・M・Lの錐状体がみな一様に働けば，知覚されるのは白色，それぞれが多様に働くことで様々な色が発現します．色彩にはいろいろと面白い話があるのですが，以下では明るさの知覚だけに絞って話を進めます．

空疎な所要照度基準

私たちが生活をしている環境には大なり小なり可視光が飛び交っています．「明るい」とか「暗い」とかを知覚できるのは物体に当たった光が反射して私たちの目に飛び込んでくるからです．可視光束はルーメン (ℓm) と呼ばれる量で表わします．例えば，ロウソクの炎が放つ可視光束は 10ℓm ほどです．炎は様々な波長の電磁波を射出しているのですが，それに伴って運ばれるエネルギーに目の感度を重み付けしたのが可視光束（ルーメン）です．

光源と受照面の距離が短ければ明るく，長ければ暗くなるのはご存知の通りです．このことに対応して，可視光束が $1m^2$ の平面にどれほど入射しているかを「照度」と呼ばれる値で表わします．1000ℓm の光束が $10m^2$ の面に入射していれば，その照度は 100 ルックスです．ルックスは ℓux または ℓx と表記し，$ℓm/m^2$ に同じです．

図52 は，建築環境の内外で私たちが経験する典型的な光環境と水平面照度のおよその関係を示したものです．照度範囲は 10^{-3}~10^5ℓux にわたります．私たちヒトの目と脳は，最低と最高の比が 10^8 という極めて広い照度範囲の

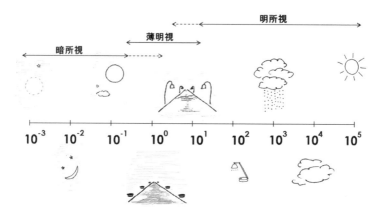

図52 典型的な光環境とおよその水平面照度 (lux). 暗所視から明所視までの照度は広い範囲にわたる. 最低と最高の比は 10^8 のオーダーである.

光環境に対応できるよう進化してきました. 水平面照度 10^{-3}〜10^0 (=1) lux の光環境では桿状体が主に働き, 「暗所視」と呼ばれます. 一方, 10^1 (=10)〜10^5 lux では錐状体が主に働き, 「明所視」と呼ばれます. これらの中間 0.5〜20 lux は「薄明視」と呼ばれます.

人工照明は, **図47** (149 頁) に示したように, 昼光照明と電灯照明とで構成されるのですが, §22. の冒頭でも指摘したように, 玄人・素人を問わず多くの人々は電灯照明だけが人工照明だと思い込んでいます. そう考えた私にも思い込みがあるかもしれないと自らをいぶかって, 関連する事実を確かめておくために**図53**を作成しました.

横軸は西暦年, 縦軸は電灯照明の設計にあたって目安とされる所要照度の範囲 (グレー部分) と基準値 (太めの直線) です. 右側縦軸の右側にはもう一つ軸がありますが, これは日本における事務所建物の単位床面積当たり 1 年間当たりの電力消費速さ(折れ線)を示しています.

この図の全体を眺めて分かるのは, 所要照度と電力消費速さの増加傾向が軌を一にしているように見えることです. 所要照度の基準値は 1960 年頃の 200 lux から 20 年後の 1980 年にはその 5 倍 (1000 lux) にまで引き上げられ,

§23. ほどよい明るさと人工照明

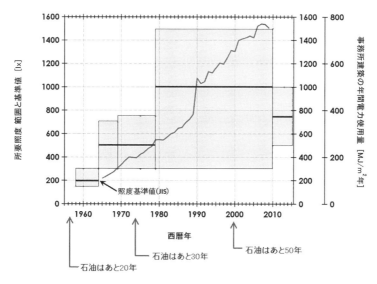

図53 電灯照明の所要照度基準値の変遷．読み書きのための所要照度は 1960 年頃からの 50 年間で 3.75 倍となり，事務所建築の年間電力使用速さはほぼ 7 倍となった．

　その後の 30 年を経て 750ℓux へと下げられましたが，それでも 200ℓux と比べれば 3.75 倍です．

　電力消費速さは，1965 年頃に 100MJ/$(m^2 \cdot 年)$ だったのが 2010 年頃では 750MJ/$(m^2 \cdot 年)$ となり，約 45 年間で 7.5 倍になりました．右上がりの傾きはほぼ一定です．1990 年頃の 150MJ/$(m^2 \cdot 年^2)$ $(=(510-360)MJ/(m^2 年)/(1 年))$ にも及ぶ異常な上昇は，その 4 年ほど前に始まった「バブル景気」で多くの事務所建物が新築されたことによります．

　かつて (1980 年頃に)「電灯照明の発達が昼光照明を不要にする」といった言説があったことを §21. の終わりの方で紹介しましたが，これは**図53**に示す電力消費速さの増加傾向を背景として現われたのです．横軸の下 1955 年と 1973 年，2000 年のところには石油可採年数として当時流布していた文句を並べておきました．照度基準値・電力消費速さの著しい増加傾向に照ら

して，これらの文句ははなはだ空疎に見えます．空疎なだけならまだしも，実のところ，これらには悪質さが随伴していたと思わざるを得ません．原発の建設・運転が軌を一にして推進されたのだからです．

明るさ知覚の実験

私たちが日頃さらされている光環境は，**図52**に示したように照度値の幅で 10^8 にも及ぶので，人の目と脳に備わる順応性はかなり高いと考えられます．誰もが日常的に経験している照度の空間分布・時間変動が明るさの知覚をどのように生じさせているかを明らかにできれば，人工照明は今後どのような方向へと発展したらよいかが読めてくるに違いありません．

そこで，大学生たち27人に協力してもらい，照明条件の異なる幾つかの研究室や教室・食堂・廊下・キャンパス中庭などを1時間ほどを掛けて一巡りしながら，明るさ知覚を5段階で申告してもらう実験を行ないました．彼らには小型の照度計が装着された帽子を被ってもらい，額面照度の測定値を1秒ごとに記録しました．

図54は，この実験で得られた明るさ知覚と額面照度の関係を示したものです．横軸は**図52**と同様に対数で表わしてあります．照度の値は1ℓuxから7万ℓuxまでにわたっています．明るさ知覚は，額面照度の対数値が大きくなるにしたがって暗い側から明るい側へと変化していますが，「ちょうどよく明るい」と知覚されるのは低い方は20ℓux，高い方は3万ℓuxです．

所要照度の基準値は，**図53**に示したとおり1960年頃からの20年間で5倍も高くなったのでしたが，どうやら照度は高い方が良いというわけではなさそうです．

そこで，明るさ知覚を申告してもらったときの額面照度（の対数値）とその前5分間の照度平均値（の対数値）の比を計算してみました．この比を「対数照度比」（Ripp）と呼びます．この実験で得られた照度データのすべてについてRippを求めたところ，Rippは0.4〜1.3の範囲にありました．5段階すべての明るさ知覚に対して「やや暗い」・「暗い」となる割合，また，「やや明る過ぎる」・「明る過ぎる」となる割合を，Rippの幅0.1毎に求めたところ，こ

§23. ほどよい明るさと人工照明

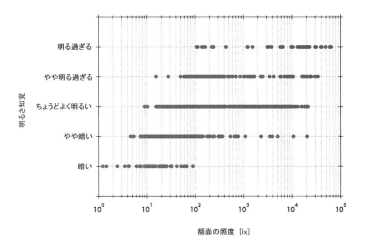

図54 明るさ知覚と額面照度．照度の上昇に応じて明るさは知覚されやすくなるが，「ちょうどよく明るい」知覚に対応する照度範囲はとても広いことが分かる．

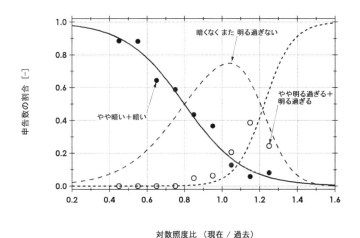

図55 明るさ知覚と対数照度比（Ripp）．Rippの値が1.0より大きいか、それとも小さいかに応じて明るさ知覚の現われ方は大いに異なる．

れら割合の値と Ripp との関係は，**図55** のようになりました．

明る過ぎる側の申告割合（○）は Ripp が大きくなると S 字曲線状に増し，暗い方の申告割合（●）は Ripp が小さくなると逆 S 字曲線状に増す傾向にあります．これらの曲線は生きものたちの様々な振る舞いに関連してしばしば登場し，「ロジスティック曲線」と呼ばれます．2 本の曲線で示される申告割合を加え合わせて 1 から引けば，「暗い」でも「明る過ぎる」でもない割合になります．その結果は，右寄りにやや歪んだ（頂点が Ripp=1.05 ほどにある）釣り鐘形状の曲線となりました．

頂点が 1.05 になったということは，「ちょうどよく明るい」が知覚されやすいのは，そのときの額面照度がその前の 5 分間よりもやや高めな場合であることを意味します．例えば，額面照度が 5 分の間 500ℓux で，その直後に 750ℓux であれば，Ripp=1.07，200ℓux の後に 300ℓux となれば，Ripp=1.08，150ℓux の後に 200ℓux であれば Ripp=1.06 となります．照度値がかなり異なっても Ripp の値はほとんど同じになるのです．**図53** に示した所要照度は水平面照度であり，額面照度ではありません．そこで，この実験で Ripp が 1.0~1.1 となった場合の水平面照度を抽出したところ 100~1000ℓux の範囲にあることが分かりました．

室内空間のどこもかしこも均一に，しかも高めの照度にするのではなく，机の上はやや高めとしてもその周辺は低めにして Ripp が 1.0~1.1 の範囲に収まるようにすれば，明るさ知覚は「ちょうどよく明るい」になりやすいでしょう．

以上を踏まえて改めて**図53** を眺めると，1960 年頃の所要照度基準値 200ℓux は低過ぎだったわけではないことに気付かされます．事務所建物の日本における総床面積は，2015 年に 1 億 1 千万 m^2 でした[*2)]．仮にその半分で，以上のような明るさ知覚の性質を踏まえて（§24. で述べる蛍光灯を用いた）電灯照明の所要照度を 300ℓux として改めて設計し直したとすると，不要となる発電設備容量は 2.8GW，200ℓux として 3.5GW となります．原発震災

[*2)] 一般社団法人不動産研究所の調査結果．

が起きて後始末さえ目途が立たないままにある福島第一原子力発電所4基の総発電容量は2.8GWでした．適切な需要を求めつつ，それにふさわしい適切な供給の在り方を目指していくことの大切さを改めて思います．

§24. 自然光源と人工光源

変動する室内の昼光照度

朝方から夕方まで毎日，太陽から直に，そして天空を介して地表にもたらされる光が昼光です．その照度は，季節に応じて，また毎日の時刻に応じて変化する太陽位置と，生成・消滅を絶え間なく繰り返す雲の多寡にしたがって変動します．そのため昼光による室内の照度も絶えず変動します．

以上は誰もが多かれ少なかれ知っていることですが，照度の変動幅がどの程度か……となると，すぐに答えられる人はあまりいないでしょう．建築環境学を専門としてきた私もすぐには答えられません．そこで，1年にわたる室内昼光照度を概算してみました．結果の1例を**図56**に示します．

これは，横浜(2000年)の気象条件を想定して得られたものです．窓と部屋の大きさは図中に示すとおりです．窓には庇と袖壁があり，透明ガラスと日

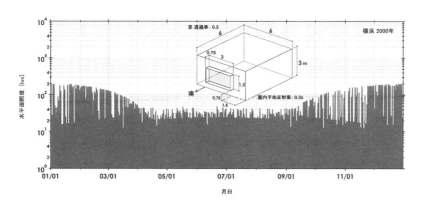

図56 室内で変動する昼光照度．時々刻々変動する太陽位置と天空を覆う雲の多寡に応じて室内の昼光照度は変動する．

除けで構成された窓面は窓外に入射した昼光の 50% を室内に透過させ，天井や内壁・床面では入射した光の 1/3 ほどが反射すると仮定しています．

横軸は月日，縦軸は室内中央にある机上面の照度です．照度の値は毎日，そして時々刻々変動しています．この変動が体内時計の維持に関与していることは，§21.「潮の満ち干と体内時計」でお話ししたとおりです．日最高値は冬季に 200ℓux ほど，夏季に 40ℓux ほどです．これらの違いは**図37**（132 頁）に示したように，太陽位置が月々に変化するためで，南窓面の場合には冬の方が夏よりも入射する昼光が大きめになるからです．

窓の大きさや透過率・方位が異なれば，多少なりとも違った結果となるでしょうが，基本的な様相は変わらないと考えられます．そういうわけで，前講 §23. で議論した Ripp = 1.0~1.1 を得るための机上周辺に必要な照度を昼光によって適えることは難しくはないでしょう．昼光照明は自然エクセルギーの最も直接的で簡単な利用なのです．

「自然エネルギー利用」という語をよく耳にしたり目にしたりしますが，何を指しているかに注意してみると，そのほとんどすべてが太陽光・風力発電を意味しているようです．「自然エネルギー利用」は正確を期して言えば，「自然エクセルギー利用」と呼ぶべきで，その意味は身近な自然にエクセルギー源を見出し，うまく利用することです．したがって，昼光照明は自然エクセルギー利用の立派な一方法なのです．

窓から得られる昼光を利用する照明と，太陽光や風力で発生させた電力を供給して行なう電灯照明との違いは，前者が自然エクセルギーの直接利用，後者は間接利用であることです．昼光照明は人工照明の一つであることは §22. や §23. で指摘したとおりですが，まずは直接利用，次いで間接利用を構想するのが妥当でしょう．

自然光・人工光の必要とするエクセルギーを比較する

昼光照明を行なえば，室内はそれなりに明るくなるわけですが，同時に暖まりもします．光の吸収は必ず熱を発生させるからです．この熱は，冬には温もりの創出に役立ちますが，夏には暑さを助長する原因となるので，でき

§24. 自然光源と人工光源 167

る限り忌避したくなります．というわけで，窓はなくして電灯照明にしてし
まえ……というのが乱暴な考え方であることは §22. と §23. で述べたとお
りです．電灯照明で放たれる光もまた熱になります．その元はもちろん供給
された電力です．

　自然光（日射）を構成する光子たちの波長は**図50**(156頁)に示したように，紫
外域のわずかと可視光・近赤外域にわたります．この範囲にある光子たちが
一団となって地表まで運んでくる1秒当たりのエネルギーに対して可視光束
がどれほど含まれるかを「発光効率」（単位は ℓm/W）と言います．人工光の場合
には，ランプに供給される電力1W当たり可視光束がどれぐらい放たれる
かを発光効率と呼びます．

　発光効率に加えてもう一つ重要な概念として「有効比」があります．これは，
自然光にせよ人工光にせよ，運ばれるエネルギーのうちにエクセルギーがど
れぐらい含まれるか（資源性の割合）を指します．自然光では平均して 0.8，人
工光（電灯光）では 1.0 です．

　自然光（昼光）では，照らされる物体の輪郭が明確になる直射光の光子たち
は互いにほぼ平行に飛んできますが，完全ではないため有効比 0.9 程度，天
空からやってくる光子たちは直進性がかなり崩れて 0.75 程度です．両者を
総合して自然光の全体として 0.8 ほどなのです．数千年前から今日まで利用
されてきたロウソクは植物・動物油脂に由来する人工光ですが，有効比は
0.9 ほどです．これは化石燃料と同程度の値です．

　電力は §12. 「排熱あって可能な動力生成」で議論した動力生成の原理から
明らかなように，電磁気現象に載せて運ばれた動力の略称です．動力は羽根
車や車輪を構成する原子・分子たちが集団として互いの位置関係を損なうこ
となく運動することによって生じます．したがって，有効比は 1.0 なのです．

　以上のことを踏まえて，室内の机上面で得られるべき照度に対してエクセ
ルギー入力がどのような関係にあるかを，自然光または人工光について求め
てみた結果を**図57**に示します．横軸は水平（机上）面の照度 10ℓux から
1000ℓux を示しています．縦軸はエクセルギー入力の床面積 $1m^2$ 当たりの
値です．実線4本は左から発光効率 1，20，70，100ℓm/W（=ℓux/(W/m²)）に

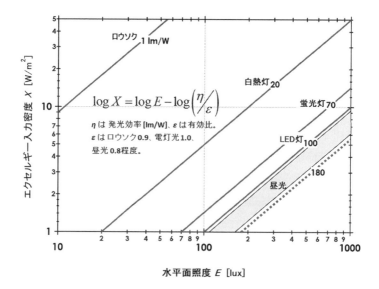

図57 室内の水平面照度 E とエクセルギー入力密度 X. 人工光の発光効率は昼光のそれに近づくよう開発されてきたと言える.

対応しています. 1ℓm/W がロウソク, 20ℓm/W が白熱灯, 70ℓm/W が蛍光灯, 100ℓm/W が LED 灯にほぼ該当します. なお LED は Light Emitting Diode の略で, 発光二電極の意です. 右端にある点線は 180ℓm/W の場合で, 可視光出力が人の視感波長と完全に一致する (仮想上の) ランプに相当します[*3]. 昼光は 100ℓm/W と 180ℓm/W の間に位置します.

仮に所要の水平面照度が 300ℓux とすると, エクセルギー入力は昼光では 1.7〜2.7W/m², LED 灯では 3W/m², 蛍光灯では 4W/m², 白熱灯では 14W/m² となります. ロウソクなら 10ℓux を得るのでさえ 9W/m² が必要となります.

[*3] ヒトの目が最も敏感なのは波長 0.55μm の放射 (=電磁波) に対してです. 波長が 0.4μm より短くても, また 0.8μm より長くても不感となります. 波長ごとの目の感じ方を曲線として表わせば, 0.55μm に頂点があるような釣り鐘状となり, その底縁は 0.4μm と 0.8μm に対応します. 180ℓm/W の場合, 発出される光の波長ごとの強さがこの釣り鐘状曲線とまったく同じであるような理想上のランプとなります.

§24. 自然光源と人工光源　　　169

　図57の全体を眺めて分かるのは，人工光源の技術が自然光の発光効率に近づくよう開発されてきたことです．そのような意図が最初から意識されていたわけではないでしょうが，結果としてそのようになっているのは，開発されてしかるべき技術が，自然（創造）を模倣する方向にあることを示唆しているように思えます．

白熱灯・蛍光灯・LED 灯のエクセルギー収支を比較する

　エクセルギー消費がゼロであるような自然現象はあり得ないので，光を人工的に産み出すのにもなにがしかのエクセルギー消費が伴います．それがランプの種類によってどの程度違うかを調べたいと思って，白熱灯・蛍光灯・LED 灯それぞれの 1 灯当たりについてエクセルギー収支を計算してみました．その結果を**図58**に示します．白熱灯は供給電力 40W 当たり可視光束 800ℓm，蛍光灯は 40W 当たり 3200ℓm，LED 灯は 10.5W 当たり 1160ℓm のものを対象としました．白熱灯・蛍光灯は 2000 年頃，LED 灯は 2022 年に入手したものです．

　白熱灯は，アルゴンガスが封入されたガラス管内の中心に，フィラメント（極細の金属線からなる螺旋）を設置したものです．フィラメントは電気抵抗の大きいタングステン製です．抵抗が大きい金属細線内を多数の電子たちが流れると，フィラメントを構成する原子たちが激しく揺さぶられて発熱し，しかも周囲にあるアルゴンガスが熱を伝えにくいので，著しい高温となり，光が放たれるのです．白熱灯は T. エジソンによる 1879 年の発明に端を発します．

　蛍光灯は，白熱灯の発明から約 60 年が経った 1938 年頃に G. インマンらによって発明されました．大気圧の 1/400 ほどの低圧アルゴン・水銀ガスを封入したガラス管の内表面に蛍光物質を塗布したものが蛍光灯です．ガラス管内の両端にある電極からは超低圧空間へと電子たちが飛び出し，管内を乱雑に飛び交う水銀原子たちに衝突します．電子に衝突された水銀原子たちは不安定から安定へと状態を戻そうとする際に紫外線を放ち，ガラス管内表面に塗布されている蛍光物質の分子たちを刺激します．励起された蛍光物質分子たちは可視光を放ち，そのほとんどが管外へと放たれるのです．

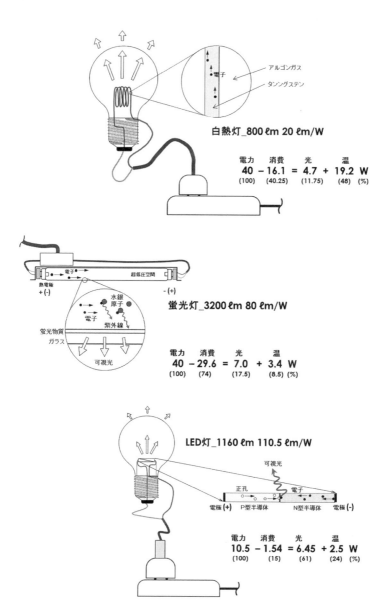

図58 白熱灯・蛍光灯・LED灯のエクセルギー収支比較．技術開発は，エクセルギー消費の割合が小さくなるように，また光出力／熱出力が大きくなるように進展してきた．

§24. 自然光源と人工光源   171

　蛍光灯が発明された後，半導体の開発が進展して，初期の蛍光灯から60
年ほどが経った 2000 年代になって室内照明一般に用いることのできる
LED 灯が現われました．赤色・緑色を発光する半導体に比べて実用化が困
難とされていた青色発光する半導体の中村修二による発明が鍵となりまし
た．LED 灯は N 型半導体と P 型半導体のそれぞれの中を流れる正孔たちと
電子たちとが半導体の接触面で衝突することで発光します．

　以上のように 3 者の発光原理は異なるわけですが，現象の荒々しさは
LED 灯よりも白熱灯，LED 灯よりも蛍光灯と言えるでしょう．白熱灯のフ
ィラメントは 2000℃ を超える高温，蛍光灯では超低圧の空間を必須としま
すが，LED 灯の P 型・N 型半導体は常温・常圧のもとで働くからです．

　白熱灯（**図58** 上段）は，供給電力 40W（100%）に対して光の出力が 4.7W
（11.75%），熱が 19.2W（48%）です．光出力は供給電力の 12% ほどでしかなく，
また，熱出力は光出力の 4 倍ほどもあります．白熱灯はランプというより
はヒータと言えるでしょう．

　蛍光灯（**図58** 中段）では 40W（100%）の供給電力に対して消費が 29.6W（74%）
で，白熱灯における消費 16.1W（40.25%）よりも大きいのですが，光出力は
1.5 倍ほど大きく，その一方で熱出力が白熱灯に比べて 1/5 未満にまで減少
しています．そういうわけで，蛍光灯の発光効率（70ℓm/W）は白熱灯（20ℓm/W）
よりも 3~4 倍高いのです．

　LED 灯（**図58** 下段）では 10.5W の供給電力で 1160ℓm の可視光出力です．
40W 当たりとすれば 4420ℓm となり，蛍光灯と比べて可視光出力は 1.36 倍
大きいことになります．LED 灯では投入エクセルギー 10.5W（100%）のうち
消費は 1.54W（15%）でしかなく，出力は光が 6.45W（41%），熱が 2.5W（24%）で，
光が熱の 2.6 倍出力されています．LED 灯はまさしくランプと言えるでし
ょう．

　白熱灯のガラス表面は触れては危ないほど熱く，蛍光灯でも電極に近いガ
ラス管外表面は触れると熱くて不快です．ところが，LED 灯ではまったく
と言ってよいほどに熱くは感じられません．このような感覚・知覚と**図58**
に示したエクセルギー収支とはよく対応していると思えます．

ランプの技術開発は既に述べたように発光効率が自然光（昼光）に似てくるように，また供給電力・エクセルギー消費が小さくなるように進められてきました．これらのことに加えて，§23.「程よい明るさと人工照明」で議論したことをつなぎ合わせて思考を先へと進めれば，開発されていくべき技術の方向性は明らかでしょう．閉じられた自然にまで手を出して電力供給する愚劣さを再び思わざるを得ません．

§25. ロウソクの振る舞いと伝熱四態

エクセルギーのほとんどが熱となるロウソク

ランプとは電灯のこと——私たち現代人にとってはその通りですが，19世紀の最後半まではランプと言えばオイルランプやロウソクを意味しました．オイルランプは，植物繊維を原材料として作られた灯芯を皿に入っている菜種油などの液体燃料に浸して灯火器としたもの．ロウソクは，植物や動物の油脂から採取したロウ（蝋）を直線状にした灯芯の周囲に固化・付着させて作った円柱を灯火器としたものです．いずれも灯芯の先端に炎を生じさせて光源とする仕掛けです．

現代のアクティブ型技術は150万年ほど前に原人（ホモ・エレクトス）によって始められた火の使用のメタモルフォーゼ（変身）……そのように§9.「技術の型と建築の形」で指摘しましたが，灯芯の先端に生じる炎による照明はメタモルフォーゼの最初期の例と言えるでしょう．

平均的な大きさのロウソク1本が放つ光の強さを1cd（カンデラ）と言います．これは，ロウソクの灯芯が半径1mの球体の中心にあるとして，この球体内表面全体に入る可視光が12.57（$=4\pi \times 1^2$）ℓmであることを意味します．球体内表面の$1m^2$当たりでは1ℓm，すなわち1ℓux です．ロウソクが光と熱を発するのはロウがその内部に炭素・水素・酸素原子たちの化学的な組成として保持しているエクセルギーが消費されるからです．

§24.で述べたように，ロウソクの発光効率は1ℓm/W なので，12.57ℓm

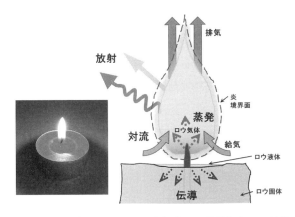

図59 熱から光へのロウソクの振る舞い．液化したロウが芯に浸みて上昇し蒸発すると燃焼が起き，光と熱が発生する．

では 12.57W の速さでエネルギーが供給されます．エクセルギーとしては，ロウソクの有効比が 0.9 なので，11.31 W（=0.9×12.57）が供給されます．灯り続けるロウソクでは，ロウが保持している化学エクセルギーを 100 としてそのうちの 8.4 が消費され，両者の差 91.6 が出力されています．91.6 のうち 0.6 が光，91 が熱です．

ロウソクが炎となるのに化学エクセルギーの 8%ほどが消費され，出力されるエクセルギーのうち熱が光の 152（=91/0.6）倍もあるのはどうしてか？このことを考えてみたいと思います．

ロウソクに見る伝熱四態

図59 は灯芯が炎に包まれているロウソクの全体を描き示したものです．添付の写真は灯芯の先端に火を灯してから 2 分ほどが経過したところを撮ったものです．このロウソクは直径 3.6cm 高さ 1.3cm の扁平な円柱アルミニウム容器に詰められたもので，新品のとき質量は 15 g でした．

容器中のロウ固体が，燃焼できるためには気体になる必要があります．ロウ固体の融点は 63℃，ロウ液体の沸点は 352℃ です．灯芯の先端が灯り始めると同時にロウ固体は溶け始めて，数秒後には灯芯の周囲にロウ液体の小

さなプールができます。灯芯先端にある炎が放つ光に照らされたロウ固体の上面が暖められて63℃を超える部分が増え、液体になるからです。図59の写真では灯芯と容器の端のちょうど中ほどのところがプール境界となっています。境界の温度は63℃と考えられます。境界面は次第に容器の縁の方へと拡がっていきますが、これは、炎の下部から放たれている可視域を含む長波長域の電磁波（光）にロウソク固体上端面がさらされ続けるからです。これを熱の伝わり方の一つとして「放射」と呼びます。

　ロウソク上面の液体プールより外側と、プール底面より下側はロウ固体です。ロウソクを保管してあった棚の中の温度は恐らく20℃ほどだったので、ロウ固体の深いところはやはり20℃ほどと考えて良いでしょう。ということで、ロウ液体の境界面から固体内の深部には43（＝63-20）℃という大きな温度差があるので、熱が流れます。このような固体内で生じる熱の伝わり方を「伝導」と呼びます。

　ロウソクに灯芯が必要なのはどうしてでしょうか？　次はこのことを考えてみましょう。灯芯から遠めのロウ固体部分に付け火を近づけるとわずかに融けますが、付け火を離すと直ぐに固まってしまいます。炎は生じません。液化したロウは、既にお話ししたように、灯芯を囲むプール中にあります。灯芯は糸を織り込んだ紐なので、その内部にはたくさんの空隙があります。図59に示すように、炎の下端とロウ液面の間にある灯芯は燃えていません。この部分に浸みているロウ液体の温度は燃焼できるほどには高くないのです。言い換えると、この灯芯部分は毛細管現象によって上昇してくるロウ液体によって冷やされています。紙縒にしたティッシュペーパーの先端を水滴に触れさせると、ティッシュペーパーを持っている指先の方に向かって水が昇ってきます（水が上昇する様子は簡単に確かめられますので、ぜひ実験してみてください）。灯芯とロウ液体にも、紙縒ティッシュペーパーと水の場合とまったく同様な現象が起きているのです。

　ロウ液体分子たちにはもちろん重力が作用していますが、それと同時に灯芯の紐糸を構成している分子たちとの間に、「分子間力」と呼ばれるかなり強い力が働いています。ロウ液体の分子たちは、分子間力によって重力に抗い

§25. ロウソクの振る舞いと伝熱四態　　　175

上昇していけるのです.

　灯芯の炎に包まれる部分は極めて高温なので，ロウ液体は灯芯を昇っていく間に気化します．言い換えると，ロウ液体で濡れていた灯芯が乾かされます．灯芯に乾いた部分が現われれば，直ちにそこを湿らせ濡らそうとしてロウ液体は上昇してきます．こうして乾燥・湿潤が毛細管現象を介して起こり続け，ロウ液体の気化が持続します．液体が気体になる現象を指して「蒸発」と呼びます．発汗している皮膚表面近くで風が吹くと，冷たさあるいは涼しさが知覚されますが，これは皮膚表面上にあった水分子たちのうち勢いの大きいものたちが空気中へと拡がり散っていくからです．その結果，液体のままにある水分子たちの勢いは全体として小さめになるので，表面温度が下がるのです．灯芯の先端部分における蒸発でも同様のことが起きています．そういうわけで，蒸発もまた伝熱の一態と考えられます.

　蒸発は，水でもロウでも，分子たちがそれぞれ単独に振る舞えるようになることを意味します．分子の一つひとつの持つ勢いが大きくなって，他の分子たちとは離れ離れになるのです．勢いは高温であればあるほど強くなります．常温の場合，§11. の**図13** (64頁) に示したように，空気分子の速度は平均で $500\,\mathrm{m/s}$ ほどですが，炎の温度 (1400℃ほど) ともなると，その中にある分子たちの速度は平均で $1100\,\mathrm{m/s}$ ほどにもなります.

　ロウ気体の分子たちは激しく衝突し合っているので，集団としての体積を膨張させながら，また，その過程で炎の下方にある空気分子たちを誘引しつつ上昇していきます．空気中の酸素分子たちは，ロウ気体の分子たちに激しく衝突され，たちまちにして原子の組み換え (すなわち化学反応) を起こさせ，二酸化炭素と水蒸気の分子たちが生じるとともに光と熱が発せられます.

　炎の先端から数 cm 離れたところに手の平をかざすと熱風を感じますが，この熱風は炎が生じた後に生成された二酸化炭素・水蒸気の分子たちと，化学反応にはあずかることなく炎の中を下方から上方へと潜り抜けてきた窒素分子たちが混ざり合って生じた気流です．こうして気体をなす分子たちが乱雑に運動しながらも集団として移動することを「対流」と呼び，伝熱の担い手の一つとなります．液体にも対流が生じることは，浴槽中のお湯などでご存

知のとおりです.

ロウソクと可視光

　以上で伝熱の四態すべてをロウソクの振る舞いに見い出しましたが，放射の出るしくみについてもう少し詳しく考えてみましょう．炎に包まれる灯芯を改めて見ると，黒く焦げているのが分かります．黒焦げが生じるのは灯芯が燃えるからですが，灯芯の周囲には上昇気流があり，その中の分子たちは激しく衝突し合っているので，灯芯の一部が剥がれて気流中に取り込まれていきます．煤(微粒子)が発生するのです.

　煤(微粒子)は微生物と同程度の大きさなので，裸眼では視認できません．というわけで煤は確かに「微粒子」と言うに相応しいのですが，その直径およそ $20\mu m$ (=2×10^{-5}m) をロウや酸素・二酸化炭素・水蒸気の分子たちの直径 $1nm$ (=10^{-9}m) と比べると，2万(=2×10^{4})倍もあります．体積で比べれば，8兆(=8×10^{12})倍です．煤たちは実のところ極めて多くの原子・分子たちが集まった巨大な粒子なのです.

　微粒子とは言え，分子に比べて相対的に巨大な粒子は炎の中で1400℃ほどの高温になっているために光源もしくは放射熱源となるのです．ガスコンロで用いられているメタンガスの炎はメタン分子に特有な青色ですが，この青色の炎に胡椒や塩などの粒々を振りかけると，炎の一部が赤黄色に輝くのが分かります．これは煤が生じて様々な波長の光を放つようになるからです.

　ロウソクの煤(微粒子)を構成する分子たちは振動していますが，その強弱は様々な故に，いろいろな波長の放射を出しています．それがどれほどかはM.プランクによる数理モデルから求めることができます．その結果を**図60**に示します．微粒子が1400℃の場合に加えて1200℃と1000℃の場合も描き添えてあります．縦軸は放射の波長ごとの強さを，横軸は波長を示しています．可視域は§22.と§23.でお話ししたように $0.4\sim0.8\mu m$ です．したがって，微粒子の温度が1000℃では可視域の放射はほとんど出ておらず，目は感じず，皮膚だけが熱さを感じます．温度が上昇して1200℃そして1400℃となると，熱さが著しくなり，同時に目も感じる波長域の放射が出るよう

§25. ロウソクの振る舞いと伝熱四態　　　　　　　　　　177

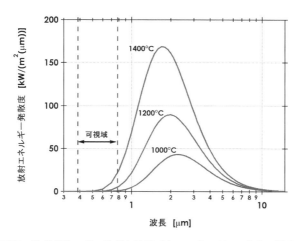

図60　物体が放つ光の波長と波長ごとのエネルギー．物体の温度が1000℃を超えると，可視光が放たれるようになる．

になります．ロウソクの炎が黄赤に見えるのは可視域のなかで波長が長めの光が出ているからです．その割合は1%未満です．言い換えると放射による熱出力が99%なのです．

図59の写真にあるロウソクについて，ロウの蒸発速さを（料理用の秤とスマホの時計を用いて）測定したところ約0.29mg/sでした．このロウ気体に対して炎が生じるに必要な酸素は約0.83mg/sとなります．炎の境界面を**図59**に示すように想定して，炎の体積を見積もり，境界面の下方から吸い込まれていく空気の量と比較すると，炎を構成する気体分子たちは1秒当たり16回ほど入れ換わっていることが分かりました[*4]．炎の形（カタチ）は，伝熱四態の振る舞い方（カタ）に応じてつくられては壊れ，壊れてはつくられているのです．ロウソクの炎は，エクセルギーの供給・消費とエントロピーの生成・排出から成る一連の過程が生み出す動的平衡系の一典型と言えるでしょう．

[*4) ロウソクは主としてパルミチン酸（$C_{16}H_{32}O_2$）で構成されているとして，その1molが完全燃焼するには酸素分子23molが必要です．この酸素は炎の下方から炎の内部へと吸い込まれる空気中から供給されます．そこで，炎のおよその体積を想定して，空気が1秒当たりに入れ換わる回数を見積もりました．

第5章

エネルギー・エントロピー・エクセルギー

§26. 熱容量の発見と熱量保存則

熱と温度

空の茶碗を握りながら湯を注ぐと手の平と指に「熱さ」を感じますが，それは湯を注いだ瞬間にではなく，短い（数秒）とは言え時間がかかってのことです．「時間」の長短は茶碗の材質や分厚さによります．言い換えると，お湯と手の平・指の間にある「空間」をどのような物質がどのぐらいの厚さで占めているかによります．物質の密度が大きくて重たいか，それとも密度が小さくて軽めか？ 厚さがかなり厚いのか，それとも薄いのか？ 熱の伝わりが速い性格か，それとも遅い性格か？ 熱を溜め込みやすい性格か，それとも溜め込みにくい性格か？ これらに応じて違ってきます。§25.「ロウソクの振る舞いと伝熱四態」で観察したロウソクでは，固体ロウ表面から内部に向かって熱が流れていき，熱の流れてきた部分の温度がロウ融点を超えて液化することで，プールが次第に大きくなりました．

熱や温度という語は誰もが日常的に使っています．例えば，「熱が高い」「熱が下がる」など．ときおり「温度が流れる」という表現も耳にします．これらはいずれも（五月蠅いことを言うようですが）誤りです．「熱」を「温度」に，「温度」を「熱」に言い換えれば正しい表現になります．こんなことをいちいち指摘されてはかなわないと思われるかもしれませんが，「熱」と「温度」という語の区別を明確にしていけると，熱の振る舞いがイメージしやすくなり，ひいては熱力学の基本を理解していくのに大いに役立ちます．経験に照らしてそのよ

§26. 熱容量の発見と熱量保存則　　　179

うに思います．私がエクセルギー研究に携わり始めたばかりの頃 (1986 年) を
振り返ると，「熱」と「温度」の違いについてかなり無頓着なままに過ごしてい
たことを思い出します．したがって，「エネルギー」と「エクセルギー」の違い
をまったく曖昧にしか語れなかったわけだと (今頃になって) 改めて思います．

　細長いガラス製のアルコール温度計を使ってお湯の温度を測る場面を想像
してください．温度計として用いられる物質はガラスで囲まれた細長い空間
に封印された (「アルコール温度計」と呼ばれるのに実は) 灯油です．灯油はガラス
に比べて温度変化に応じた伸び縮みが著しく，またアルコールよりも沸点が
高いために幅広い温度範囲に対応可能です．したがって，温度計として利用
しやすい物質なのです．灯油は赤色に染めてあります．

　この温度計の表示値が初め 20℃ だったとします．これはガラス管とその
中に入っている灯油も 20℃ であることを意味します．感温部をお湯に浸す
と，灯油は膨張してガラス管内を上昇していき，しばらくして目盛り 40℃
のところで止まったとします．この間に何が起きたのかは次のとおりです．

　お湯からガラス外表面へ対流で，ガラス内部を伝導で，そしてガラス内表
面から灯油へ対流で熱が伝わっていき，やがて灯油の膨張が止んだのは，お
湯・ガラス・灯油の三者がすべて同一温度になって熱が流れなくなったから
です．この状態を指して「(静的) 熱平衡」と言います．

　§15.〜§18. や §25. でたびたび用いた「動的平衡」という語は，着目して
いる系の温度が環境温度と異なる状況が何等かの仕掛けによって保たれ続け
ることを意味していました．これに対して温度計では測定対象の物質と温度
計としている物質とで両者の温度が等しくなっています．接し合っている物
質が等温なら熱はまったく流れないので，「静的 (熱平衡)」と言うのです．こ
れは熱力学における最も基礎的な原理なので，「熱力学の第 0 法則」と呼ば
れることがあります．

ブラックの功績──熱容量と熱量保存則

　熱と温度の違いが (かなり) 明確になったところで話を先へと進めましょう．
図 61 に示すように，100℃ のお湯が入った 0.5 ℓ の容器と 20℃ の水が入った

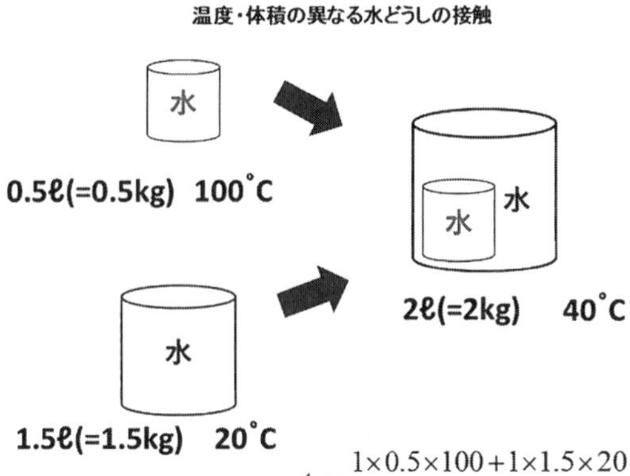

温度・体積の異なる水どうしの接触

$$t_\mathrm{f}=\frac{1\times0.5\times100+1\times1.5\times20}{1\times0.5+1\times1.5}=40$$

図61 熱平衡と到達温度．異なる体積と温度の水を混合すると，得られる温度は混合前の体積の大小に応じて決まる．右下に示す式の分子・分母にある1は水の容積比熱で，その単位は kcal/（ℓ・℃）．

1.5ℓの容器があるとします．これらを2.0ℓの容器に入れます．容器はいずれも軽く，熱を溜め込まないとします．まず，100℃のお湯0.5ℓの容器を入れて，その周囲を20℃の水1.5ℓで満たします．そうすると，お湯からその外側にある水へと0.5ℓ容器の壁を貫いて熱が流れていき，やがて両水温は等しくなります．アルコール温度計の場合と同様に（静的）熱平衡に達するわけです．2.0ℓ容器の外へはまったく熱が流れないとすれば，到達温度（t_f）は40℃になります．

　同様のことを，100℃0.5ℓの水に代えて同温度・同体積のガラス塊で行なったとすると，到達温度は高く，それとも低くなるでしょうか？　水0.5ℓは0.5kgですが，ガラス塊0.5ℓは1.26kgです．ガラス塊は水よりも2.52倍も重いなら，到達温度は40℃よりも高くなりそうな気がしますが，実際には31.1℃となります．ガラス塊よりもさらに（水の11.3倍も）重い鉛なら40℃に近くなりそうなものですが，到達温度はより低い28.6℃となります．水の0.55倍の重さでしかない木合板では24.4℃となります．

　共通の温度に至った熱平衡の状態と，その前の（非平衡の）状態とを比べて

§26. 熱容量の発見と熱量保存則 　　　　　　181

温度の高低と流れる熱の大小とはどう関係し合うのか？ このことに注目し
て，熱容量と熱量保存則の考え方を見出したのはスコットランド人のＪ．ブ
ラックで，1795 年のことです．産業革命が始まったのは 18 世紀の前半で，
その中心地はスコットランドでした．蒸気機関の発明とその発達が産業革命
を起こさせたと考えられますが，ブラックは蒸気機関の改良には温度と熱の
関係を定量化する必要があると考えたのです．蒸気機関の画期的な改良で有
名なＪ.ワットはブラックの同時代人です．

　質量 1g の水を 1℃ 上昇させるとして，この水に流れ込み保持される熱を
1cal（カロリー）と呼んで定量化します．これを 1cal/(g℃) と記して「比熱容量」
（略して比熱）と呼びます．分母・分子をともに 1000 倍して 1kcal/(kg℃) とも
表わします．質量 1g でなく体積 1cm^3 当たりの場合は「容積比熱」と呼びます．
水は 1g= 1cm^3 なので 1cal/(cm^3℃)，また 1kg=1 ℓ なので 1kcal/(ℓ ℃) とも
表わせます．比熱の「比」は質量あるいは容積の 1 単位当たりを意味します．
なお，ブラックは質量が 1ℓb（ポンド）当たり，温度が華氏 1 度（℉）当たりで
1Btu（ビーティーユー）と定義しました[1]．Btu は British thermal unit の略です．

　容積比熱の考え方を使って**図61** に示した 0.5 ℓ，1.5 ℓ，2.0 ℓ の水それぞ
れが保有している熱量を，基準温度 0℃ として計算してみます．0.5 ℓ の水
が 100℃ では 50kcal（=1kcal/(ℓ℃)×0.5ℓ×(100 - 0)℃）．同様の計算により 1.5
ℓ の水が 20℃ では 30kcal．両者の合計は 80(=50+30)kcal です．

　熱平衡に至った後についても計算すると，2.0 ℓ の水がすべて 40℃ なので
80kcal(=1kcal/(ℓ℃)×2.0ℓ×(40 - 0)℃) となります．熱平衡に至る前と後では全
体としての熱量は不変なことが分かります．このことを指してブラックは「熱
量保存則」と呼びました．

　100℃ 0.5 ℓ の水を他の物質に置き換えると，熱平衡後の温度が水の場合
よりも低くなるのでした．そこで，他の物質では容積比熱が水に比べて小さ
く,その値を熱容量保存則が成り立つように物質ごとに与えることにすれば，

────────────

＊1) 1ℓb は約 0.453kg. 摂氏温度℃を華氏温度℉で表わすと，1.8 倍して 32 を加えたもの
になります．また 1Btu は 1055.06J，252.164cal に相当します．

温度と熱の関係性はどのような物質についても定量的に表現できるとブラックは考えました．ちなみに容積比熱は，水を1として，ガラス0.48，鉛0.35，木合板0.19kcal/(ℓ℃)です．比熱では，水を1として，ガラス0.19，鉛0.031，木合板0.34kcal/(kg℃)です．容積比熱と比熱では値がかなり違います．これは物質によって密度(単位体積当たりの質量)が異なるからです．

水量収支で考える熱伝導

さて，熱容量と熱量保存則の考え方が確立されたところで話は終わりとはなりません．というのは物質が異なれば，熱平衡に到達する温度が違うだけではなくて，熱平衡に至るまでに要する時間が違い，温度変化の仕方も違ってくるからです．このことに注目したのはフランス人のJ.フーリエでした．フーリエは，固体内の温度がどのような空間分布となり，また時間変化するかを明らかにするための数理モデル(微分方程式による表現方法)を導き出すとともに，その解析方法を開発するのに成功しました．ブラックが熱容量の考え方を提案してから12年を経た1807年のことです．

図62は，固体熱伝導をイメージしやすくするために熱の振る舞いを水の振る舞いに置き換えて水量収支をどう考えるかを示したものです．幾つかの水槽が階段状に並べてあり，各水槽の下部一端に管がつながれており，管内には水の流れに抵抗する砂利が詰まっています．各水槽には上方の管から水が流入してきます．入ってくる水は，一部が貯まり，残りは下方にある槽へと流出していきます．

水の蒸発は無視できるとすれば，水量の全体は保存されるので一つの槽を出入りする水量と，この槽内に溜まっている水の変化量との合計は一定です．

ある時間のあいだに槽内に貯まる水量は，槽の底面積と水位変化の積として表わされます．管が太くて短ければ，上方の槽から下方の層へと水はどんどん流れ，管が細く長ければ，水はちょろちょろとしか流れません．流れ方の違いに応じて，また槽の底面積が大きいか小さいかに応じて，水位の上昇・下降は緩やかだったり急だったりします．このような水の振る舞い方は，およそのところで固体内の熱の振る舞い方と同様です．水槽の底面積は熱容量

§26. 熱容量の発見と熱量保存則

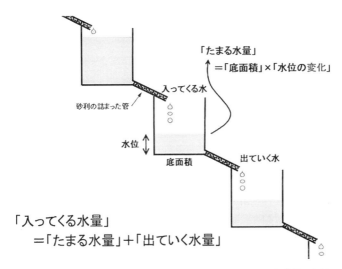

図62 水量収支にたとえた固体熱伝導の振る舞い．熱量を水量に置き換えて考えると，水槽の底面積は熱容量に，水位は温度に相当する．

に，水位は温度に，貯まっている水量の変化は蓄熱量の変化（熱容量と温度変化の積）に相当します．流れ込んでくる熱量と流れ出ていく熱量の差は，熱量保存則にしたがって，蓄熱量の変化と等しくなります．

　管内の水の流れ方が砂利の詰まり方や管の太さ・長さに応じて決まるように，熱の流れ方が蓄熱の仕方に影響します．したがって，熱容量に加えてもう一つ熱の流れやすさを表わす物理量が必要になります．これを「熱伝導率」と呼びます．熱伝導率は，一様な物質で構成された厚さ 1m の大きな壁があるとして，その内部では温度勾配が一定(1℃ /m)なとき，表面積 $1m^2$ を 1 時間 (h) 当たりに熱がどれだけ流れるかを表わします．熱伝導率の値が大きければ，熱が流れやすいことを，小さければ流れにくいことを意味します．

　産業革命推進の鍵となった蒸気機関は，石炭が保持しているエクセルギーの一部を消費して，残りのエクセルギーを動力として取り出す熱機関です．イギリスやフランスの各地で多くの炭鉱が開発されましたが，どこでも炭坑

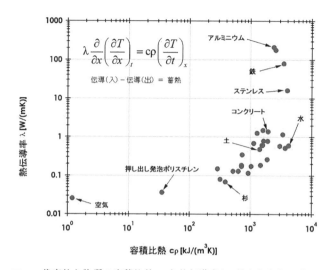

図63 代表的な物質の容積比熱 $c\rho$ と熱伝導率 λ. 熱が伝わりにくいのは空気, 伝わりやすいのはアルミニウム. また熱を蓄えにくいのは空気, 蓄えやすいのは水である. 熱伝導方程式の T、x、t はそれぞれ固体内の温度、位置、時間を表わす.

内部の温度は外気温に比べて変動がかなり緩やかな傾向にあることが知られていました. フーリエが導出した固体熱伝導の方程式とその解析方法は, 地表と地下とで相異なる温度変動が深度や土の熱容量・熱伝導率とどう関係しているかを定量的に説明するのに役立てられ, フーリエの導き出した方法の確かさを証明することになりました.

代表的な物質の容積比熱と熱伝導率の値を**図63**に示します. 横軸は kcal でなく J(ジュール), 縦軸は kcal/h でなく W(=J/s)で表現してありますが, その理由は次の §27.「仕事・熱とエネルギー保存則」で改めてお話しします. 物質どうしの(図中における)相対的な位置関係は, 単位が異なっても不変です. 図中左上にあるのはフーリエの熱伝導方程式です. この式の左側にある λ が熱伝導率, 右側にある $c\rho$ が容積比熱です. この式は, 固体の微小部分に入る正味熱量が蓄熱量に等しくなることを意味しています.

容積比熱が最も大きい物質は水です. 金属の多くは容積比熱が大きく, ま

§27. 仕事・熱とエネルギー保存則　　185

た熱伝導率も高いことが分かります．コンクリートは水より熱伝導率が大き
く，容積比熱は小さめです．杉は熱伝導率が小さく，容積比熱も小さめです．
空気は容積比熱が著しく小さく，また熱伝導率も著しく小さいことが分かり
ます．空気は対流で動くと熱をよく伝えますが，静止していれば断熱性が高
いのです．マフラーやダウンジャケットなどは毛糸や羽根そのものに断熱性
があるのではなく，毛糸や羽根の間に空気が閉じ込められているから熱が伝
わりにくく，寒さを防ぐことができるのです．静止した空気に断熱性がある
ことを初めて見出したのもフーリエでした．

§27.　仕事・熱とエネルギー保存則

「力」と「仕事」

　私たちは「力」，「仕事」といった語を定義などいちいち気にすることなく日
常用語として使っています．例えば，「重い荷物を運ぶのに力が要る」とか「た
いへんな仕事のわりには給与が安い」など．いつ頃からこれらの表現が使わ
れ始めたかは不明ですが，科学用語としての「力」と「仕事」について言えば，
前者の定義付けが初めて現われたのは，16世紀末から17世紀初めにかけて
のことでした．S. ステヴィンと G. ガリレイが自然現象の定量的な説明には
「力」が不可欠と考えたのでした．ニュートンが万有引力の法則を見出すのは
その数十年後(1685年)のことです．

　力の概念は最初から明確に定義できたわけではなくて次第に発展していっ
たと考えられますが，力に時間を掛けた「力積」と呼ばれる量や「運動量」と呼
ばれる概念が現われ，ひいては力に距離を掛けた量として「仕事」の概念が登
場しました．「力」そして「仕事」の概念は，熱・温度の概念よりも先行して現
われました．

　重さ20kgの荷物が4個あって，これらを1階から2階へと階高3m分を
移動させる仕事を（ア），重さが60kgの荷物1個を1階から3階へと階高
6m分を移動させる仕事を（イ）として，両者を定量化して比べるとしたら，

荷物の重さ全体と運ぶ距離を掛けて表わすのが妥当でしょう。（ア）は20kg/個×4個×3m = 240kg・m，（イ）は60kg/個×1個×6m = 360kg・mとなって，（ア）より（イ）が1.5倍大きいと言うことができます。ちょっと恣意的に思えるかもしれませんが，科学用語としての「仕事」の定義はこれとおよそ同じです。

「仕事」と発熱

電力とは，§12.「排熱あって可能な動力生成」でお話ししたように，電磁気的な現象に載せて運ばれた動力を意味します。動力は仕事に他なりません。現代社会に生きる私たちはかなり多くの仕事を家電機器たちに代行させ，計量された仕事の大小に応じて電力使用料金を支払っています。今この原稿を書くのに使っているパソコン，その側に置いてあるランプやスマホ，居間にある液晶テレビ・照明スタンド，台所にある電子レンジ・ＩＨヒータ・電気ポット……。いずれもスイッチを入れて機器内に電流が生じて仕事がなされるのはご存知のとおりです。ランプは発光が目的ですが，§24.「自然光源と人工光源」でお話ししたように，発熱を大なり小なり伴います。電気ポットは発熱そのものが目的です。

私たちが使用している電力が遠方にある発電所から輸送可能となっているのは電磁気現象が解明され，その応用として著しい技術開発があったからです。その元々の切っ掛けは，A. ボルタが電池の原形を発明して電流を安定的に得ることができるようになったからでした。1800年頃のことです。

ボルタはL. ガルバーニが1790年頃に発見したカエル脚の筋肉収縮と電気の関係性にヒントを得て，電池をつくろうと考えました。私たちが手足を動かして仕事ができるのは筋肉収縮が連続して生じるからですが，筋肉運動は体内に発熱を生じることはご存知のとおりです。したがって，ボルタによる電池の発明は，仕事と発熱の関係を知るための背景を整えたと言えるでしょう。

ボルタの電池発明から4半世紀後（1826年）に，G. オームは電流と電圧が比例関係にあることを発見し，その15年後（1841年）にJ.P. ジュールは電流

§27. 仕事・熱とエネルギー保存則

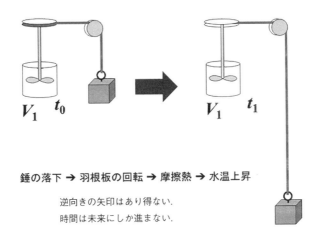

図64 仕事と発熱の関係を調べる実験．錘の重さと落下距離，水量の大小に応じて異なる温度上昇にはどのような関係があるのだろうか？

に伴う発熱が電流の2乗に比例することを発見しました．電流が仕事を引き起こし，また，電流が発熱を引き起こすのならば，仕事と熱がどのように関係するかを，電流を介さずに直接的に調べようとジュールは考え，仕事と熱の関係を定量化するための実験に取り組みました．図64はその大略を示しています．

　水槽中に羽根車を設けて，その回転軸を滑車と紐を介して錘につなぎます．錘を落下させると，羽根車が回転して，羽根板と水の間に摩擦が起きて発熱します．冬の屋外などで冷えきった両手指を暖めるのに両手を擦り合わせることがありますが，これは仕事によって熱を発生させているわけです．まったく同じことを羽根車と水の間に起こさせるのです．錘の落下による羽根車の仕事は，錘の質量に重力加速度($=9.8m/s^2$)を掛けて重力(重さ)とし，この値に錘の落下距離を掛けて求めます．冒頭でお話しした荷物を運び上げる仕事の計算と同様です．発熱量は前講§26.にお話しした方法にしたがって求めることができます．

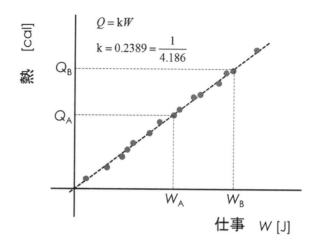

図65 仕事と発熱量の関係. 錘の重さとその落下距離から求まる仕事と, 水量と温度の上昇から求まる熱量は比例関係にあることが分かる.

「エネルギー保存則」の発見

　ところで, 質量 100kg の錘を 1m 落下させると, 仕事は $100\mathrm{kg} \times 9.8\mathrm{m/s}^2 \times 1\mathrm{m} = 980\,\mathrm{J}\ (=\mathrm{Nm}=\mathrm{kg}\cdot\mathrm{m}\cdot\mathrm{m/s}^2)$ となります. この仕事は 1kg の錘を 100m 落下させるのでもまったく同じです. 重い錘が短い距離を落下して行なう仕事と, 軽い錘が長い距離を落下して行なう仕事とがまったく同じというのはよいとしても, 両者で発熱が同じになると直ちに思えるでしょうか？ 改めて自問すると, 同じにはならないような気もします. ジュールも同様なことを考えたかどうかは, 私の調べた限りでは分かりませんでしたが, そう考えた可能性はあるだろうと思えます. いずれにせよ, ジュールはいろいろな条件について実験を重ねて, 仕事と熱の間には比例的な関係があることを見出しました. それがどういうことかを図で表現すれば, **図65**のようになります. プロットの一つひとつは異なる条件下における仕事と熱の関係を表わしています. 発熱量は仕事と比例するのです. プロットたちが一直線上にあるということは, 羽根板の形を変えたら大きな熱量が生じるとか, その逆に小さな

§27. 仕事・熱とエネルギー保存則　　189

熱量しか生じないとかはあり得ないことを意味します.

　この実験結果は次のようにも説明できます. 落下する前の錘には仕事が潜在しており, 錘の落下から羽根車の回転へと仕事が顕在化し, その結果として熱が生じ, 得られた熱量はなされた仕事以上にも以下にもなることはない. 仕事から熱への現象では, その前後で不変な「何か」があると考えられます. この何かに付けられた名称が「エネルギー」です. エネルギーの全体は保存されていると考えられます. この「エネルギー保存則」はあらゆる自然現象における大原則の一つです.「熱力学の第一法則」とも呼ばれます. §26.でお話しした熱量保存則が, 仕事と熱の関係を包含してエネルギー保存則へと発展したのです.

　図65を改めて見てください. 直線の傾きは 0.2389cal/J で, その逆数は 4.186J/cal です. この数値を指して「熱の仕事当量」と呼びます. 図63の縦軸・横軸で用いた単位は cal でなく J (ジュール), cal/h でなく W (=J/s) でしたが, これらは熱の仕事当量と 1h=3600s の関係を用いて換算したものです. J と W は国際的な約束事として広く使用されている SI 単位系の一部です. 熱の仕事当量は, 単位換算のための係数ではありますが, この数値の背後にあるエネルギー保存則の本質を見逃さないようにしたいものです.

　エネルギー・仕事・熱の概念が明確になったところで, 図64 に示した内容を改めて説明し直してみましょう. 高所にある錘に保持され (潜在し) ていた位置エネルギーが, 落下する錘の運動エネルギーから羽根板回転の運動エネルギーへと変換されていき, 羽根板の表面と水を擦り合わせる仕事となり, その結果として熱が生じて, 水温の変化に伴い水の保有する熱エネルギーが増加する.

　羽根車の軸にハンドルを取り付けて, 羽根板を手で回しても仕事ができ発熱が可能ですが, ある所定の熱エネルギーを槽内に貯めるために要する時間はハンドルの回し方によって異なってきます. ゆっくり回せば長い時間が掛かり, 勢いよく回せば短い時間で済みます. 例えば, 500mℓ (=0.5kg) の水を 20℃ から 100℃ にまで上昇させるとすると, この水に貯まる熱エネルギーは 167.4kJ (=4.186kJ/kcal×1kcal/(kg℃)×0.5kg×(100−20)℃) となります. この熱エ

ネルギー量を 3 分で得るとすれば，仕事の速さは 0.93kW(=167.4kJ/(3 分×60s/ 分)) でなくてはなりません．3 分でなく，その 3 倍の 9 分でよいなら 0.31kW となります．仕事・熱・エネルギーの関係性は，速さの概念を含めて考えるのが肝要です．

　20 世紀中頃から 21 世紀初めにかけて現われた技術開発の多くは，仕事の速さをより大きくすることをほとんど唯一の目標としてきました．「速さ」にばかり目を向けたが故に見逃していた自然の在り様に改めて目を向けると，むしろ「遅さ」が故に成り立ち得て，しかも有意な技術が発見・発明できるかもしれません．取り組むべき課題は多々ある．そう思えます．

§28. 拡がり散りとエントロピー・絶対温度

エネルギー・物質の拡がり散り

　仕事はその 100% が熱になる．ジュールによるこの発見は，熱量保存則をエネルギー保存則へと発展させることになりましたが，それから数十年後の 1900 年代初め頃，質量が実のところエネルギーの一形態であることがアインシュタインによって発見されました．エネルギー保存則は質量を含めて成り立つことが明らかになったのです．§22.「波そして粒として振る舞う光」で，光には波に加えて粒の性質があるとお話ししましたが，その際に図50(156 頁)中に記しておいた関係式がそのエッセンスです．

　ジュールが行なった数多くの実験はすべて仕事の 100% が熱になることを示すもので，その逆，熱の 100% が仕事になるか否かについての実験は行なわれていません．にもかかわらず，熱の 100% を仕事にする方法が見出せるかもしれないと，ジュールは生涯を通して信じていたようです[2]．真冬の地中温は一般に外気温よりも高めですが，これは地中に外気よりもかなり大き

---

* 2) 山本義隆著『熱学思想の史的展開 2——熱とエントロピー』，ちくま学芸文庫，2002 年，pp.388-393.

な熱エネルギーが蓄えられていることを意味します．その一部を汲み上げて100%仕事（動力）に変えることができれば有難いと思えるかもしれませんが，それは有り得ません．拡がり散っている熱エネルギーが勝手に凝り集まって仕事になることは起き得ないからです．

エネルギーに「省」・「再生可能」・「未利用」・「ゼロ」などを付した合成語をインターネット検索すると，関連する数多くの情報が得られます．私の知る限り，エネルギー保存則を破る技術開発を堂々と謳っている例はありませんが，エネルギーの使用・利用に必ず伴うはずの「拡がり散り」について言及している例もまたまったくありません．ジュールの到達した熱現象理解は広く受け入れられているけれども，そこで思考停止になっており，「省」・「再生可能」などの語を冠したエネルギー技術開発がむなしい響きを伴って標榜されているのではないかと思えてきます．

既に繰り返しお話ししてきたように，消費されるのはエネルギーではなくエクセルギーなのですが，それはエネルギーや物質が「拡がり散り」（拡散）を生じることを意味します．これを定量化するのに不可欠な概念が「エントロピー」です．エントロピーとは何か？ そのことを以下では考えてみましょう．

「エネルギーは分かるけれども，エントロピーとかエクセルギーはいくら説明されても分からない」――このような表現を私はこれまで幾度となく耳にしてきましたが，実のところ，私もエクセルギー研究に携わり始めて間もない頃はまったく同様でした．それから40年近くを経て言えることは，エントロピー概念のイメージが鮮明になってきて初めてエネルギー概念とは何かが分かり，ひいてはエクセルギー概念とは何かも分かってくるということです．「エネルギーは分かるけれども……」という話ではないのです．

拡がり散りは元には戻らない

まずは「拡がり散り」の粗いイメージを共有させてください．机の上にお湯の入った茶碗が二つあるとします．一方は蓋なし，他方は蓋ありです．放置しておけば，いずれの湯温も遅かれ早かれ室温と同じになります．お湯・茶碗壁，その周囲の空気や机・天井・壁・窓・床を構成している分子たちはみ

な，液体・気体・固体の違いと温度の高低に応じて乱雑で微細な運動を繰り返しています．液体・気体では分子たちが集団をなしての運動（対流）も伴います．分子たちの振動と運動が激しい方から弱い方へと拡がり散っていく仕方が，§25.「ロウソクの振る舞いと伝熱四態」でお話しした伝熱四態（放射・対流・伝導・蒸発）です．四態のうち三態（放射・対流・伝導）ではエネルギーの拡がり散り，残る一態（蒸発）では分子たちそのものの拡がり散りが生じます．

湯温は室温とやがて同じになりますが，それまでの時間は蓋ありの方が蓋なしよりも長めになります．お湯の上端面から水分蒸発が妨げられるからです．水分蒸発とは水が液体から気体へと変態することですが，これは液体（お湯）状態にある水分子たちのうち勢いの強い水分子たちが他の勢いの弱めな水分子たちと縁を切って上方の空間へと飛び出していくことに他なりません．勢いの強い水分子たちがいなくなり，勢いの弱めな水分子たちだけが残るので，液体水の温度（湯温）は下がることになります．蓋なしでは，気体へと変態した水分子たちが飛び出していける空間が大きいので，拡がり散りは継続しやすく，蓋ありでは空間が小さいので，拡がり散りは継続できません．そういうわけで，湯温は蓋ありの場合には室温と同じになるまでにより長い時間が掛かります．

物質が原子・分子たちで構成されているとの認識を新たにするために，たくさんの砂粒たちを振動させる実験を§11.「微視的・巨視的描像と物質観」の**図12**(61頁)で紹介しました．今度は，砂粒たちの振る舞いを「拡がり散り」に注目して考えてみましょう．500mℓのペットボトルが2本あって，一方には黒色の砂粒たち，他方には白色の砂粒たちが入っているとします．これら砂粒たちの全部を内容積1ℓのペットボトルに入れてよく振ると，遠目には灰色に見える黒・白の入り混じった1ℓになります．

砂粒たちを黒・白それぞれ500mℓずつの元どおりにしたいと思って1ℓの砂粒たちを揺さぶり続けても元どおりにはなりません．そこで，砂粒を一つずつピンセットで拾い上げ仕分けることにします．砂粒一つが直径0.3mm程とすると，砂粒たちは白・黒それぞれにおよそ2700万個，合計して5400万個が1ℓの空間に入り混じっています．砂粒一つを拾い上げ仕

§28. 拡がり散りとエントロピー・絶対温度　　　193

分けるのに2秒かかるとして昼夜兼行・睡眠一切なしの仕分け作業を続けると，完了するのは1247日（2.7年）後となります．入り混じった砂粒たちを振り続けたところで黒・白がそれぞれに凝り集まるわけがないのです．

　以上は直径0.3mmほどの砂粒たち5400万個を仮定した思考実験ですが，実際の物質を構成する原子・分子たちの直径は，**表1**（25頁）に示したように10^{-6}~10^{-4}mmです．砂粒たちを数えたのとまったく同様にして，例えば，砂糖水コップ一杯分に含まれる水分子・砂糖分子たちを仕分けるとしたら，地球年齢の4700万倍ほどにもなる時間を要することになります[*3]．物質一般を構成している粒子たちはまさに無数なのだと改めて思います．裸眼にはもちろん不可視の原子・分子たちの集団としての振る舞いを理解するには「拡がり散り」を定量化するエントロピー概念が不可欠となる所以です．

エントロピーは熱に比例する

　図66を見てください．これは§27.「仕事・熱とエネルギー保存則」でお話ししたジュールの実験に同じで，水槽の大きさだけが異なる2例を示しています．破線より上では水槽が小さめ，下では大きめですが，他はまったく同じです．二つの実験で仕事は同じなので，エネルギー保存則にしたがって，両水槽に加わる熱エネルギーは同じです．ところが，両実験では水槽の大きさが違うので，到達温度が異なります．もちろん容積の小さい方が温度は高くなります．小さい方の容積をV_1，大きい方をV_2と表わせば，$V_1 < V_2$です．V_1の方では温度がt_0からt_1に，V_2の方ではt_0からt_2に変化したとすれば，$t_2 < t_1$です．

　図66の上方の実験では錘の落下で得られた容積V_1で温度t_1の水を，容積$(V_2 - V_1)$で温度t_0の水と混合します．そうすると，容積V_2の水が得られますが，その水温は下方の実験とまったく同じt_2となります．というわけで，上方・

[*3] 水100gに対して20gの砂糖を溶かした砂糖水120gがあるとして計算してみました．水分子たちは5.55mol，砂糖分子たちは0.11molで合計5.66molとなります．1molは6.02×10^{23}個を意味するので，3.4×10^{24}個です．これら分子一つひとつの仕分けに2秒かかるとして仕分けが終了するまでにどれぐらいの時間が掛かるかを求めました．分子たちの大きさは著しく小さいので，超長時間が掛かることになるのです．

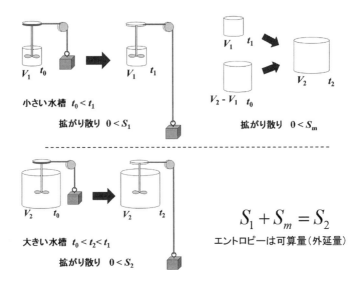

図66 拡がり散りを定量化するエントロピー．上の実験では水量 V_1 の水を温度 t_0 から t_1 へ上昇させた後に温度 t_0 の水と混合して体積 V_2 で温度 t_2 の水を得る．下の実験では水量 V_2 の水を温度 t_0 から t_2 へ上昇させる．

下方いずれの実験でも全体として生じる拡がり散りはまったく同じです．拡がり散りの大きさが上方の実験では前半に S_1，後半に S_m，下方の実験では S_2 とすれば，$S_1 + S_m = S_2$ と書けます．エントロピーは足し算が成り立つ量なのです．

　足し算・引き算ができる量を一般に「外延量」(あるいは可算量)と呼びます．長さや面積・体積・質量・エネルギーは外延量です．エントロピーも外延量の一つというわけです．一方，足し算・引き算が成り立たない量を「内包量」と呼びます[*4]．温度は代表的な内包量の一つです．例えば，20℃の水 100 mℓと 40℃の水 50 mℓを混ぜたら，容積は足して150mℓとなりますが，温度は足して 60℃というわけにはいきません．

　外延量の性質に注意して，話を先へ進めましょう．**図66**の下方の実験で

＊4)「補講 諸量把握のための処方」(305~306 頁)を参照してください．

§28. 拡がり散りとエントロピー・絶対温度　　　195

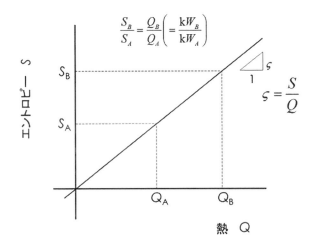

図67 熱QとエントロピーSの比例関係．熱とエントロピーはいずれも，長さや面積・体積などと同様に，足し算・引き算が可能な量である．したがって，比例関係が成り立つ．

錘の質量を2倍に増やしたとします．そうすると，位置エネルギーが2倍，なされる仕事が2倍，生じる熱が2倍，水に貯まる熱エネルギーも2倍になります．いずれも外延量だからです．元の質量による仕事がW_A，生じた熱がQ_A，それぞれの2倍がW_B，Q_Bとすれば，$W_B = 2W_A$，$Q_B = 2Q_A$です．熱Q_Aに対応するエントロピーをS_A，Q_Bに対してはS_Bと表わせば，エントロピーは外延量なので$S_B = 2S_A$です．これらの関係を図化表現したのが**図67**です．エントロピーSと熱Qは比例関係にあるわけです．直線の傾きς（ジータ）は$\varsigma = S/Q$です．

熱・エントロピーから絶対温度を定義する

今度は**図68**を見てください．無限大と見なせる水槽が二つあって水がたっぷり入っています．水温は上の方が下の方よりも低いとします．両水槽には羽根車が備え付けられていて，**図66**の下方の実験とまったく同じ錘が落下して仕事がなされ発熱が生じます．こうして両水槽に貯まる熱エネルギー

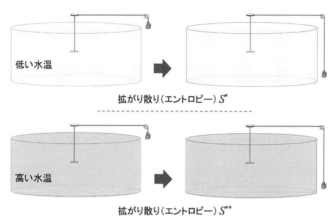

図68 温度の高低とエントロピーの大小．羽根板を回転させても水温がまったく上昇しないと見なせる超巨大な水槽があると仮定して考える．

は，仕事が同じなので，やはり同じです．この熱エネルギーは**図67**の Q_A に等しいとします．

　羽根車が回転して発熱することは**図66**の場合と同じですが，水槽が無限大なために水温がまったく上昇しないところが異なります．水温が低い場合の拡がり散り（エントロピー）を S^*，高い場合のそれを S^{**} とすると，S^* と S^{**} はどちらが大きいでしょうか？

　物質を構成する多数の分子たちは絶えず振動しつつ動き回わっています．その激しさの程度を表わす概念が温度です．低い水温は水分子たちの振動と動き回りがともに緩慢であることを意味します．一方，水中にある羽根板の回転がなす仕事は，羽根板を構成する分子たちが互いの位置関係を保ちながら（互いに平行を保って）集団を成し統一的に運動することにより生じます．これは仕事には拡がり散りが一切伴わないことを意味します．ということは，羽根板を構成する分子たちが水分子たちを叩くことで生じる拡がり散りは水分子たちの勢いが弱ければ弱いほど，つまり水温が低ければ低いほど大きく

§28. 拡がり散りとエントロピー・絶対温度 197

なると言えます．したがって $S^{**} < S^*$ です．羽根板を構成する分子たちの統一的な運動が水分子たちの緩慢で乱雑な振動と動き回りへと同化するわけですが，統一から緩慢・乱雑への増加の程度は，水温の低い場合の方が大きいのです．

改めて図67に戻って，直線の傾き ζ が何を意味するかを考えてみましょう．図68の両実験における熱エネルギーは同じで，図67の Q_A に相当すると仮定しています．$S^{**} < S^*$ となることは上に説明したとおりです．ここで $S_A =$ S^{**} としてみると，水温が高い場合の傾き (S^{**}/Q_A) は図67に示した直線の傾きそのものです．水温が低い場合の直線を描くとすれば，その傾き (S^*/Q_A) は，S^{**} $< S^*$ なので，S^{**}/Q_A より大きくなります．低い水温は直線の傾き ζ を大きくするのです．いま行なっているのは思考実験なので，対象としている水の温度はいくらでも下げられ，途中で凍ってしまうことはないとします．そうすると，直線の傾き $\zeta = \infty$ （90°）は，温度として可能な最低値の場合ということになります．

以上を手掛かりにすると，温度目盛りがつくれそうです．S と Q の比例関係を表わす直線が $\zeta = \infty$ で縦軸に重なる場合を最低温度（ゼロ）とし，$\zeta = 0$ で横軸に重なる場合を最高温度（∞）とするのです．こうして定まる温度目盛りを「絶対温度（または熱力学温度）」と呼びます．絶対温度を T と表現すると ζ $= 1/T$ と書けます．この式に $T = \infty$ を代入すれば $\zeta = 0$，$T = 0$ を代入すれば $\zeta = \infty$ になって，この式に以上の説明すべてが集約されていることが分かります．$T = \infty$ は拡がり散りが一切なしを意味します．仕事をあえて熱と見なせば，それに伴う絶対温度は無限大ということです．仕事では羽根板を構成する分子たちの運動が集団を成し統一的と言ったのは，実はこのことを指していたのです．

絶対温度の逆数（$=1/T$）を「拡がり散り度」と呼びます[*5]．図67に示した直線の傾き ζ は拡がり散り度だったのです．$S/Q = 1/T$ は $S = (1/T) Q$ と表現できます．これは，拡がり散り度 $(1/T)$ と熱エネルギー Q の積がエントロピ

———————————————————

[*5] M.Shukuya, "Bio-Climatology for Built Environment", CRC Press, 2019, pp.163-168.

－Ｓとなることを意味します．拡がり散り度（$1/T$）は，１単位の熱エネルギー当たりに拡がり散りがどれほど伴うかを表わします．拡がり散り度は，絶対温度の逆数なので，やはり内包量です．

§12.「排熱あって可能な動力生成」で展開した議論の最後半で，熱から産み出される動力には超えられない絶対的な上限があることをS.カルノーが1824年に見出したと述べましたが，実はこの発見が端緒となって絶対温度とエントロピーの概念が導入されます．絶対温度はW.トムソン（ケルビン卿）によって1848年に，エントロピーはR.クラウジウスによって1850年に相次いで提唱されました．彼らは自然現象の理解にはエネルギー保存則（熱力学の第一法則）だけでは何かが足りないと考え，これらの概念に辿り着いたのでした．原子・分子たち多数によって成り立っている巨視的な自然現象に伴う不可逆性を定量化するエントロピー増大（生成）則は，「熱力学の第二法則」とも呼ばれます．絶対温度とエントロピーは，消費を明示できるエクセルギー概念でも核となる役割を担っています．

§29. 拡散能力・エクセルギーそして消費

資源性を決定する環境温度

エネルギー・環境問題の議論で一般に用いられている「エネルギー」・「資源」という語を私はできる限り使わないようにしてきました．その理由はこれらの意味が私にはよく分からなかったからで，それがエクセルギー研究に取り組むきっかけとなったのでした．それから40年近くを経て，一般に使われている「エネルギー」は主として化石燃料を，また「資源」は主として工業用物質を指していることが分かるようになりました．「資源性」とは何かが曖昧さなしに表現できるエクセルギー概念の理解が深まってきたら（遅ればせながら）そういうことか……と思えるようになったのです．

エクセルギーは，§26.から§28.までの議論で明確になった三つの概念：エネルギー・エントロピー・絶対温度を３本の柱とし，環境温度の概念を

礎として鼎立する総合的な概念です．この一文だけを読んでも何だか難しく思えるだけかもしれません．そこで，エクセルギー概念のエッセンスとその必要性をごく身近にある題材を例示しながら説明していきたいと思います．

§3.「環境，そして系とは何だろうか？」でお話ししたように，議論の対象とする物体(系)の境界面を定めると，系と環境の関係が決まります．茶碗に入れた温水または冷水を系として考えるとして，その境界面を茶碗の内表面と上端水面と想定すれば，その外側はすべてが環境ということになります．茶碗が置いてある室内空間の温度は，何らかの暖冷房装置を働かせて高くしたり低くしたりできますが，屋外空間の温度はそのようなわけにはいきません．そこで，茶碗の水にも室内空間にも共通する環境を屋外空間とします．茶碗の環境は建築環境，建築環境の環境は屋外環境というわけで，§5.「環境の入れ子構造」でお話ししたとおり，環境は入れ子構造を成します．屋外環境の温度は外気温です．

前講までにもたびたび述べてきたように，私たちヒトを含めて生きものの身体，そしてその環境を構成する物体はすべて原子・分子で構成されています．原子・分子はみな大なり小なり乱雑・微細な振動や運動を繰り返していますが，その激しさの大小を示すのは温度の概念です．系とその環境はそれぞれの温度に応じたエネルギー・エントロピーを絶対零度でない限り必ず保持しています．

茶碗を満たしている温水はそれなりのエネルギーとエントロピーを保有していますが，放置しておくと水温は下がり，やがて室内空間の温度と等しくなります．これは，水が初めに保有していたエネルギーとエントロピーが室内空間へと伝搬していったからです．伝搬が生じる前後を比べると，茶碗の水と室内空間の全体が保有しているエネルギーは不変（保存），エントロピーは増大（生成）しています．伝熱は典型的な拡散現象の一つなので，エントロピーが増大するわけです．

樹木や建物の高さを測る場合，遠くの海水表面ではなく，近傍の地表面を基準とします．エネルギーとエントロピーの大きさも，絶対零度でなく外気温（環境温度）を基準として測ります．このような考え方にしたがって求めた

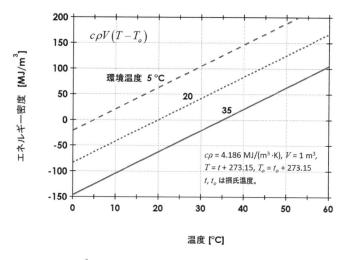

図69_a 水 $1m^3$ の保有するエネルギー．容積比熱 $c\rho$ は温度によらず一定と見なせるので，保有されるエネルギーは環境との温度差に比例する．

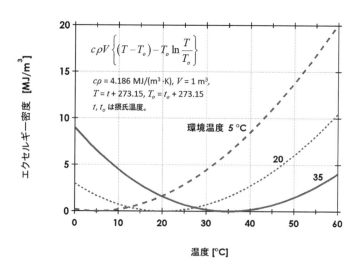

図69_b 水 $1m^3$ の保有するエクセルギー．エネルギーの全体から既に拡散してしまっている部分を除いた残りがエクセルギー．エクセルギーは未だ拡散していないエネルギーを意味する．言い換えると，拡散を引き起こす能力を表わす．

水 1m^3 の保有エネルギー（エネルギー密度）を**図69_a**に示します。右上がりの直線が 3 本ありますが，これらはそれぞれ典型的な冬・春（秋）・夏の環境温度に対応しています。

水の保有する熱エネルギーは，水温（横軸の値）が環境温度よりも高いと正の値，低いと負の値になっています。環境温度が 20℃ の場合，水温 40℃ で約 83.7MJ/m^3，60℃ で約 167.4MJ/m^3 です。40℃ の方の容積を 10ℓ，60℃ の方を 5ℓ とすると，両者の保持する熱エネルギーはまったく同じ値（837kJ）になります。けれども保有されている熱エネルギーが同じなら，両者で生じる現象は同じ……というわけにはいきません。左手を 40℃ の方に，右手を60℃ の方に入れたと想像してみてください。何が起きるかはわざわざ試すまでもないでしょう（60℃ の方は試しては危険です）。

エネルギーは重要な概念ではありますが，生じる現象との対応付けを考えるには不十分なわけです。冷水の場合も以上と同様な不十分さがあります。例えば，環境温度 35℃ の下で 20℃ の冷水 10ℓ と 5℃ の冷水 5ℓ を比べると，両者ともに同値（−627.9kJ）になりますが，一方に左手，他方に右手を入れたら感覚・知覚は大いに異なります。

冷水の場合に保有するエネルギーが負の値になるのは，環境温度を基準として水には熱エネルギーが不足していることを意味しますが，夏に大いに役立つ冷水がその「エネルギー不足」によるというのはスッキリとした表現とは言い難いと思います。これに関連して「冷熱」とか「氷蓄熱」などの表現を目にしたり耳にしたりすることがあります。冷たい熱とは何か？ 氷に蓄熱したら氷は解けるのでは？ 愚直に問うと訳が分からなくなります。それなりに意味は通じるのだから五月蠅いことをいちいち言うな……そう思われる向きもあるでしょうが，曖昧さを放置していては科学的な考え方は真っ当には育たず，ひいては開発されてしかるべき技術の姿も見えてこないだろうと，私には思えます。

エクセルギーとは拡散能力

環境温度と異なる温度の水は，温水にせよ冷水にせよ，水温が環境温度と

同じになるまでの間に拡がり散り（拡散）を生じます．言い換えると，環境温度と異なる温度の水には拡がり散り（拡散）を引き起こす能力があり，水温が環境温度と同じになってしまった水では拡散を引き起こす能力がなくなったと考えることができます．そこで，物体が保持するエネルギー（E）は二つの部分からなると考えることにします．一つは未だ拡散していない（拡散を起こし得る）部分（X），いま一つは既に拡散してしまっている部分（A）です．要するに $E=X+A$ です．この式は $X=E-A$ と書き直せますが，これは X の定義式と見ることができます．実はこの X が「エクセルギー」です．エクセルギーとは拡散を引き起こす能力（拡散能力）なのです．

E は §27.「仕事・熱とエネルギー保存則」でお話しした熱容量と温度差を用いれば計算できます．それを例示したのが**図69_a**です．A は，§28.「拡がり散りとエントロピー・絶対温度」で説明したエントロピーを手掛かりとして求めることができます．拡がり散り（拡散）を定量化する概念がエントロピーだからです．エントロピーは，拡がり散り度（$1/T$）に熱エネルギーを掛けたものとして与えられることは，§28.でお話ししたとおりですが，その単位は J/K なので，単位が J であるエネルギーとは直接に足したり引いたりができません．そこで，エントロピーに環境（の絶対）温度を掛けます．そうすると，既に拡散してしまったエネルギー（A）が得られます．こうして求まる A を E から引けば，エクセルギー X が求められます．

私たちが日常的に用いている摂氏温度に定数 273.15 を加えると，絶対温度となります．例えば 10℃ は 283.15（＝10+273.15）K です．絶対温度の単位は K と表記し，摂氏温度の℃とは異なり，°を付けない約束です．K は絶対温度の概念を導入した Kelvin（ケルビン卿）の名に，摂氏温度の C は 18 世紀初頭に活躍した天文学者 Celsius の名に由来します．余談ですが，Celsius（セルシウス）の発音が中国で「摂爾修」と表記され，その後に日本に伝来して「摂氏」と表記されるようになりました．

図69_a に示したエネルギーの値に対応するエントロピーと環境（の絶対）温度の積を求めて，両者の差を図化表現したのが**図69_b**です．熱エネルギーが水温と直線的な関係であったのに対してエクセルギー（拡散能力）は，水温

§29. 拡散能力・エクセルギーそして消費　　　　203

に対して下向きに凸の二次曲線のような関係になっています．なぜこのよう
な形の曲線になるかを要約して述べると，次のとおりです．

　有限な体積の水では熱の流出入があれば温度が下降あるいは上昇します．
これは，§28.の議論で無限大の水槽を考えたのとは異なります．したがって，
有限な体積の水が保有するエントロピーを計算するには一工夫が必要です．
流入する熱エネルギーを微小に小分けして，微小な熱エネルギー毎に対応す
る拡がり散り度を掛け算して足し合わせていきます．そうすると有限な体積
の水によって保有されるエントロピーが求まります．こうして求められるエ
ントロピーは温度が低いうちは大きくなりやすく，温度が高くなっていくと，
大きくなってはいくけれども大きくなり方が次第に頭打ちになっていきま
す．これが**図69_b**に示すような曲線が現われる理由です[6]．

　水の保有するエクセルギー（拡散能力）は水温が環境温度より高くても低く
ても正の値になり負の値にはなりません．エクセルギーは，何らかの巨視的
な作用を引き起こす能力を表わしていますが，資源性とはこのことを指して
いるのです．水温が環境温度より高い場合の熱エクセルギーを「温エクセル
ギー」，低い場合の熱エクセルギーを「冷エクセルギー」と呼びます．環境温
度20℃の条件で40℃の温水ではエクセルギー密度が2.73MJ/m³，60℃で
は10.48MJ/m³．40℃10ℓは27.3kJ，60℃5ℓは52.4kJの温エクセルギー
を保有しています．後者は前者の1.9(=52.4/27.3)倍です．両者の熱エネルギ
ーはまったく同値だったのが，温エクセルギーでは違いが現われるのです．
こうして温水の資源性が正しく表現できるようになります．

　環境温度35℃の条件で20℃の冷水は1.58MJ/m³，5℃で6.54MJ/m³．し
たがって，20℃10ℓでは15.8kJ，5℃5ℓでは32.7kJの冷エクセルギーが
保有されています．エネルギー不足の程度は両者でまったく違わなかったの
が，冷エクセルギーによれば，後者は前者のほぼ2(=32.7/15.8)倍あることが
示せており，しかも，正の値として表現されるようになりました．冷たさの

---

[6] 詳細に興味ある読者は，M.Shukuya,"Bio-Climatology for Built Environment", CRC-Press, 2019, pp.177-181 を参照してください．

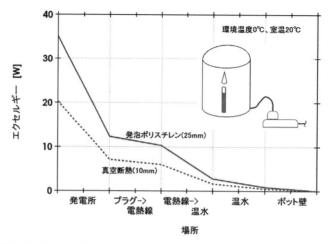

図70 発電所から電気ポットまでのエクセルギー消費．温水からポット壁へ流入していくエクセルギーは，発電所に投入されるエクセルギーと比べてたいへんに小さい．しかし，それは無視できることを意味しない．ポット壁の断熱性の良し悪しがエクセルギー消費パターンの全体に大きく影響するからだ．

資源性がうまく定量化できたと言えるでしょう．

消費を「見える化」するエクセルギー

　エクセルギー概念は，以上のように，資源性を正しく表現するわけですが，それ故に「消費」をも正しく表現してくれます．エクセルギー消費とは，拡がり散りが起きることに他なりません．巨視的な自然現象では必ずエントロピーが生成されますが，これはエクセルギーが消費されるのと同じことです．エントロピー生成とエクセルギー消費は，環境（の絶対）温度を定数として比例します．

　エクセルギー消費の数値例は，前講までにも（概念の説明を省いたままに）紹介し，解説してきましたが，以下に改めて簡単な1例を示しておきます．

　図70は，1ℓの水を電気ポットで80℃に保ち続けるとして天然ガス火力発電所からポット壁までの各所で生じるエクセルギー消費の様相を示しています．冬季で環境温度0℃，室温20℃を想定した計算結果です．実線はポ

§29. 拡散能力・エクセルギーそして消費   205

ット壁が発泡ポリスチレン（25mm）で覆われている場合，点線は真空断熱材
（10mm）で覆われている場合です．真空断熱材とは市販の冷蔵庫などの断熱
性改良のために 2000 年代半ば以降に開発され市販されるようになった材料
で，熱伝導率が空気の 1/4 未満です．

　いずれの折れ線でも，各場所の左端がエクセルギー入力，右端がエクセル
ギー出力を表わしています．入力と出力の差がエクセルギー消費速さです．
例えば，発泡ポリスチレンの場合，発電所には天然ガスの化学エクセルギー
35W が投入され，プラグへと出力される電力エクセルギーは 12.3W です．
その差 22.7（=35-12.3）W が消費されています．この消費は入力の 65（=22.7/35
×100）% です．消費が入力の 65% にも及ぶのは，§12. でお話ししたように，
動力の生成には排熱が不可欠なためです．

　電熱線から温水のところではエクセルギー入力が 10W，温水への出力が
2.8W で，両者の差 7.2（=10-2.8）W が消費されています．電熱線は大きな電
気抵抗のためにエクセルギーが著しく消費され発熱が生じているのです．エ
クセルギー消費が大きくなるのは，電熱線が 1400℃（=1673K）ほどの高温に
なるのに対して温水は 80℃（=353K）で温度差が著しいからです．

　温水を 80℃ に維持し続けるにはポット壁から流れ出ていく 1 W にも満た
ない小さな温エクセルギーを補償するために，それよりも大きめのエクセル
ギーを絶えず温水に供給しなければなりません．エクセルギー消費が不可避
だからです．そのために発電所に投入される化学エクセルギーは，ポットか
ら流れ出ていく温エクセルギーの 40 倍ほどに及びます．というわけで，需
要端における断熱性向上は，供給端（発電所）の効率改善よりもむしろ重要性
が高いことに気付かされます．

　できるだけ小さめとすべき本来の需要と，それに見合ったしかるべき電力
の供給の関係を改めて見い出すことがいかに大切かは，今なお収束に程遠い
福島原発震災やウクライナ・サボリージャ原発の危機状況で思い知らされつ
つあるとおりです．**図70** を描きながら改めて思ったのは，不自然でない省
エクセルギー技術と，身近な自然に発見されるべきエクセルギー利用技術の
弛まぬ探求の重要性です．

第6章
拡散・凝集の振る舞いを読む

§30.　真空の発見と水蒸気圧

真空の存在を証明するパスカルの実験

　私たちヒトはみな1分当たり14~20回の呼吸を繰り返すことで生きています．呼気と吸気で肺を出入りする空気は安静時でおよそ125mℓ/s．4秒間で500mℓペットボトル1本分の空気量が入れ換わっています．深い海の底近くに棲息する魚を深海魚と呼びますが，私たちヒトは深海魚に似ています．低地・高地いずれに住むヒトも大気の底にへばり付いて棲息しているからです．

　空を見上げると，大気はどこまでも続いているように思えます．大気の厚さは有限……と子供の頃に教わったような気がしますが，どのようにかはまったく思い出せません．どうして大気は有限と言えるのか？　空を眺めながら改めて考え始めると不思議に思えてきます．

　大気は有限か無限か？　この問いは17世紀中頃にデカルト・パスカル・トリチェリ・ゲーリケといった人々によって立てられ，様々な実験が試みられ，また関連する理論が構築されていきました．

　搭乗した飛行機が離着陸する際に私たちの耳奥に微かな痛みを感じたり，音の聞こえ方が日頃とはやや異なったりすることがありますが，これらは体外に広がる空間を占めている空気の圧力が急変して，耳道奥にある鼓膜に保持されているべき柔軟性が一時的に失われるからです．飛行機が大気中を安定して航行するのは地表から10kmほどの高さなので，この高低差を離着陸

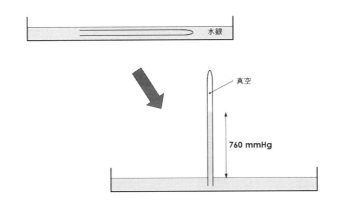

図71 真空の存在を確かめる実験．細長いガラス管を水銀で満たし倒立させると，水銀上端面とガラス管内壁面の間に空間が現われ，水銀柱は 760 mm ほどの高さになる．

するのに要する 30 分程の間に一気に上昇または下降すれば，圧力変化が体感されるのです．

　大気を環境として，その内部にある私たちヒトの身体を含む様々な物体は，大気を構成する分子たちが絶え間なく繰り返している衝突が原因となって四方八方から絶えず叩かれています．叩かれる強さが物体の表面積 1 m² 当たりにどれぐらいかを指して「圧力」と称します．私たちの身体や建物を系とすれば，これらの系に掛かっている圧力が「環境圧力」です．前章の §29. で述べた温・冷エクセルギーには環境温度が関わっていましたが，環境圧力は §37.「換気と四つの力」で述べる高圧・低圧エクセルギーに関わります．圧力は平面 1m² 当たりに掛かる力なので，内包量の一つです．温度が内包量であるのと同様です．

　図71 を見てください．扁平な容器に水銀が入れてあります．融点 −38.8℃ の水銀は日常的な環境下では液体です．金属の一種なのに水のように振る舞うので「水銀」と呼ばれます．密度は水の 13.6 倍，13.6g/cm³ です．500mℓ ペットボトル 1 本で 7 kg ほどもあるズッシリ重たい液体です．膨張・収縮の仕方が安定しているので，かつては温度計物質としてよく用いられました

が，毒性が高いので今日では使われません．そういうわけで，**図71**は思考実験の一つと考えてください．

　左上は，細長い断面がU字型のガラス管を水銀の中に沈めて，管内が水銀で満たされているところを示しています．この管の開口部を水銀の中に沈めたまま管底を持ち上げ倒立させたのが右下です．このようにすると，管内にある水銀（水銀柱）の上端面は管外のそれよりも760mmほど高くなります．図中でmmの後に付したHgは水銀を表わす化学記号です．

　こうしてガラス管内に現われた空間には何が入っているでしょうか？　何かが入っているかもしれないし，入っていないかもしれない．いずれにせよ，確認のために水を満たしたスポイトを用意して，スポイトの開口を倒立したガラス管開口の下に入れます．そうしておいて，スポイトを押して水銀中に水を噴出させると，水は管内を勢いよく上昇していき，そのすべてが水銀上端よりも上に出てきます．水銀の密度は水の13.6倍もあるので，水には大きな浮力が働くのです．

　水の注入を続けると，水銀の上に現われる水の上端面はどんどん高くなっていき，遂にはこの空間のすべてが水で満たされます．ということは，水が注入される前の空間には何も入っておらず，「真空」が生じていたのです．パスカルはこのような実験をパリ近郊と標高970mのビュイ・ド・ドーム山で行ないました．その結果，標高の高いところでは水銀柱の高さが低くなることが明らかになりました[1]．

　標高が低いところで水銀柱が760mmの高さになったのは，分厚い大気がガラス管外の水銀表面を押していて，管内の水銀を持ち上げるから，その一方，標高の高いところでは大気の厚さが薄いので，管内の水銀を持ち上げにくくなって水銀柱は低きに留まったと，パスカルは考えました．そして推論の結果，水銀柱の高さが0mmHgとなるような標高があって，そこが大気の上端であるに違いないと考えました．管内の水銀を持ち上げるはずの大気

---

[1] この実験は，パスカルに依頼された義兄ペリエによって行なわれました．ペリエがビュイ・ド・ドーム山の麓に住んでいたためです（江沢洋著『だれが原子をみたか』，岩波現代文庫，2013年，pp.82-85）．ビュイ・ド・ドーム山はパリの南385kmのところにあります．

が管外にないからです.

　パスカルの時代には地球が丸いことは既に知られていたので,以上の実験と考察は実のところ,丸い地球の表面近くには大気があって,その外側はすべて真空であることを知るために行なわれたと言えます.自然界,とくに地球外の空間に真空が広く存在するとの認識は,17世紀以前に広く信じられていた「自然は真空を嫌う」との言説を覆すことになりました.

水蒸気濃度を決めている化学ポテンシャル

　大気は地表付近に生きる私たちヒトを含むあらゆる物体に圧力を及ぼしているわけですが,この圧力は絶え間なく変動しています.その様相を**図72**に例示します.これは横浜の気象台における 2016 年の観測値です.大気圧は 980~1030hPa の間で脈動していることが分かります.圧力の単位 Pa はパスカルの名に由来しており,単位面積当たりに加わる力(N/m^2)を意味します.接頭文字 h(ヘクト)は 100 を意味します.1000hPa は 10^5Pa の意です.

　天気図上に示される高気圧・低気圧は,大気圧には水平方向の空間分布が

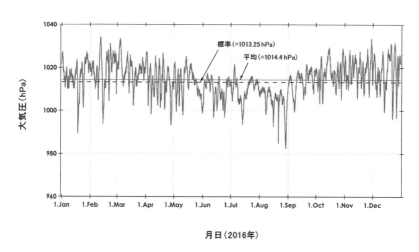

図72　脈動する大気圧（横浜, 2016 年）.最低値 982.5hPa,最高値 1034.1hPa,平均値 1014.4hPa.

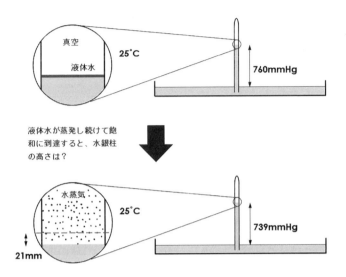

図73 水蒸気分子たちが及ぼす圧力を確かめる実験．ガラス管開口部にスポイトで微量の水を注入すると，水はひとりでに水銀上端まで昇っていき，やがて蒸発する．水の注入と蒸発が繰り返されると，蒸発は遂には起きなくなる．そのときの水銀柱高さは短くなっている．25℃では21mm短くなる．

あることを示していますが，天気図上のそれぞれの地域では**図72**に見られるような時間変動が繰り返されています．8月の末頃を見ると，数日間にわたり大気圧が著しく下がっていますが，これは台風の影響によると考えられます．横浜のこの年の平均大気圧は1014.4hPaでした．この値は，国際的な約束事として定められている大気圧の標準値1013.25hPaとほぼ同じです．標準大気圧1013.25hPaは，**図71**に示した水銀柱760mmに対応します．前述のとおり，水銀の密度は13.6g/cm^3ですが，これは$13.6\times 10^3\text{kg/m}^3$に同じです．ガラス管の開口断面積を$A\text{m}^2$とすれば，体積は$(A\times 0.76)\text{ m}^3$．したがって，質量は$(13.6\times 10^3)\times(A\times 0.76)\text{ kg}$です．この質量が担う重力は，重力加速度$9.8\text{m/s}^2$を掛けて，$(13.6\times 10^3)\times(A\times 0.76)\times 9.8\text{ N}$．これを断面積$A$で割った値が圧力です．$A$は消去されるので，残った実数値の掛け算を行なうと，1013 hPaとなり，標準大気圧と（ほぼ）同値になります．

§30. 真空の発見と水蒸気圧　　　　211

　今度は**図73**を見てください．上方の図はガラス管内の水銀上端に微量の
水を注ぎこんである様子を示しています．水の上は真空です．この水は遅か
れ早かれ蒸発して見えなくなります．液体だった水の分子たちがみな拡がり
散っていくからです．再び微量の水を注ぎ，しばらく放置しておくと，やは
り蒸発が生じて液体水は消えてなくなります．この作業を繰り返すと，やが
て微量な水が水銀の上端に残ったままで，もはや蒸発が生じなくなります．
真空だった空間が気体となった水分子たちで満たされるのです．このときの
状態を示したのが下方の図です．この実験が25℃一定の環境条件で行なわ
れたとすると，水銀柱の高さは739mmHgとなっています．真空の場合に
比べて21（=760-739）mm低いのです．これは気体となった水分子たちがガ
ラス管壁と水銀上端面を満遍なく叩いて，水銀柱を21mmだけ押し下げる
からです．この値は28（=1013.25×(21/760)）hPaに相当します．飽和水蒸気
の分子たちによる水銀の押し下げを「飽和水蒸気圧」と呼びます．21mmの
押し下げは25℃の場合ですが，温度が上昇して50℃になると，水銀柱の押
し下げは4倍の84mm，75℃では13倍の273mm，100℃では36倍の
760mmとなります．

　「お湯を沸かす」と言いますが，これは大気圧の元で液体の水を加温してい
った結果，水分子たちが大気圧を構成している分子たちと渡り合えるほどに
勢いを得た状態になったことを意味します．ヤカンの底近くにある液体水の
一部は勢い余って水蒸気の状態になり，大小様々な泡を形成し上昇していき
ます．この様を指して「沸騰」と言うのです．

　真空だった空間に水蒸気が入るのと，私たちの身体を取り囲んでいる空気
中に水蒸気が入るのとでは話が違うのではないか？そう思えるかもしれま
せんが，真空で成り立つ飽和水蒸気圧の話は，そのまま大気中でも成り立ち
ます．大気圧を主として担っている窒素・酸素の分子たちは，前者が77%，
後者が21%で合計98%を占めています．残り2%の半分はアルゴンなどの
分子たちが占めるので，水蒸気が占め得るのは最大で1%未満です．しかも，
気体分子たちの平均間隔は分子直径の200倍以上もあります．したがって
液体水が蒸発することに関して，水蒸気以外の分子たちは関係しないわけで

す．なお，二酸化炭素の分子たちが占めるのは0.04%ほどで，水蒸気の分子たちに比べてかなり寡少(1/10未満)です．

　真空だった空間に飽和した水蒸気がどれぐらい入り得るかを，**図73**に示した実験で確かめましたが，その空間密度（水蒸気濃度）がどれぐらいかを計算してみると，$10℃$で$9.3g/m^3$，$25℃$で$22.8g/m^3$，$35℃$で$39.3g/m^3$といった具合です．液体の水では密度が$1000kg/m^3$，つまり100万g/m^3なので，水蒸気は著しく稀薄にしか空間を占められないわけです．一定体積内に存在し得る気体状態の水分子たちは，液体状態の数万分の1のオーダーでだけ可能というのはどのような理由があってのことでしょうか？

　二つの物体で温度が等しいことを熱平衡と呼ぶことは，§26.「熱容量の発見と熱量保存則」で説明したとおりです．**図73**で示した飽和水蒸気が満ちた空間は液体の水がもはや蒸発できない(拡がり散れない)ので，やはり平衡です．熱平衡と同様です．ところが，上記のように濃度を計算してみると，水蒸気と液体水とでは大いに違います．それなのに平衡とは何事か？と思えますが，実は物質の拡散に係わり，また平衡・非平衡を正しく表現するのに使えるのは，濃度ではなく，「化学ポテンシャル」と呼ばれる物理量なのです．化学ポテンシャルが空間に占める水蒸気の量を決めているのです．飽和状態にある水蒸気と液体水では，空間密度（濃度）が上記のとおり著しく異なるわけですが，化学ポテンシャルは同値(すなわち平衡)となります[2]．化学ポテンシャルは，エクセルギーとはまったく異なる概念ですが，やはりエントロピー・絶対温度を元にして定まる熱力学的な量です．いま議論しているのは化学反応ではなく，水の液体から気体への状態変化ですが，広い意味では化学反応に含まれる現象なのです．化学ポテンシャルはJ.W.ギブズによって20世紀初頭に発見されました．ギブズは，アインシュタインとほぼ同時期に，原子や分子の集団がどう振る舞うかを統計的に扱う方法(統計力学)を創出しました．

　天気予報では外気温とともに外気湿度が表示されますが，これは「相対湿度」と呼ばれる値です．大気中の水蒸気圧が気温に応じて決まる飽和水蒸気

---

[2] 詳細はM.Shukuya, "Bio-Climatology for Built Environment", CRC Press, 2019, pp.199-206.

圧の何%かを表わしています．大雑把な話として相対湿度 50% の空気は，10℃であれば水蒸気濃度 4.5g/m^3，25℃では 11.4g/m^3，35℃では 19.5g/m^3 です．私たちの身体を取り囲んでいる空気に含有される水蒸気はたいへん微量なわけですが，その微量のうちに生じる変動と分布がサラサラやジメジメの感覚・知覚を生じさせることになります．

§31.　膨張・圧縮と冷却・加熱

エアコンの構造・仕組み

　室内空気の一部を吸い込んで夏には冷却・除湿，冬には加熱して吐き出す機械は (俗に)「エアコン」と呼ばれ，住宅・事務所・学校ほか様々な建築空間で用いられています．エアコンは，Air conditioner のカタカナ表記で，最初の四文字を取ったものですが，語呂がよいためか，この語を知らない人は皆無と思えるほどに普及しています．

　エアコンに関する統計資料[*3]を調べてみると，日本の住宅でエアコンが使用され始めたのは 1970 年頃だったことが分かります．当時のエアコンは冷房専用で，住宅 15 軒に 1 台ほどの珍しい存在でした．私が住んでいた家にはエアコンなどもちろんありませんでした．1970 年代の中頃，学生街の喫茶店などで入口に「冷房中」なる貼り紙・のぼりがあったのを思い出します．その後 50 年以上を経た 2022 年現在では冷房に加えて暖房も行なえるエアコンが住宅 1 軒当たり平均しておよそ 3 台，15 軒に 45 台も存在するようになりました．50 年間に 45 倍もの増加があれば，人々の暮らし方が変わらないわけがありません．今やエアコンなしの住宅はたいへんに珍しい存在となりました．

　エアコンは，「ヒートポンプ」と呼ばれる電気的・機械的な仕掛けを核とするアクティブ型技術の典型です．その作動は膨張・圧縮を基本とする熱力学

[*3] 住環境計画研究所編『家庭用エネルギーハンドブック』，省エネルギーセンター，2009 年．

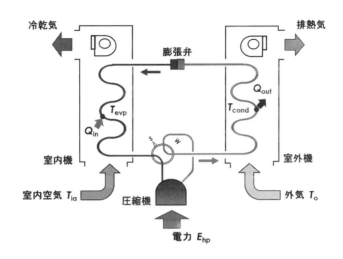

図74 ヒートポンプの構造と働き（夏の場合）．ヒートポンプは三つの部分系（室内機・室外機・ループ状配管）からなる．空気が出入りする室内機・室外機は開放系，冷媒が充填されたループ状配管は閉鎖系である．

の教えるところに従うので，エアコンは定性的にも定量的にもエクセルギー概念によって説明されるべき対象です．

図74はエアコンの全体をダイアグラムとして描いたものです．大きく分けて三つの部分系から構成されています．一つ目が室内機，二つ目が室外機，三つ目がループ状配管です．室内機と室外機は空気が出入りするので開放系，ループ状配管は後述する冷媒物質が封じ込められているので閉鎖系です．

室内機は壁上部に吊り下げるタイプ，天井裏・床下内の空間に据え置くタイプがあります．いずれにせよ，室内空気の一部を吸い込み，同量の空気を室内空間へと吐き出します．空気の吸い込みと吐き出しはひとりでには生じ得ないので，送風機がフィン（放熱板）付き配管の吐き出し側に組み込まれています．吸い込まれた空気は，フィン付き配管の隙間を通過する間に冷却・除湿され，その後に吐き出されます．

以上と同様なフィン付き配管と送風機を組み合わせて建物外側に設置され

るのが室外機です．外気から送風機が吸い込んだ空気は，フィン付き配管の隙間を流れていく間に熱せられ，暖気となって外気中へと吐き出されます．

室内・室外機のフィン付き配管は**図74**に示すとおり互いにつながっており，蛇行する閉じた空間内には膨張・圧縮されやすい物質が充填してあります．配管内に充填されている物質を「冷媒」と呼びます．冷媒の膨張は蒸発に伴う低温化を，圧縮は凝縮とともに高温化を生じさせ得るので，配管外表面に空気や水などを接触させれば，これらを冷やしたり温めたりできるのです．

様々な物質が冷媒となり得ますが，2010年代以降によく用いられているのは HFC（水素・フッ素・炭素の化合物，ハイドロフルオロカーボン）と称される物質です．配管系内の冷媒圧力は大気圧よりもかなり高めに保つ必要があるので，冷媒は長い時間のうちには少しずつ漏れ出します．したがって，冷媒には環境汚染を引き起こしにくい性質が必要です．HFC はこの要求に応じて開発された物質ではありますが，自然界には存在していなかった物質です．HFC の大量使用が遠い昔から続いてきた大気の振る舞いを未来永劫に狂わせない保証はありません．その使用は抑制的であるべきでしょう．

閉鎖系内の冷媒圧力は大気圧より高めと言いましたが，それがどれ程かと言うと，圧縮で大気圧の30倍ほど，膨張でも大気圧の10倍ほどです．圧縮機は冷媒を強く押し縮めて高圧・高温にして吐き出し，膨張弁は冷媒を勢いよく解放して低圧・低温にして吹き出します．圧縮機は超強力なポンプ，膨張弁はスプレー缶ノズルと同様と思えばよいでしょう．

膨張弁を通過して著しく低温になった冷媒は，室内機のファンによって吸い込まれた空気から吸熱，圧縮機を通過して著しく高温になった冷媒は，室外機のファンによって吸い込まれた外気へと放熱します．エアコンは，温湿度を下降させたい室内側から，高温の外気へと熱を汲み上げる仕事をするので，「ヒートポンプ」と呼ばれるわけです．

ヒートポンプ内で起きることはもちろん自然現象に他ならないので，拡がり散り（エクセルギー消費）が必ず生じます．室内機での空気から冷媒への伝熱，室外機での冷媒から外気への伝熱はいずれも対流・（管材内）伝導・対流の組み合わせなので，エクセルギーが消費されます．膨張弁では冷媒が著しく拡

216　第6章　拡散・凝集の振る舞いを読む

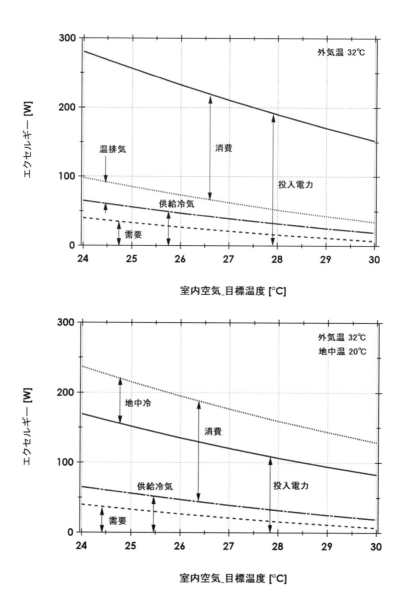

図75　エアコンのエクセルギー収支．上図は室外機が大気中にある場合，下図は室外機が地中にある場合である．いずれも室内空気の目標温度が低くなると，投入電力は大きくなる．室外機を地中の熱交換器につなぐと，地中の冷エクセルギーが利用できるため投入電力は小さくなる．

§31. 膨張・圧縮と冷却・加熱　　　　217

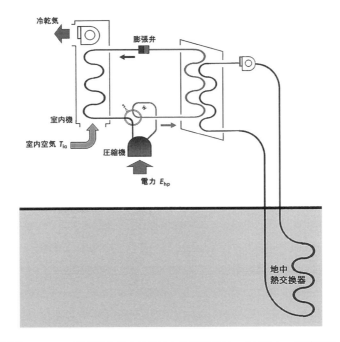

図76 エアコン室外機を地中に設けた熱交換器につなげると，夏季には地中の冷エクセルギーを活用できるようになる．そのエクセルギー収支は図75の下図に示したようになる．

散するので，エクセルギーが消費されます．圧縮機はモーターとピストン（羽根板）を構成している分子たちが集団を成して統一的に運動することで冷媒を押し縮めて著しい高温をつくりますが，これは冷媒分子たちの運動がより乱雑で激しくなることなので，やはりエクセルギーが消費されます．

冷・温エクセルギーを振り分けるエアコン

エアコンの定性的な働きは以上のとおりなのですが，定量的にはどのようなことになるでしょうか？　その計算事例を**図75**に示します．上の図は室外機が地上にあって大気中に排熱される通常の場合，下の図は，**図76**に示すように，室外機が地中埋設のループ配管と接触している場合です．この配管

内にクーラント（自動車エンジン冷却用不凍液）を充たして循環させ，地中へと排熱するのです．市販エアコンの室外機は地上に設置するよう設計製作されているので，地中内の配管とつなげるわけにはいきませんが，外気よりも低温で巨大な物体に廃熱を捨て続けられるとしたら，エアコンに何が起きるかを**図75**の下の図は示しています．

外気温は 32℃，地中温は 20℃ としています．床面積 $36m^2$ の部屋を冷房するとして，室内空気の目標温度を 24~30℃ の間で想定しました．エアコンが除去すべき熱は 24℃ の場合におよそ 1500W，30℃ の場合におよそ 1000W です．

まず上の図を見てください．横軸は室内空気の目標温度，縦軸はエクセルギー入力・出力・消費です．右下がりの線が 4 本ありますが，最も下にある破線が冷エクセルギー需要です．冷エクセルギー需要とは，室内空気から壁や天井・窓の内部へとエクセルギーが流れ出ていく速さの合計値を指します．冷エクセルギー需要は目標温度が低いほど大きめになっています．24℃ で 40W，30℃ で 7W です．この需要を満たすために室内機から供給される冷エクセルギーは下から 2 番目の一点鎖線が示しており，室温 24℃ で 65W，30℃ で 19W です．需要より供給が大きいのは消費が必須だからです．冷エクセルギーを産み出すために必要な圧縮機と室内外送風機に投入される電力（エクセルギー入力）は最も上の実線で示されています．室温 24℃ の場合に 281W，30℃ の場合に 152W です．

室外機が外気中へと吐き出す暖気の温度はもちろん外気温より高くなければならないので，この暖気は温エクセルギーを持っています．その値は上から 2 番目の線と 3 番目の（室内へ供給される冷エクセルギーの）線との間で温排気として示されています．室内空気の目標温度 24℃ で 33W，30℃ で 15W の温エクセルギーです．以上のようなわけで，エアコンは，投入されたエクセルギー（電力）を，その一部を消費することで冷エクセルギーと温エクセルギーに振り分ける装置と言えます．

冷房時のエアコンが，そもそも高温の外気をさらに高温にするよう働いているのは皮肉なことです．このような負の効果は，目標とする室温を低くす

§31. 膨張・圧縮と冷却・加熱   219

ればするほどに著しくなります．エアコンは両刃の剣のようです．

　室温 27℃ の場合についてエクセルギー収支（[入力]−[消費]＝[出力]の関係）を書き下すと，次のようになります．211−149 ＝ 39(冷)＋23(温) W．冷エクセルギー出力 39W は入力（電力）の 18.5% です．温エクセルギー出力 23W は大気中で消費されるので，この消費を含めると，入力のうち消費されるのは81.5(＝100−18.5)% に及びます．電力は，§29.「拡散能力・エクセルギーそして消費」でお話しした電気ポットの場合と同様に火力発電所から供給されるとすれば，電力 211W の供給には火力発電所に天然ガスのエクセルギー603W を供給する必要があります．エアコンが室内空間へ吐き出す冷エクセルギー 39W は，火力発電所へのエクセルギー入力のわずか 6.5 (＝39/603×100)% です．エアコン室内機から得られる冷エクセルギーは稀小なのです．

室外機を地中につなげれば……

　今度は**図75** の下の図を見てください．上の図と同様に，この図でも右下がりの線が 4 本あります．投入電力（上から 2 番目）の線を見ると，室温 24℃で 169W，30℃ で 82W となっています．室外機が地中にあると投入電力がかなり小さめになるのです．投入電力の線と，それよりも上にある線との間は室外機が地中から取得する冷エクセルギーを示しています．この冷エクセルギーと投入電力の合計は，室外機が暖気を外気中に排出する場合（上の図）の投入電力よりも小さめです．

　室温 27℃ の場合のエクセルギー収支を書き下すと，次のとおりです．120＋57(冷)−138 ＝ 39(冷) W．外気中に排出される温エクセルギーはなくなり，その代わりに地中から冷エクセルギー 57W が取得され，それが入力側に計上されます．室外機が地中にあるエアコンは，地中にある冷エクセルギーを室内空間に汲み上げる仕事をしているのです．通常のエアコンは，発電所から供給された電力を冷エクセルギーと温エクセルギーとに単に振り分けているだけだと言いましたが，地中冷エクセルギーを汲み上げるエアコンは，ヒートポンプ本来の特徴を活かせていると言えるでしょう．

　ここまで述べてきて改めて気付くことは，街中に見られる室外機の多くが

日当たりのよいところに放置されていることです．外気温が高く，しかも日射がたっぷり降り注げば，これらのエアコンたちは喘ぎながらの稼働とならざるを得ないでしょう．室外機の地中への設置は無理としても，少なくとも室外機にとっての環境条件を少しでも良好にすることは重要です．室内で得られるべき冷エクセルギーは，上述のとおり稀小なのだからです．

　冬の場合についても短い補足を記しておきます．冬の運転では冷媒の流れる向きを夏とは逆にします．**図74**で圧縮機の上に描いてあるのがそのための仕掛けです．冬の地中温は外気温より高めなので，地中には温エクセルギーがあります．したがって，室外機が地中にあれば，エアコンは温エクセルギーを地中から汲み上げて室内空間に運び上げる（正に）ヒートポンプとして働くことができます．室外機が地上にある通常のエアコンは冬も夏と同様です．違うのは，冷媒の流れる向きが夏とは逆なために，温エクセルギーが室内に，冷エクセルギーが外気へとの振り分けられることです．暖房に用いられる通常のエアコンは，冬の外気温を下げるべく屋外に冷エクセルギーを排出しているのです．

§32.　湿潤・乾燥と湿り空気

外気温と水蒸気濃度

　ガラスコップに冷水を入れておくと，コップの側面に露が生じることがあります．これはコップの中の水が浸み出したのではもちろんありません．ガラスコップの温度が低いためにコップ周囲にある空気中の水分子たちが蒸気から液体へと状態変化を起こしてガラス表面に付着したのです．この現象を指して「結露」と呼びます．私の住む横浜では外気が湿潤な5月後半から10月初め頃にかけてよく見られます．

　結露は屋外で見られることもあります．秋季のよく晴れた日の朝，公園の芝地を散歩していたら靴がビッショリ濡れてしまった，前夜は星空がきれいで雨などまったく降らなかったのに……．このような経験がある人は少なく

§32. 湿潤・乾燥と湿り空気　221

ないだろうと想像します．これは芝生の全体が晴れた夜空の低温にさらされ
ていたためによく冷やされ，その結果として葉温が低くなって，周囲空気に
水蒸気として存在していた水分子たちが液体の水分子たちへと変身して葉面
に付着したのです．このような状態にある水滴を指して「朝露」と呼ぶことが
あります．秋が深まり，また冬になれば露（水滴）でなく霜（氷滴）になること
もあります．

　洗濯物は，冬季の晴れた日には短時間のうちに乾きます．外気が乾燥して
いるからです．乾きにくいのは湿潤が際立つ梅雨の頃です．外気は湿潤から
乾燥へ，また乾燥から湿潤へと変動を繰り返しますが，それは外気温の変動
とはどのような関係にあるでしょうか？　また，室内空気の湿潤・乾燥とは
どのような関係にあるでしょうか？　以下では，これらのことを考えてみた
いと思います．

　空気の湿り具合（あるいは乾き具合）は，§30.「真空の発見と水蒸気圧」でお話
しした飽和水蒸気圧と温度の関係を手掛かりにして表現することができま
す．真空な空間の体積 $1m^3$ に水蒸気がどれぐらい入っているかを「水蒸気濃
度」と言うのでした．単位は g/m^3 です．水蒸気濃度は，真空な空間でも窒
素や酸素が共存する空間でも同値です．

　飽和状態にある水蒸気は，10℃で $9.31g/m^3$，20℃で $17.11g/m^3$，30℃で
$30.1g/m^3$ となることが熱力学の理論にしたがって導き出されます．これら
の値は実在する水蒸気濃度の測定値とよく合致します．私も理論の道筋を追
ってみたいと思って，熱力学を創出した先人たちの仕事にならって温度と飽
和水蒸気圧（そして濃度）の関係式を導いてみました．**図77** の左上に掲げた三
つの式のうち上から 2 番目がその式です[4]．この式が導き出せて思った
のは，熱力学理論の確実さと不思議さでした．不思議さを覚えたのは，自然界
を構成している様々な物質の振る舞いが熱力学に応じて現われているように
思えたからです．

＊4) この式がどのようにして導き出されるかに興味ある読者は拙著（M. Shukuya, "Bio-
Climatology for Built Environment", CRC Press, 2019, pp.199-206）を参照してください．

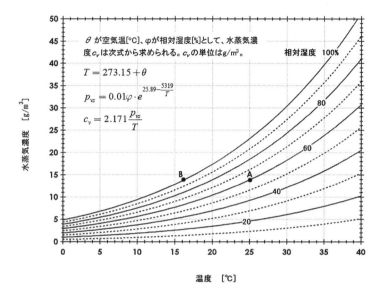

図77 熱力学に基づいて理論的に導かれた水蒸気濃度．理論値は実測値によく整合することが知られている．温度の上昇に伴って，水蒸気濃度は急上昇していく傾向がある．

図77 は横軸が温度，縦軸が水蒸気濃度を示しています．最も上に位置する曲線が空間に詰め込まれ得る水蒸気の量が最大となる状態を示しています．「飽和状態」とも言います．また，この状態を指して「相対湿度100%」とも言います．この曲線の下にある4本の実線と5本の点線は，それぞれに該当する相対湿度に応じた水蒸気濃度を表わしています．いずれの相対湿度でも温度の上昇とともに空気中に存在し得る水蒸気の量は増加していきますが，増加の仕方が高温で著しくなる傾向にあることが分かります．

相対湿度100%の曲線を境界としてその下側が水蒸気，上側が液体水を意味します．この曲線は，§30.「真空の発見と水蒸気圧」で紹介したように，水蒸気と液体水の化学ポテンシャルが等しくなる（化学平衡の）状態に対応しています．横軸は水蒸気濃度 $0g/m^3$ の絶乾を表わすので，空気の湿り具合

§32. 湿潤・乾燥と湿り空気　　　　223

は飽和を表わす最上端の曲線と横軸の絶乾を表わす直線の間のどこかの点で表現されます.

　冒頭に述べたガラスコップの結露を改めて考えてみましょう. 例えば, コップ内の冷水が 10℃ だとします. このコップが置いてある部屋の空気温度は 25℃, 相対湿度は 60% だとします. **図77** では点 A がその状態を示します. 対応する水蒸気濃度は縦軸から 13.7g/m³ と読み取れます. コップのガラス厚は十分に薄いので, ガラス外表面は冷水の温度と同じだと仮定しましょう. 空気温度 25℃ とは, コップ外表面から数 10cm 離れたところの値です. 小さな受感部の温度計をガラスコップにゆっくり近づけていくと, 温度計の示す数値は次第に下がっていくでしょう. その間, 水蒸気濃度は変化せず, しかし, 相対湿度は上昇していきます. そして, 遂には 100% になります. このときの温度は, 点 A を通って横軸に平行な直線を描いて, 相対湿度 100% の曲線と交わった点 B に対応する温度で 16.7℃ です. この温度を「露点温度」と呼びます. 水温がこの温度より高ければ結露は生じず, 低ければ生じます. いまの例では水温(10℃)が 16.7℃ より低いので結露するわけです.

大気と共に変動する水蒸気濃度

　図78 は 2016 年の横浜における時々刻々 8760 時間分 (= 365 日× 24 時間 / 日) の外気の温度と水蒸気濃度を表示したものです. 気象台から入手可能な湿度のデータは相対湿度なので, 水蒸気濃度は, **図77** に示した式を用いて換算して得られたものです. 外気温の値は左の縦軸, 水蒸気濃度の値は右の縦軸で示してあります.

　温度も水蒸気濃度も冬に低く, 夏に高くなることが分かります. 温度の日変動幅は最小で 5℃ ほど, 最大で 10℃ ほどです. 水蒸気濃度も変動を繰り返していますが, 温度の変動に比べると繰り返し回数がやや少なめに(水蒸気濃度に見られるギザギザ模様が外気温より粗く) 見えます. 水蒸気濃度の数日ごとに見られる変動幅は 5~10g/m³ ですが, 変動の激しさは春や秋に強まる傾向が見られます.

　冬の水蒸気濃度は 3~8g/m³, 夏は 16~22g/m³ です. 水蒸気濃度が冬に低

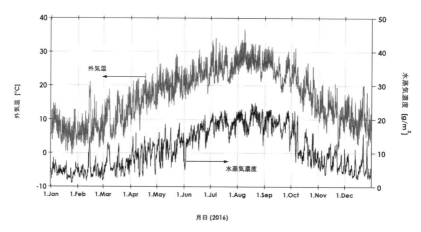

図78 外気温・相対湿度の時々刻々観測データ（横浜，2016年）から求められた水蒸気濃度．横浜の水蒸気濃度は2016年冬季に3~8g/m^3，夏季に16~22g/m^{3}であった．

めになり，夏に高めになる傾向があるのは，大気の大きな動きと係わっています．地球の中緯度地域の上空には偏西風がおよそ1000km/日（=11.6m/s）の速さで，蛇行しながら西から東へと吹いています．蛇行の下側には高気圧，上側には低気圧が生じやすく，これらが蛇行に引き摺られながら西から東へと移動していきます．「天気の変化は西の方から」と言われる所以です．

大気の上端は宇宙空間によって絶えず冷やされ，下端は地表・海表面によって絶えず暖められています．冷やされ方は，広大な宇宙空間が冷源なので定常的，暖められ方は，熱源となる地表・海表面の太陽に対する向き合い方が変動するために非定常的です．変動には，地球自転に応じた昼夜変動と，地球自転軸の公転面に対する（直交せず67°という）傾斜に応じた季節変動とがあります．したがって，地表・海表面に吸収される日射エネルギー量は，冬に小さめ，夏に大きめになります．

北半球の高緯度地域でも夏には日射エネルギー量が増すために直上にある大気塊は温度がやや高めになり勢いが弱くなるので，偏西風の通り道が北上します．そうすると，太平洋上にあって高温・高湿な大気塊はつられて日本

§32. 湿潤・乾燥と湿り空気　　225

列島に向けて北上してきます．横浜における夏の水蒸気濃度が上昇するのは
そのためです．

　夏に縮んでいた低温・低湿な大気塊は秋から冬にかけて次第に勢力範囲を
広げます．日射エネルギー量が小さくなるからです．そうすると，高緯度に
ある大気塊の影響が日本列島にも及ぶことになります．日本列島に上陸して
くる大気塊は日本海上を通過する間に加湿され，大量の水蒸気を抱え込みま
す．その大部分は日本海側の地域に雨や雪となって落下します．それにより
除湿され乾燥した後の大気塊が太平洋に面する地域へやってきます．横浜の
冬における水蒸気濃度が低く，また晴れる日が多くなるのはそのためです．

相対湿度で大きく変わる乾・湿エクセルギー

　夏は外気が高温多湿なために湿潤を知覚しやすく，冬はその逆に低温低湿
なために乾燥を知覚しやすいことはご存知のとおりです．湿潤を和らげるた
めには室内空気を除湿，乾燥を和らげるためには加湿することがあります．
§29.「拡散能力・エクセルギーそして消費」でエクセルギー概念を説明しま
したが，エクセルギーとは何かを改めて一言で表現すれば，「拡散を引き起
こす能力」です．室内空気が外気より湿っていれば，室内の湿気が屋外空間
に拡散していこうとします．その逆に室内空気の方が外気より乾いていれば，
屋外の湿気が室内空間に向かって拡散してこようとします．これらの関係は
温・冷エクセルギーとよく似ています．

　そこで，室内空気が環境(外気)よりも湿っている場合は湿エクセルギーを，
乾いている場合は乾エクセルギーを保有していると考えれば，定式化できま
す．その式は，**図79**中に示すように表現されます[* 5)]．**図79**の横軸は室内空
気の相対湿度で，縦軸は室内空気 $1m^3$ が保有する湿・温エクセルギー，そし
て乾・冷エクセルギーを示します．外気の温・湿度は冬に5℃・50％，夏に32℃・
50％としています．室内空気の温度は横軸に示す相対湿度いずれに対して
も同一で，冬に20℃，夏に27℃を想定しています．

＊5) この式がどのようにして導き出されるかに興味ある読者は拙著（M. Shukuya, "Bio-
Climatology for Built Environment", CRC Press, 2019, pp.209-217）を参照してください．

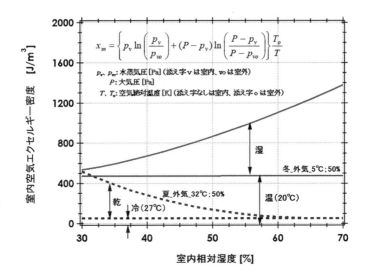

図79 室内空気の相対湿度とエクセルギー密度．冬は「湿」と「温」，夏は「乾」と「冷」の和となる．湿エクセルギー密度は相対湿度が高くなると大きくなり，乾エクセルギー密度は相対湿度が低くなると大きくなる．温・冷エクセルギー密度は相対湿度が変わってもほぼ一定である．

　まず，冬の場合を見てみましょう．右上がりの曲線は温・湿エクセルギーの合計値を表わしています．温エクセルギーは 471～477J/m^3 で，相対湿度の値にはよらずほぼ一定です．温度 20℃ 一定で相対湿度が上昇すれば，**図77** から分かるように，水蒸気濃度は増します．このことによって，湿エクセルギーは大いに増すのですが，温エクセルギーの方は増えないのです．温エクセルギーの増加がわずかに留まるのは，湿り空気の密度全体に占める水蒸気の割合は 1/100 未満だからです．湿エクセルギーの値は相対湿度 40% で温エクセルギーの 0.4 倍ほど，50% ではほぼ同等，60% では 1.4 倍ほどです．相対湿度の増加に伴う湿エクセルギーの増加は著しいのです．

　室内空気の過乾燥は鼻腔や喉頭の粘膜からの水分蒸発を促進し，粘膜厚を薄くするので，吸気中に存在する病原微生物たちは体内に侵入しやすくなります．したがって，感染予防には湿度をほどよく保つ必要があります．その

§32. 湿潤・乾燥と湿り空気　　　227

目安は相対湿度 40% ほどですが，これに相当する湿エクセルギーの保持は，加湿器 (アクティブ型技術) の利用なくしても十分に可能です．建築外皮の気密性を程よく高めるとともに壁や天井の表面に吸放湿性のある材料を用いればよいのです．アクティブ型技術に安易に頼らず，パッシブ型技術の適切な利用が保湿においても鍵となるのです．

　今度は夏の場合を見てみましょう．左上がりの鎖線が冷・乾エクセルギーの合計値を示しています．冬の場合に比べてエクセルギー合計値が全般に小さめになっているのは，室内外の温度差と水蒸気濃度差がともに冬より夏の方が小さいからです．

　冷エクセルギーは相対湿度の値によらず 50J/m³ でほぼ一定です．乾エクセルギーの値は，相対湿度 60% で冷エクセルギーの 0.25 倍，50% では 1.3 倍，40% では 4.6 倍ほどにもなります．したがって，夏に室内空気を低湿に保つのは低温を保つよりも大変です．

　前講 §31. で議論したエアコン冷房のエクセルギー収支は冷エクセルギーだけを対象にしたものでしたが，乾エクセルギーを含めても読み取るべき要点はほぼ同じです．付け加えるべきは，低湿を無闇に目指さないことの大切さでしょう．室内空気を低湿に保ち続けるには除湿が必要ですが，これはコップの表面に結露が生じるのとまったく同じ現象の技術応用に他なりません．除湿とはエアコン室内機の配管群に結露させることだからです．

　エアコンは室内空気の一部を吸い込むわけですが，これは電動掃除機が集塵するのとまったく同じです．大きめの塵は，配管群の手前に設けてあるフィルターで除去されますが，微生物たちは素通りします．彼らの多くは濡れた配管群に付着するでしょう．配管群の隙間は彼らにとって格好の棲み家となるわけです．配管群は図らずも微生物の培養器としての機能を発揮してしまうのです．

　エアコンが吹き出す冷たい空気は，温湿度の低さが故に清澄さを伴っているかのように錯覚しがちですが，要注意なのです．冷気の満ちる室内空間が実は汚染物質の満ちるところでもある……そういう事例は少なからずあるでしょう．

§33.　光水合成する植物たち

葉緑体で行なわれる物質循環

　我が家は大きな緑地に面して建てられた集合住宅の一隅にあるので、戸外に出ると直ぐに樹木たちの姿が視界に入ります。住み始めてから30年を越しますが、引っ越してきたばかりの頃の風景を思い出すと、彼らの成長ぶりは見事という他ないことに気付かされます。植わって動かず、与えられた環境に生じる光や熱・空気の振る舞いに抗わず、淡々として生きてきたが故の姿に見事さを覚えるのです。ヒトを含む恒温動物たちの生き様とはずいぶん違います。何がどのように違うのか？植物たちの多くは環境変動に対してどのように振る舞い、生きているのか？以下では、このことを考えてみましょう。

　植物が動物と最も異なるところは、「光合成」と一般に呼ばれている生化学反応を自律的に行なっていることでしょう。植物たちは、葉の周囲空気中に散在する二酸化炭素分子（CO_2）と土中に含まれる水分子（H_2O）を原料として、動植物いずれにとっても主要な栄養物質グルコース（$C_6H_{12}O_6$）を自ら生産する仕掛けを持っています。それ故に植物たちは植わって動かずに済み、ヒトを含む動物たちは栄養摂取のために動かねばなりません。「植物」そして「動物」なる名称は簡潔にして要を得た語です。

　植物・動物の身体はいずれも細胞を単位として構成されています。ヒトの細胞では代表長さが10 μm程度だと、§15.「固体発生・系統発生と環境」で述べました。植物全般では10~100 μm、動物全般では10~30 μmです。植物がグルコースを生成できるのは、代表長さ5 μmほどの「葉緑体」が体内にあり、その内部に光に反応する「葉緑素」（クロロフィル、$C_{55}H_{72}O_5N_4Mg$）が含まれているからです。私たちの眼球内に視細胞があって、その内部に光に反応する物質 レチナール（$C_{20}H_{28}O$）があるのと似ています。

　葉緑体は、**図80**に示すように、葉を構成する細胞内部にあります。細胞の周囲にはセルロース（$C_6H_{10}O_5$など）を主材とする「細胞壁」と呼ばれる微細な構造体があります。植物が幹を中心軸として枝・葉を大気中に広げて立っ

§33. 光水合成する植物たち   229

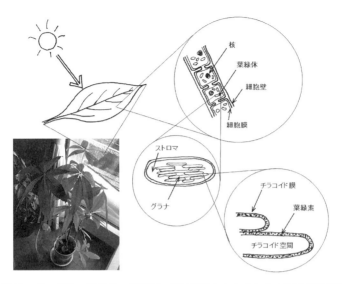

図80 葉の細胞・葉緑体・葉緑素．葉は細胞たちとそれらを囲う細胞壁群からなる．葉緑体は細胞の内部空間に存在し，葉緑体の内部空間には「グラナ」と称される多層の構造体がある．葉緑素は，この構造体壁(チラコイド膜)の中にある．

ていられるのは細胞壁があるからです．動物の細胞周囲には細胞壁はなく，その代わりに骨細胞が密集して骨格を構成しています．

　細胞壁には開口が少なくとも二つあって，細胞内外を様々な物質が出たり入ったりできます．すべての細胞は開放系なので，細胞壁で構成される空間も開放系でなくてはなりません．細胞壁で囲まれた空間を1単位とすると，その内部に細胞一つが入っており，さらにその内部にやはり開放系である葉緑体があるのです．§5.で述べた「環境の入れ子構造」が植物体内にも見られることに注意したいと思います．

　葉緑体は，饅頭を潰したような形状で，その内部には「グラナ」と呼ばれる器官があります．饅頭の餡に相当するのがグラナと思えばよいでしょう．葉緑体が細胞内に一つだけあるのは系統発生(進化)初期に発生した体内構造の単純な植物たち，その後の進化で複雑さが増した植物たちには数十個の葉緑体を持つものが少なくないようです．

230　第6章　拡散・凝集の振る舞いを読む

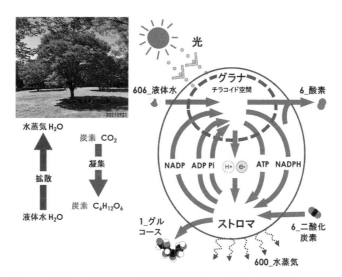

図81　葉緑体で行なわれる物質循環と凝集・拡散．作業物質（NADP，ADP，Pi）は，光の吸収から熱への拡散，液体水から水蒸気への蒸発・拡散に駆動されて葉緑体内で循環する．その過程で，大気中に薄く存在していた CO_2 分子たちがグルコースへと変身・凝集していく．

　グラナには「チラコイド膜」と呼ばれる外皮があって，その内側空間は「チラコイド空間」と呼ばれます．葉緑素が存在するのは，このチラコイド膜上です．グラナ全体の外側空間は「ストロマ」と呼ばれます．

　葉緑素は光を受けると興奮してチラコイド膜上に電流（電子たちの流れ）を生じさせます．そうすると，チラコイド空間に溜まっている液体水（H_2O）を分解する仕掛けが働き始めます．水の電気分解が起こるのです．水素は電子が剥ぎとられて水素イオン（H^+，プロトン）に，そして酸素（O）は酸素分子（O_2）になります．酸素分子たちは，常温・常圧の下では気体としてのみ存在できるので，これらは葉の周囲空間へと拡散していきます．

　水素イオンたちはチラコイド空間内に蓄積されていき，水素イオン濃度が次第に高くなっていきます．そうすると，チラコイド空間からストロマへと向かう水素イオンの流れが生じます．この流れは物質循環のための仕掛けを

§33. 光水合成する植物たち   231

駆動させます．流れる川の水が水車を，そして石臼を回転させて蕎麦の実を
蕎麦粉にしたり，小麦粉と水を混ぜ合わせ捏ね上げてパン生地を産み出した
りするようにです．

　以上のプロセスをダイアグラムとして描くと，**図81** の右半分のようにな
ります．三つの物質（NADP, ADP, Pi）がチラコイド空間内に吸い込まれ，
ATP と NADPH が吐き出されます．チラコイド空間で ADP は Pi と合体
され ATP に，NADP は水素イオン H^+ を携帯して NADPH になり，スト
ロマ空間に吐き出されるのです．

　ストロマ空間には，葉の裏面に多くある気孔から取り込まれた二酸化炭素
分子たちが入ってきます．ストロマには二酸化炭素（CO_2）の炭素（C）・酸素（O）
の間に水素イオン（H^+）を捻じ込む機構があります．水素イオン（H^+）は NADPH
として運ばれてきたものが使われ，捻じ込みには ATP のエクセルギーが消
費されます．消費が起きる過程で ATP は ADP と Pi に分解されます．これ
らは水素イオン（H^+）を手放した NADP とともにチラコイド空間に戻ってい
きます．以上のプロセスが 6 回くり返されると，1 個のグルコース（$C_6H_{12}O_6$）
が生産され，同時に 3 個の酸素分子（O_2）が廃物として産み出されます．チ
ラコイド空間における水の分解でも 3 個の酸素分子（O_2）が生じるので，合計 6
個が大気中へ排出されます．

　§12.「排熱あって可能な動力生成」で述べたように，動力生成では高温の
熱源から低温の冷源への熱の流れのなかに作業物質を循環させる必要があり
ました．葉緑体の内部で循環しながら働く三つの物質（NADP, ADP, Pi）は，
動力生成のための作業物質（水）に対応し，グルコースは動力に対応します．
太陽は熱源，大気は冷源に位置付けられます．

葉はなぜ熱くならないのか？

　以上のプロセスでは原子の組み換えが起きていますが，それらの総数は増
えも減りもしていないことを確かめておきましょう．入力側は 6 個の二酸
化炭素（CO_2）に 12 個の水（H_2O），出力側は 1 個のグルコース（$C_6H_{12}O_6$）に加
えて 6 個の酸素（O_2）と 6 個の水（H_2O）．式として表現すれば，$6CO_2$ +

$12H_2O \rightarrow C_6H_{12}O_6 + 6O_2 + 6H_2O$ です．現象の起きる向きを→で表わしました．原子数を勘定すると，→の左側・右側ともに炭素(C)が6，酸素(O)が24，水素(H)が24で辻褄が合っています．

　この式は生物学の教科書に載っているので，見覚えのある読者がいるかもしれません．私が高校生の頃に習ったのは→の左側に6個の水，右側にはグルコースと酸素だけで水はなしだったように思います．この場合でも，→の左右で原子数は釣り合います．式は簡単な方がよいから，→右側に水なしとする表現でもよいではないかと思いたくなりますが，そういうわけにはいきません．簡単な式の方は，水(H_2O)が分解するのでなく，二酸化炭素(CO_2)が分解して炭素 (C) が水 (H_2O) に付着すると仮定していることを意味してしまうからです．正味の原子数が合致することだけに注目すると，現象を見損なってしまう……そういうことがあるわけです．

　それでは，→の左側に$12H_2O$，右側に$6H_2O$と書かれた式なら完璧なのでしょうか？　それを確かめるために熱の振る舞いに着目してみましょう．「太陽は熱源」と記しましたが，正確には光源です．葉緑素を興奮させるのは波長の短い太陽光であって，太陽熱ではないからです．葉緑素を熱して高温にすれば，興奮しないどころか壊れてしまいます．日射(＝電磁波＝放射)の波長範囲は0.3~2.5μmですが，そのうち0.4~0.5または0.6~0.7μmだけが葉緑素を働かせます．これらの範囲にある日射エクセルギーは，樹木全体が吸収する日射エクセルギーの24%ほどで，しかも，グルコースに蓄えられるエクセルギーはそのまた25%ほどです．要するに吸収日射エクセルギーの6(＝0.24×0.25×100)%だけがグルコースに携帯されるのです．残り94(＝100 − 6)%はほとんどすべてが消費されます．ほとんどというのは，93%分の消費で残る1(＝94-93)%が冷エクセルギーとなることがあるからです．

　舗装道路面や建物の外壁面などでは吸収日射エクセルギーを100%とすると，そのうちの8%ほどが温エクセルギーになります．残り92 (＝100-8) %は消費されるのです．消費の程度は葉面と同じですが，消費の結果には大きな違いがあります．炎天下の路面や壁面がもたらす火照りの知覚はご存知のとおりです．大きな緑陰がもたらす涼しさの知覚を知る人も少なくないでし

ょう．これは，日射しを遮る葉面たちが炎天下の路面や壁面とは違って高温にはならないことによります．炎天下の舗装道路面や建物の外壁面は低くても40℃，高いときには60℃に達することが珍しくはありませんが，植物葉面の温度は外気温より高くてもせいぜい2℃ほど，条件次第で外気温よりやや低めになって冷エクセルギーが生じることもあります．

　上に示した光合成の式で→右側に示した6個の水分子(H_2O)は葉から蒸散していくので，その際に葉面を冷やしているはずです．その効果がどれほどかを知りたいと思って，葉温を見積もってみました．§25.で述べた伝熱四態が葉の表面・裏面でどのように成り立つかをエネルギー収支式として表現して，収支が成り立つような葉温を求めるのです[6]．収支式には吸収日射エネルギーのうちグルコースとなる割合が葉温に応じて決まること，気孔の開き方が日射の強さに応じて決まることを考慮しておきます[7]．

　水(H_2O)分子が6個だけ蒸発すると仮定して得られる葉温は，外気温よりも5~10℃高くなり，葉温測定値とは合いません．もっと多くの水分子が蒸発しているに違いないので，葉温計算値が測定値に合致する水分子の個数を求めてみました．その結果は，400~600個でした．400個は日射が弱め，600個は日射が強めの場合です．以上のことから，日射が強めの場合を想定して式を書き直すと，$6CO_2 + 606H_2O \rightarrow C_6H_{12}O_6 + 6O_2 + 600H_2O$ となります．**図81**はこの式に対応した水の出入りを反映して描いてあります．

　外気(環境)より湿った空気は湿エクセルギー，乾いた空気は乾エクセルギーを持っていることを前講§32.で述べました．液体水は必ず湿エクセルギーを持っています．ゼロとなるのは蒸発が不可となる相対湿度100%の場合だけです．液体水$1m^3$が温・冷エクセルギーとともにどれほどの湿エクセルギーを持ち合わせているかを**図82**に示します．液体水の湿エクセルギー

＊6) 物体の温度はエネルギー保存則が成り立つように定まります。したがって、葉を対象として葉温を未知数としたエネルギー収支式をつくり、その解を求めれば、葉温が決まります。エントロピーとエクセルギーは、その結果を用いて計算されます。

＊7) 伊澤康一ほか：緑地空間がつくり出す「冷たさ」に関する実測研究（その3．葉面のエクセルギー消費と光合成・蒸散の関係），日本建築学会大会学術講演梗概集（近畿），2005年9月，pp.631-632.

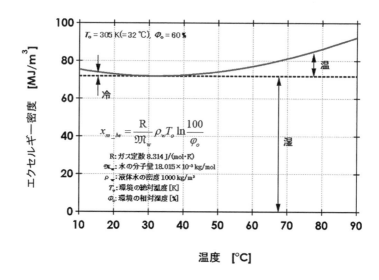

図82 液体水が保有する湿・温・冷エクセルギー.「湿」エクセルギーは環境の絶対温度・相対湿度に応じて決まり,水温には関係しない.湿エクセルギーは温・冷エクセルギーに比べると著しく大きな値である.

は図中に記してある式から求められます[*8)].

　湿エクセルギーは温・冷エクセルギーよりもかなり大きいことが分かります.この計算例では外気温32℃を想定していますが,10℃の冷水が持つ冷エクセルギーは湿エクセルギーの1/20,90℃の温水が持つ温エクセルギーは湿エクセルギーの1/4ほどです.葉温が外気温とほぼ同じか,条件次第ではやや低めに保てるのは,水の湿エクセルギーが蒸発散によって大量に消費されるからです.水があってこそ光は役立つ.このように認識すると,一般に「光合成」と呼ばれている現象は「光水合成」と呼び直したほうが正確で良いと考えられます.

[*8)] この式の変数は,環境の温度と相対湿度です.これらの値が一定ならば,湿エクセルギーの値は水温によらず一定となります.詳細は, M. Shukuya, "Bio-Climatology for Built Environment", CRC Press, 2019, pp.217-218.

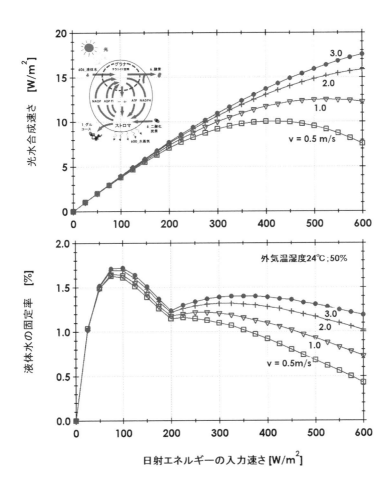

図83 日射・風の強さと光水合成の速さ・水固定率. 根から吸い上げられた液体水中の水素原子たちのうちグルコースの一部として固定されるのはわずかでしかない. 大部分の液体水は，葉面から蒸発・拡散によって葉面の温度を低めに抑える役割を担う. **図82** に示した「湿」エクセルギーの消費が鍵となる.

図83は光水合成の速さ（上段）と根から吸い上げられる水のうちグルコースとなる割合（下段）が，日射の強さ，風速の大小とどのように関係するかを上に述べた計算に基づいて描いたものです．外気温と湿度は24℃；50%と仮定しています．上段の図を見ると，日射が強くなったときには風もそれなりに強ければ，光水合成はよく進行することが分かります．風は蒸発作用を促進させて葉温を下げる効果があるからです．下段の図を見ると，液体水が固定されやすいのは，日射が弱すぎず強すぎない場合であることが分かります．

風速に応じて描いた4本の線は日射の強さが200W/m²辺りで折れ曲がっていますが，これは気孔開度・葉温の液体水固定率に対する影響度合いが200W/m²辺りで変化するからです．外気温・湿度の条件が変わると，曲線の折れ曲がり位置は異なってきます．いずれにせよ根が吸い上げる水量の1~1.5%だけがグルコースに固定されます．根が吸い込んだ水の98.5~99%は植物たちの身体を通り抜けて蒸発・拡散して大気中に出ていくのです．

§30.「真空の発見と水蒸気圧」で議論したように，逆さにしたガラス管内の水銀の高さは760mmが限界でした．水銀ではなく水であれば，10mが限界です．これらはいずれもガラス管外の大気が押し上げているのでした．樹冠の上端が10mを超す大木は珍しくはありません．ということは，水が10mを超す樹冠上端の葉面にまで届くのは，細胞壁と細胞たちが形成する微細な構造体のなかで働く分子間力によると考えられます．ロウソクの炎が灯り続けるのは，液化したロウソクが芯を昇り続けるからだと§25.「ロウソクの振る舞いと伝熱四態」で述べましたが，植物たちの水に対する振る舞いも同様です．

外気の相対湿度が100%となって蒸発不可となることは稀なので，土中の水が植物たちの身体を通じて大気中へと拡散していくのは，外気が適度に乾いているからだとも言えます．この働きは，同時に植物たちが自らの成長に必須の窒素（N）・リン酸（Pi）・カリウム（K）などの栄養分（溶質）が，水を媒質として運び上げられていると読むことができます．

CO_2濃度400ppmの大気では，61m³の空間に炭素1molが含まれていますが，グルコースでは$1.95×10^{-5}$m³という小さな空間に同数の炭素が存在

しています．空間の大きさが300万分の1にまで縮んでいるので，著しい凝集と言えます．この凝集を可能にしているのはグルコース1mol当たり400~600molの水が蒸発・拡散するからです．600molの液体水の占める体積は$1.1\times10^{-2}m^3$，水蒸気のそれは$1.0\times10^3m^3$です．9万倍を超える著しい拡散です．大量の水分子たちが液体から気体へと姿を変え，水分子たち一つひとつの占有空間が大きくなることで，葉にとっては残っていてほしくない熱——廃熱——が持ち去られます．**図81**の左に示すように，炭素の凝集は，日射の吸収によって促進される水の拡散があってこそ生じているのです．植物たちの生き様は見事と言う他ないと，冒頭に述べた所以です．

第7章
人体の振る舞いとエクセルギー

§34. 体温調節と適応・行動

ミトコンドリアは体内のコジェネレーションシステム

　私たちヒトの体温は，激しい運動時や疾病時を除いて，ほぼ37℃一定に保たれています．ここで言う「体温」とは，心臓や肝臓・胃腸ほか臓器のある体幹部分の温度を指します．顔面や手先・足先といった身体の周縁部分の温度は，体外熱環境の変化に応じて低めになったり高めになったりしますが，時間平均を取れば必ず37℃より低めです．なぜなら体外への放熱が不可欠だからです．

　体幹部分の温度がほぼ一定となるような調節機構を持つ動物を「恒温動物」と呼びます．ヒトは恒温動物の一種です．「恒温」と言うと，体温が厳密に一定であるかに思えるかもしれませんが，そういうことではありません．体温には実のところ変動があって，早朝に最低値，昼過ぎに最高値となる傾向があります．最高と最低の差は，§17.「恒常性の維持と「感覚−行動」プロセス」の**図27**（109頁）に示したとおり1℃ほどです．このような変動性は，系統発生の初期に現われた変温動物たちの体温が名残りとして今なお私たちヒトの体内に存在していることを意味します．環境変動に応じて展開されてきた系統発生は，一部の動物たちに適応の仕方の一つとして体温の恒常化をもたらしたのだと考えられます．

　いちいち意識する必要なしに体温の恒常性を維持してくれる調節機構が，脳を中心として体内に備わっているのは，大変ありがたいことです．時とし

§34. 体温調節と適応・行動　　239

て発現する暑さや寒さの知覚そして意識, ひいては環境を改変するための行動は, 体温調節とどのように関係しているのでしょうか？ 以下ではこのことを考えてみましょう.

　私たちが生きていくことの基本は, 改めて言うまでもなく食物の摂取です. 食物には大きく分けて2種類あります. 一つは身体の様々な機能（カタ）を働かせ続けるための燃料としての食物, いま一つは身体の構造（カタチ）を維持し続けるための素材としての食物です.

　燃料としての食物の代表は, 前講 §33. で述べた光水合成がつくり出すグルコース（$C_6H_{12}O_6$）です. 食物に含まれているグルコースは, 胃腸で消化・吸収されたあと血液に乗って身体の隅々まで運ばれ, 細胞の一つひとつに辿り着くと, その内部にある微小器官ミトコンドリアに取り込まれて ATP（アデノシン三リン酸）に変換されます. ATP は, 光水合成を進行させるのに鍵となる物質の一つで, 図81（230頁）に示したように, ADP（アデノシン二リン酸）と Pi（無機リン酸）が合体したものです.

　グルコースはありがたい物質ですが, 化学反応性がとても高いので, 実のところ生体にとって危険な物質でもあります. したがって, 生体にとって安全で扱いやすい ATP が生成されるのです. ミトコンドリアは, 30数億年にわたる系統発生の初期段階では独立した単細胞生物の一種だったらしいのですが, 系統発生が単純から複雑へと展開していく過程で, 多細胞の動物・植物の細胞内に共生するようになったと考えられます. 生きものたちの多細胞化そして巨大化は, 反応性が高くて危険な酸素分子たちへの不用意な接触を避けるのに都合がよいのですが, その一方で酸素の取り込みを困難にもしてしまいます. というわけで, 多細胞生物たちは自身の細胞内部に酸素利用が得意な単細胞生物（ミトコンドリアの前身）を棲まわせるようになったと考えられます. 細胞内共生の始まりです.

　ATP は大きく分類して, ①筋肉繊維ミオシン・アクチンの収縮, ②アミノ酸からのタンパク質の合成, ③神経細胞膜ポンプの運転という三つの仕事を目的として利用されます.

　ミトコンドリアがグルコースを取り込み, ATP を産出する過程を図84に

示します．この過程をエクセルギー収支式として表現すれば，［グルコースのエクセルギー］－［エクセルギー消費］＝［ATP のエクセルギー］＋［温エクセルギー］となります．

　具体的な数値を収支式に当てはめてみましょう．1 日当たりに大人が必要とする栄養（燃料としての食物の発熱量）がおよそ 1600kcal だとすると，これは 77.5W に相当し，体内へのグルコース 1mol 当たり発熱エネルギーは 2808kJ なので，取り込み個数としては 1 秒当たり 27.6 μmol となります．グルコースの 1mol には 2978kJ のエクセルギーが蓄積されています[*1]．これらの値から，ミトコンドリアたちがグルコースからエクセルギーを得る速さを求めると 82.2W となります．その一部を消費することで，ATP にエクセルギーを蓄積し，同時に産み出される温エクセルギーを細胞内の空間に放出します．ミトコンドリアは取り込んだグルコースのエネルギーのうち 35 ％ほどを ATP に蓄えることが知られており[*2]，また，そのエネルギーのすべてがエクセルギーと見なせます．したがって，ATP に蓄えられるのは 27.1 (=77.5 × 0.35) W のエクセルギーです．温エクセルギーは，環境温度が高めなときに 1W ほど，低めなときに 5W ほどです．

　以上の概数値を上に記した式の対応する各項に代入して，式の両辺が等しくなるようエクセルギー消費を求めると，50~54W となります．消費は入力の 61~66％です．

　私たちが自らの身体を動かせるのは，筋肉細胞中にあるタンパク質繊維（ミオシン・アクチン）の束が統一的・調和的に収縮するからですが，これは ATP

＊1) §24.「自然光源と人工光源」でお話ししたように，エクセルギーのエネルギーに対する比を「有効比」と呼びます．グルコースの有効比は 1.06 (=2978 kJ/2808 kJ) です．1.0 超えとなるのは，熱力学の原理に照らして在り得ないはずのなのですが，既知の熱力学データに従うと，このような結果になります．同様にスクロースでは 1.18，グラファイトでは 1.04 となって，やはり 1.0 超えとなります。これらの他に 1.0 を超える物質は（私の知る限り）ありません．既知の熱力学データに誤りがないとすると，これらの分子形態には未だ知られていない何か特異な性質が潜んでいるのかもしれません．
M.Shukuya, "Exergy : Theory and Applications in the Built Environment", Springer-Verlag, London, 2013, pp.302-304.

＊2) J.B. Reece et al., Campbell-Biology, 9th Edition, Pearson, 2011, pp.219-223.

§34. 体温調節と適応・行動　　　241

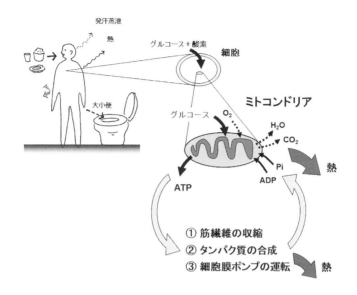

図84　細胞内のミトコンドリアが担う三つの仕事と発熱．ミトコンドリアはグルコースの保有するエクセルギーを得て，その一部を消費することでADPとPiからATPを生成する．消費は発熱を意味する．ミトコンドリアの活動は発熱を伴う．

のエクセルギー消費によってなされます．**図84** に記した①筋繊維の収縮とはこのことです．

　ヒトの身体は，つくられては壊れ，壊れてはつくられることを絶えず繰り返しています．神経や心筋の細胞群を除くと，大人の身体では10年も経てば大部分の細胞群が入れ代わります．原材料としての食物を摂取しなくてはならないわけです．

　10年ほど前に撮影された自分の写真と，鏡に写る今の自分を見比べると，顔の皺が増えたとか，白髪が増えたとかに気付かされますが，10年前も今も同じ自分であることは間違いありません．物質的な入れ替わりが生じても自己同一性が保たれるわけです．

　これは，両親から受け継いだ遺伝情報が絶え間なく発現されて細胞たちが

新たに生成されつつ，使い古された細胞は壊され排出され続けているからです．体細胞一つひとつの中心に存在するDNAに収められている遺伝情報が，私たちの身体を構成するタンパク質として発現されるのです．その過程もまたATPのエクセルギー消費によってなされます．**図84**に記した②タンパク質の合成とは以上のことです．

　ヒトの身体は絶えず周囲環境の変化を感知して不快を避ける行動をとります．そのために存在する神経系は神経細胞が持つ細長い枝状の軸索と呼ばれる膜に沿って電気信号が伝わることにより働きます．膜の内外にあるナトリウムイオン（Na^+）・カリウムイオン（K^+）それぞれの濃度差に現われる変化が波動となって末梢と中枢の間で行き来するのです．イオン濃度差がなくなってしまったら，波動の伝達は起こりようがないので，濃度差に変化が生じると，その後すぐに元どおりの濃度差にしておく必要があります．細胞膜上には，そのためのイオン搬送ポンプが無数に並んでおり，絶え間なく運転されています．この運転もまたATPのエクセルギー消費によってなされます．**図84**に記した③細胞膜ポンプの運転とはこのことです．

　以上①～③をまとめて，エクセルギー収支式として表現すると，［ATPのエクセルギー］－［エクセルギー消費］＝［温エクセルギー］となります．ミトコンドリア内部の場合と同様に温エクセルギーが産み出され，体内空間に放出されます．この温エクセルギーは環境温度が高めのとき0.6W，低めのとき2.8Wほどです．これらの値をATPのエクセルギー27.1Wとともに上の式に代入して，両辺が等しくなるようエクセルギー消費を求めると24.3～26.5Wとなります．ATPのエクセルギーは90～98％が消費されるのです．

　結局のところ，身体の全体で生成される温エクセルギーの合計は，環境温度が高めの場合に1.6（=1+0.6）W，低めの場合に7.8（=5+2.8）Wです．体温の恒常性維持はこの温エクセルギーを利用して行なわれます．このように考えてくると，私たちヒトの身体の基本単位たる細胞内にある微小器官ミトコンドリアは，正真正銘のマイクロ・コジェネレーションシステムであることに気付かされます．動力（仕事）と熱の双方を産み出し，両者を有効利用しているからです．

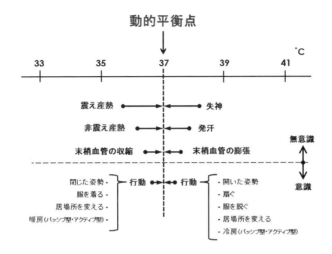

図85 体温の動的平衡と生理・行動．動的平衡が維持されるように体内では様々な生理現象が絶えず無意識のうちに起きている．意識は生理現象を基に生じる心理現象であり，その延長として様々な行動が現われる．

体温の動的平衡と人体の振る舞い

　体内では温エクセルギーが産み出されているわけですが，これは生きている限り持続します．ということは，出力された温エクセルギーは体外へと絶え間なく排出される必要があるとも言えます．排出できなければ，体温の恒常性を維持することは適いません．そういうわけで，私たちヒトの身体には，体温37℃の維持を目標とした様々な生理・行動が生じます．**図85**はその大略を示したものです．

　温度軸の中央に記した37℃は動的平衡点です．37℃より高くも低くもならないよう生理と行動が発現します．37℃に沿う破線の左側に体温低下を招かないための生理・行動を，右側に体温上昇を招かないためのそれらを記しました．温度軸に平行な破線の上側に記したのは，無意識のうちに起きる生理現象，下側は意識を伴って起きる行動です．

　無意識のうちに現われる生理現象で絶え間なく起きているのは末梢血管の

収縮・膨張です．手足の指先周囲の温度が低いとき，余計な放熱を防ぐために脳内の体温調節機構は血管を収縮させて血液の流れを減らす指令を出します．指先から心臓へと戻っていく血液の温度は，放熱によって低下しているので，血液量が大きいままでは体幹の温度を下降させかねないからです．末梢血管の膨張は放熱促進のためです．血流量が増せば，体幹の温度上昇を招かずに済むからです．

　血管の収縮だけでは放熱を防ぎきれないときは筋肉繊維の収縮運動（図84の①）を本来の仕事でなく発熱に利用します．周囲温度がそれほど低くない場合は，震えを伴わない発熱（非震え産熱），かなり低い場合は，震えを伴う発熱（震え産熱）となります．震えは無意識のうちに始まりますが，やがて意識に上るでしょう．小学生の頃，体育の授業に水泳の時間がありました．梅雨明け前でまだ暑くはないのに温水ではないプールに入らされ，一寸だけ泳いだ後にプールサイドに座らされたときのことを今でも覚えています．身体がガタガタと震えて止まらなかったのです．少なくはない同級生たちも同様でした．まさしく震え産熱が生じていたのだと思います．

　非震え産熱の対極に位置して暑さに応じて現われるのは発汗です．発汗は，血液中の水分が汗腺によって絞り出され皮膚表面に滲み出る現象です．注意しておきたいのは，汗が出ても体温が下がるとは限らないことです．周囲空気の温度・湿度が高過ぎれば，蒸発は不十分．皮膚表面は濡れるばかりで放熱は適いません．

　高温・高湿の環境下で，しかも激しい運動を行なっていれば，体温が異常に上昇し始めます．そうすると，脳内の体温調節機構は失神を起こさせることがあります．失神は発熱を抑えるための究極の方法と考えられます．人体では筋肉運動が激しくなれば，発熱が増加することはご存知のとおりです．横たわり目を閉じて安静にしているときの発熱が最小です．失神して倒れれば，頭を打つなどの危険を伴い，打ち所が悪ければ致命的です．にもかかわらず失神するのは，体温上昇がより致命的になり得るからでしょう．イチかバチかの最終手段に打って出るのだと考えられます．

　酷寒で起きる震え産熱や酷暑で起きる失神は，いずれも安全・健康を損な

う可能性が大きいので，もちろん防がねばなりません．私たちが日々の生活を営む室内外の空間は，そのようなことが起き得ないようにしなくてはなりません．そのための行動には**図85**の破線より下側に示す様々な手段があります．最も簡単なのは，寒さの知覚とともに取る閉じた姿勢，暑さとともに取る開いた姿勢です．放熱可能な体表面積を減らすのが閉じた姿勢，増やすのが開いた姿勢です．暑いときに開いた姿勢を取るだけでは不十分なら，首周りを扇ぎます．

厚着は放熱の抑制，薄着は放熱の促進です．これらの行動は，末梢血管に起きる収縮・膨張の生理と整合的です．冬の陽だまりには温かさを，夏の木陰には涼しさを覚えます．室内でも同様の空間を見つけて，居場所を変えて過ごすのも適切な行動です．居場所の変更が得意な犬・猫たちの振る舞いには学ぶべきところが大いにあります．

以上のような生理・行動の延長として存在するのが，パッシブ型そしてアクティブ型技術です．これらが相補的にしかるべく働くところに温もりある暖房空間，そして涼しさある冷房空間は現われるでしょう．20世紀後半に入って以来，発展が際立ってきたアクティブ型技術は，図らずもパッシブ型技術の発達を遅滞ないしは後退させてしまいました．アクティブ型技術に伴いがちな強引さがエネルギー・環境問題の認識を生んできたことは，§7.「"エネルギー問題"は何が問題か？」や§23.「程よい明るさと人工照明」などの議論で既に指摘してきたとおりです．程よい断熱・気密性，そして程よい遮熱・通風性を有する建築外皮の構成，相補的に働き得る機械・電気設備の抑制的な構成を探求していくことの重要性を再び思います．

§35. 温もりの創出と放調

太陽の 6000 倍に及ぶ人体の発熱密度

喉元から食道・胃・小腸へと至る栄養物質の搬送，そして小腸から大腸を経て肛門へと至る糞便の搬送は，不随意筋で構成された管壁の蠕動によって

なされます．手足の動作や発話は，骨格の各部に沿った随意筋たちの運動によってなされます．これらはいずれも仕事なので発熱を伴います．仕事と発熱の関係は，§27.「仕事・熱とエネルギー保存則」に述べたとおりです．私たちが安静にしているときの発熱は，およそのところ脳が発熱全体の20%，肝臓が21%，心臓が9%，腎臓が8%，骨格筋が22%，その他が20%です．

　真夏の炎天下に覚える不快な暑さ，そして厳冬の陽だまりに覚える心地よい温かさは，いずれも太陽からやってくる放射（＝光＝電磁波）が熱化することによって生じます．地球は太陽に引かれて1年当たり365日を要して公転していますが，その間，太陽は絶え間なく四方八方にほぼ均等に電磁波を放っています．この電磁波が宇宙空間へ運び去るエネルギーの全体を太陽の質量で割れば，太陽の発熱密度になります．

　その値を計算してみると，0.194mW/kgとなります．人体の発熱密度（体重1kg当たり1秒当たりの発熱）は安静時とすると，およそ1.2W/kgです．したがって，ヒトの発熱密度は太陽の6000倍ほどもあります．発熱密度を身体の部位ごとに求めると，脳は12W/kg，肝臓は10W/kg，心臓は23W/kg，腎臓22W/kgとなって，脳は太陽の6万倍，心臓と腎臓はいずれも12万倍にも及ぶことが分かります．

　心臓は生きている間ずっと働き続けてくれる血液の循環ポンプですが，投入されるエクセルギーは体重70kg（心臓はおよそ0.3kg）の人では7Wほどです．ポンプが必要なのは，血液と血管内壁面の間に絶えず摩擦力が働き，これに抗して仕事を注入しなければ血液の流れが維持できないからです．腎臓は老廃物を血液中から漉し取るための仕掛けですが，この目的のために微細な血管群が網状に構成されています．その中を血液が絶え間なく貫き流れるので，大きな摩擦熱が発生します．そのため腎臓の発熱密度は心臓のそれと同様に大きいわけです．

　体温の恒常性維持は，前講§34.でお話ししたとおり，恒温動物として生きていくのに必須ですが，発熱密度が著しく大きい内臓たちの存在を認識すると，私たちの身体は，夏はもちろんのこと，冬でもしかるべく放熱できなくてはならないことに気付かされます．

人体のエクセルギー消費速さに大きく関係する周壁温度

体内の諸活動の結果として生成される温エクセルギーは，§34. で示したように 1.6~7.8W です．これらは安静時の値です．日常的な活動時ではもう少し大きめ (2~12W) になります．いずれにせよ，この温エクセルギーは体温維持のために消費されます．人体のエクセルギー収支は，室内環境について4条件，屋外環境について2条件，人体について2条件，合計8条件に応じて決まります[3]．室内環境の条件とは，周壁の平均温度，空気温度，空気湿度，気流速の4つ，屋外環境の条件とは，外気の温度と湿度です．人体の条件は，着ている服の熱抵抗，身体の運動状態で決まる代謝熱です．

エクセルギー収支式は必ず[入力]−[消費]＝[蓄積]＋[出力]と表現できます．左辺の2項目に記した [消費] の1秒当たりの値を人体の熱エクセルギー消費速さ(略称 Xc) と呼びます．収支の全体は，上に挙げた8条件に応じて様々な値を取り得ますが，Xc に着目すると，いろいろと面白いことが分かります．

人体熱エクセルギー消費速さ(Xc)は一般に小さめになるのがよいと言えます．小さめの Xc は人体にかかる熱的なストレスが小さいことを意味するからです．人体周囲の温湿度が異常に高くて体温が上昇し始めてしまうような場合は Xc が著しく小さくなるので，そのような状況は除外してのことです．言い換えると，Xc は可能な範囲内で小さめになるのが良いのです．上述のように人体は発熱密度がとても大きいために排熱を必須とするので，無理なく排熱できる室内環境で Xc は小さめになると考えられます．

図86 は，冬の条件 (外気温湿度が5℃：50%) で，冬服を着ている人が机に向かって仕事をしており，時折立っては本棚前に向かう程度の活動状態にある場合について，周壁平均温度(略称 MRT)と Xc の関係を示しています．Xc は体表面 1m² 当たりの値です．室内空気は静穏(0.1m/s)で相対湿度は50%，空気温 (t_ia) は 14，18，22，24℃の4ケースを想定しています．4種類のプロット群が空気温の違いに対応しています．

---

[3] M. Shukuya, "Bio-Climatology for Built Environment", CRC Press, 2019, pp.271-317.

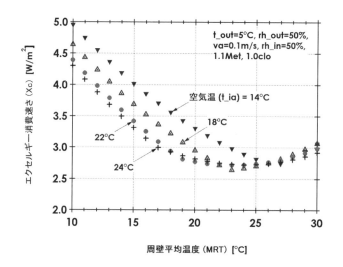

図86 冬季における人体のエクセルギー消費速さ (Xc) と周壁平均温度 (MRT) の関係. MRT には Xc が最小となるようなおよその範囲がある. 空気温が 14℃ では MRT がかなり高めで Xc は最小となるが, 空気温が 18℃～24℃ では MRT は 21~23℃ の範囲で Xc は最小となっている.

図86 の全体を眺めると, MRT には Xc を小さくさせる最適な値があって, それは 20~24℃ の範囲にあることが分かります. MRT がこの範囲にあれば, 空気温 (t_ia) が 18~24℃ のいずれであっても Xc の値にあまり違いはありません. MRT が 24℃ を超えると, Xc は大きくなりますが, これは発汗が生じるからです. 汗の蒸発は皮膚表面温度を降下させるので, 体内中心との温度差が大きくなって, Xc は大きくなるのです.

この図の作成に当たっては, 室内用の冬服 (その断熱性は専門用語で 1.0clo) を想定しました[*4)]. MRT が 24℃ を超えれば上着を脱ぐのが普通ですが, 冬服を着たままと仮定したのです. 薄着 (0.6clo) になったとして計算し直してみ

---

*4) 1 clo (クロ) は熱抵抗 0.155 (m²・K) /W を 1 単位とした断熱性の指標です. 裸体は 0 clo, T シャツ・短パンは 0.3 clo, 長袖シャツ・合服長ズボンは 0.5 clo, 長袖シャツ・セーター・冬用長ズボンは 1.0 clo に相当します.

ると，25℃で2.7W/m²だったXcが2.2W/m²にまで小さくなりました．服を脱ぐ行為は人体の熱エクセルギー消費速さを小さくするためと言えます．

周壁平均温度（MRT）が10~15℃の場合を見ると，空気温度の高低がXcの大小に大きく影響しています．14℃から18℃へ，また18℃から22℃への変更は，Xcの著しい低下をもたらしますが，22℃から24℃ではXcの低下は小さいことが分かります．

既設の戸建住宅・学校建築などで，暖房を必要とする室内でMRTが15℃に満たないような例は少なくありません．それらの建物では空気を加熱する暖房機器（アクティブ型技術）がよく使用されていますが，本来あるべき暖房が行なわれているとは言えません．MRTが低いままに空気温を上昇させても，人体エクセルギー消費速さは十分には小さくならないからです．

壁体の高断熱化と「温」放射エクセルギー

物質はみな，その温度に応じて必ず放射（＝光＝電磁波）を周囲に放ちます．建築壁体も例外ではありません．実は，この壁体が発する放射についてもエクセルギーの計算が行なえます．その1例を**図87**に示します．横軸が壁体表面温度，縦軸が放射エクセルギーの出力速さです．この図は，外気温5℃の場合に，壁表面積1m²当たり1秒当たりにエクセルギーが放射（＝電磁波）によって何J（ジュール）出るかを表わしています．

放射エクセルギーは，壁の表面温度が外気温と等しい場合にゼロで，表面温度が外気温より高くても低くても正の値となります．放射エクセルギーは，表面温度と外気温の差に対して二次曲線状に大きくなる性質がありますが，これは**図69-b**（200頁）に示した水の保有する温・冷エクセルギーと同様です．表面温度が外気温より高い壁は「温」放射エクセルギーを，低い壁は「冷」放射エクセルギーを発します．図中に記してある2式は，上が放射エクセルギーの精算式，下が略算式です[5]．**図86**に示したように，程よく高めのMRTでXcは最小になりますが，これは室内空間が温放射エクセルギーで程よく

---

[5] M. Shukuya, "Bio-Climatology for Built Environment", CRC Press, 2019, pp.181-185.

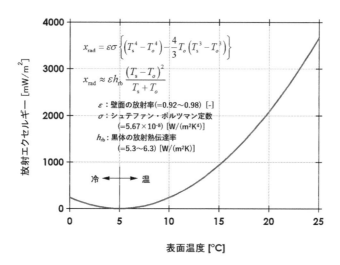

図87 壁体の表面温度と放射エクセルギー出力速さの関係（外気温5℃の場合）．「温」放射エクセルギーには表面温度の上昇とともに急上昇していく性質がある．

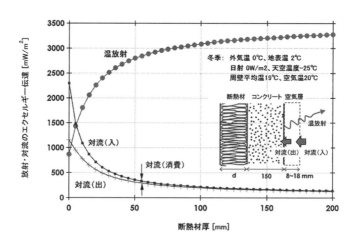

図88 外壁の高断熱化（外断熱）と放射エクセルギー，および対流によるエクセルギー伝達の計算例（冬季の場合）．断熱材の厚さが増すと「温」放射エクセルギーは増加していく．そうすると，対流によって運ばれるエクセルギーとその消費が著しく減少する．

§35. 温もりの創出と放調　　　251

満たされていることを意味します．それがどれほどかを**図87**から読み取ると，2000mW/m² 以上，3000mW/m² 以下と言えるでしょう．

　冬に温放射エクセルギーを得やすくするにはどうしたらよいでしょうか？パッシブ型技術でもアクティブ型技術でも可能ですが，前者が後者よりも簡単であり，また優先されるべきです．**図88** は，厚さ 150mm のコンクリート躯体の室外側に付加される断熱材の厚さに応じて壁体内表面から室内空間に向けて出力される放射エクセルギーがどのように変化するかを，外気 0℃，天空 −25℃，地物 2℃，室内の周壁 19℃，室内空気 20℃を条件として計算してみた結果を示しています．横軸は断熱材（熱伝導率 0.04W/mK のセルロースファイバー）の厚さを，縦軸は壁表面から室内空間に向かって出てくる放射エクセルギーと対流によって室内空気から壁へと伝わるエクセルギーを表示しています．対流はコンクリート壁の室内側表面に接する空気分子たちが集団を成して統一的に下降（あるいは上昇）することによって生じます．その厚さは対流が激しいと薄く、穏やかだと厚くなります．具体的な厚さは 8~18mm 程度です*6)．

　温放射エクセルギーは，断熱材厚ゼロで 900mW/m² ほどが出力されますが，材厚の増加に伴って，著しく増加していきます．その一方で，室内空気から壁体内部へと入っていく温エクセルギーは著しく減少していくことが分かります．減少傾向にあるこれら 2 本の曲線の差は，対流が引き起こすエクセルギー消費速さです．例えば，断熱材厚ゼロでは対流（入）が 2300mW/m²，対流（出）が 1100mW/m² で，その差 1200（=2300 − 1100）mW/m² が消費されます．この消費は，断熱材厚 100mm ではほぼゼロになっています．

　図88 の全体を見て分かるのは壁体の断熱性向上の重要性なのですが，併せて注意したいことは，温放射エクセルギーの増加と対流によるエクセルギー伝達の減少が断熱材厚と比例関係にはないことです．材厚 0mm から

---

*6) 壁表面に沿って下降（あるいは上昇）する空気の薄層を「境界層」と呼びます．そのおよその厚さは空気の熱伝導率（0.026W/m・K）を対流熱伝達率（対流による熱の伝わりやすさ，単位 W/m²・K）で割った値で与えられます．壁表面と空気の温度差が大きいと対流は起きやすいので，境界層は薄くなります．温度差が小さいと境界層は厚くなります．

100mmへの変更では著しい効果が期待できますが，100mmから200mmの変更ではそれほどではありません．適切な厚さとすることが肝要なのです．

建物の断熱性向上は，冬の室内空間に温放射エクセルギーをしかるべく発現させ，そこに私たちヒトは「温もり」と呼ぶべき心地よさを知覚します．そのような空間，そして創出の仕方を指して「温房」と呼びたいと思います．断熱性の適切な向上は「放調」（放射の調節，ラジコン）のためであり，放調が温房を創出すると言えます．

断熱性が不十分な建築物で，暖房を空調（エアコン）だけに頼っている事例はたいへんに多いですが，それらの室内空間では「暖かさ」が強要されがちです．強要と言うのは，心地よいことが稀でしかないからです．冬にはできるだけ動かないようにすべき室内空気が強制的に加熱され，かき回されるので心地よくないのです．そこに現われるのは「温もり」とは言い難い知覚です．無理強いが故に不快となりやすい暖房の仕方を「強暖」と呼び，「温房」と区別したいと思います．

強暖が行なわれている室内空間は，多くの場合，温房への改変が必要でしょう．そのためには，まずはパッシブ型技術，次いで相補的に働き得るアクティブ型技術を必要に応じて設える．この順序を誤まらないようにしたいものです．

§36. 涼しさの創出と放調・通風

必要な周壁面からの程よい冷エクセルギー

暖房は室内空間を暖めること，冷房は室内空間を冷やすこと．これらの定義は十分に明確であり，改めて問い質すまでもない．30年前までの私はそのように捉えていましたが，今に到ってかなり考え方が変わりました．

§34.そして§35.でお話ししたように，暖房はパッシブ型とアクティブ型の技術からなり，それぞれが単独で発現させる室内環境には「温房」・「強暖」なる語が当て嵌まるような違いがあると思うようになったからです．暖房・

§36. 涼しさの創出と放調・通風　　253

　冷房なる語が指し示せる内容はかなり粗い（あるいは広すぎる）ので，もう少し精緻な表現があった方が良いと思って，「強暖」・「温房」なる語を前講§35. で提案しました.

　「雨」には小糠雨・五月雨・春雨・梅雨・霧雨のような多様な表現があって，雨の降り方，あるいはそれに伴って現われる佇まいを的確に表現できます.「風」には微風・薫風・炎風・突風・暴風などがあり，「魚」には秋刀魚・太刀魚のほか，魚編の漢字が鯵・鮪など多数あります. いずれも日本の地域性が日本語を豊かにしてきた結果と言えるでしょう.

　暖房や冷房についても，これらを大枠として，方法の違い，そして発現される室内環境の質に応じて的確な表現が加わると，開発されてしかるべき技術の描像（イメージ）が明瞭になり，望ましい展開が図れるに違いない. そう思います. 前講で述べた暖房に引き続き，今度は冷房について考えてみましょう.

　図89 は夏の条件（外気温湿度が 32℃：60%）で，夏服（0.4clo）を着ている人が机に向かって仕事をしており，時折立っては本棚前に向かう程度の活動状態にある場合について，周壁平均温度（MRT）と人体エクセルギー消費速さ（Xc）の関係を示しています. 上段 **a)** は室内空気の温湿度を 26℃；60%，下段 **b)** は30℃：60% を目指して空調（エアコン）が行なわれている場合です. 図中にある4種類のプロット群はそれぞれ人体周りの気流速が 0.1, 0.3, 0.5, 0.8m/sの場合に対応しています. 冬の場合の計算結果を示した**図86** では，空気温の違いに応じて4種類のプロットとしましたが，**図89** では気流速の違いに応じて4種類のプロットとしています. その理由は，人が暑さを知覚した際にまず行なうのが，首元などを扇いで気流速を増す行為だからです.

　a) を見ると，MRT には Xc を最小とさせる値があることが分かります. その値は気流速が大きくなるにしたがって高めに移り，しかも Xc の値をも小さくさせています. 例えば，気流速 0.1m/s では MRT = 25℃で Xc は最小値 2.25W/m²，0.8m/s では 30℃で最小値 2.05W/m² です. 室内空気温 30℃の **b)** でも全体的な傾向は 26℃の **a)** と同様ですが，注意したいのは，4種類のプロット群に見られる差が小さくなっていることです. MRT = 22℃で

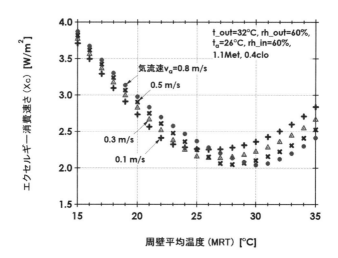

a) 室内空気の温度・湿度はそれぞれ 26℃,60% の場合

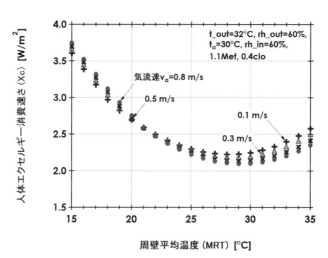

b) 室内空気の温度・湿度はそれぞれ 30℃,60% の場合

図89 夏季における人体のエクセルギー消費速さ(X_C)と周壁平均温度(MRT)の関係.上の図 **a)** は室内空気温度が低め,下の図 **b)** は高めの場合である.MRTには X_C が最小となるような(気流速に応じた)範囲がある.この傾向は冬季の場合(**図86**)と同様である.4種類のプロット群はそれぞれ気流速 0.1,0.3,0.5,0.8 m/s に対応している.

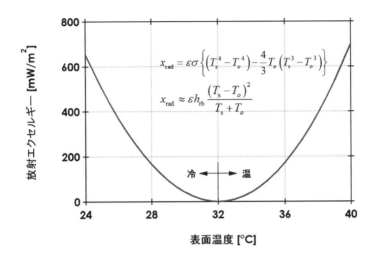

図90 壁体の表面温度と放射エクセルギー出力速さの関係(外気温32℃の場合). 表面温度が外気温より低ければ「冷」放射エクセルギー, 高ければ「温」放射エクセルギーが発出される. 放射エクセルギーの式は**図87**に記したものと同じ.

は4種類のプロットすべてが重なり合っています. MRTが高くなっていくと, 気流速が大きいほどXcは小さめとなっていく傾向があります. 私たちヒトは一般にMRTが高く, また, 空気温が高くなると, 首元などを扇ぐ動作を取りますが, これは人体エクセルギー消費速さを小さくするためと言えるでしょう. 冬の室内でMRTが必要以上に高い場合に人は上着を脱ぎます. それはXcを小さくするためだと§34.で述べましたが, 夏に首元などを扇ぐ行為もXcを小さくするためと言えます.

図89では外気温32℃を想定しているので, 周壁平均温度(MRT)が32℃より低ければ, 周壁からは冷放射エクセルギーが出力されます. それがどれ程かを知りたいと思って作成したのが**図90**です. この図は, 夏の室内で現われ得る壁面温度の範囲(24〜40℃)を対象に描いてあります. 表面温度28〜36℃を見ると「冷」・「温」放射エクセルギーともに0〜200mW/m²にあることが分かります. 「冷」と「温」は, 値が同じであっても意味合いがまったく異なる

ことに注意してください．程よい「冷」放射エクセルギーは心地よい冷たさを知覚させるのに対して，「温」放射エクセルギーは，その真逆，熱射病の一因となり得る熱さを知覚させます．

人体エクセルギー消費速さ(Xc)を小さめに留めさせる周壁平均温度(MRT)の上限値は，**図89 b)** を改めて眺めて30℃ほどと見なせるでしょう．表面温度30℃の壁体は，**図90** から分かるように40mW/m²程度の「冷」放射エクセルギーを発します．外気温より2℃ほど低めの室内側表面はXcを最小化するのに効果的と言えそうです．

断熱と「冷」放射エクセルギーの創出

今度は**図91** を見てください．この図は厚さ150mmのコンクリート躯体の屋外側に付加される断熱材の厚さに応じて壁体内表面から室内空間に向けて出力される放射エクセルギーがどのように変化するか，また，室内空気から壁体内表面へと対流によって伝搬されるエクセルギーを，外気33℃，天空25℃，地物38℃，吸収される日射の強さ300W/m²，室内の周壁29℃，空気28℃を想定して計算した結果を示しています．冬の場合の**図88** と同様です．なお**図91** では縦軸の最下点が-400，原点（ゼロ）がそれよりも上（中央よりやや下）に位置していることに注意してください．このように負側を表示できるようにしたのは対流（出）の向きが夏の場合には正負いずれも生じ得るからです．

断熱材厚10mmほどのところを境にして薄い側では「温」放射エクセルギー，厚い側では「冷」放射エクセルギーが出力されています．材厚10mm未満では日射の吸収（300W/m²）に起因して壁内表面へ向かう熱の流れが大きいので，壁体内表面の温度は外気温より高くなってしまい「温」，材厚10mm以上では外気温より低い室内周壁の温度がより大きく影響して「冷」となります．「冷」放射エクセルギーは断熱材厚の増加とともに増しますが，次第に頭打ちになっています．

断熱材厚0mmでは対流（出）が負の値（-370mW/m²）となっていますが，これは壁表面から空気層への入り（＝負の出）を意味します．壁体内表面の温度

§36. 涼しさの創出と放調・通風

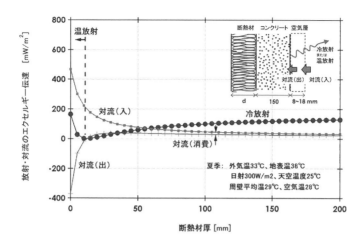

図91 外壁の高断熱化(外断熱)と放射エクセルギー,および対流によるエクセルギー伝達の計算例(夏季の場合).断熱材の厚さが増すと「温」放射エクセルギーの発出はなくなり,その代わりに「冷」放射エクセルギーが発出されるようになる.その過程で,対流によって運ばれるエクセルギーとその消費が著しく減少する.

が,断熱材なしでは外気温より4℃ほど高くなり,この表面に沿う上昇気流が温エクセルギーを室内空気に向けて伝搬するのです.上昇気流は室内空気が保持している冷エクセルギーの一部を壁表面に向かわせますが,その大きさは対流(入)の467mW/m^{2}です.この冷エクセルギーは,厚さ8mmほど*[7)]の境界層内部で起きる対流によって壁内表面から室内空気へと向かう温エクセルギー370mW/m^{2}を消滅させつつ自らも消費されきって無に帰します.そういうわけで,消費合計は837(=370+467)mW/m^{2}となります.

対流(出)が負の値になるのは断熱材厚0~10mmですが,これは不十分な断熱性が故に外壁の内部へと冷エクセルギーが入っていけないことを意味します.断熱材厚が増していくと,対流(入)と対流(出)の差として表わされる

[7)] 厚さの値はp.251の脚注[6)]に記した方法で求められます.

エクセルギー消費速さが次第に小さくなっていきますが，この減少が翻って冷放射エクセルギーの増加をもたらしていると言えます．

夏に不要な「温」放射エクセルギーを解消すると，その代わりに「冷」放射エクセルギーが現われるようになっているのは，天井や床・内壁面が29℃に保たれていると想定しており，これらの全体が発する「冷」放射エクセルギーが外壁内表面の温度を下げるからです．その効果は断熱材厚が増すことによって顕著になるのです．したがって，壁体の断熱性向上は夏にも有効ですが，注意しなくてはならないのは，顕著な効果が見られるのは断熱材厚0mmから100mmの範囲であって，100mmから200mmへの増加では効果はあまり大きくはないことです．これは冬について**図88**で確かめたのと同様です．

日除けの位置と放射エクセルギー

外壁については以上のことが言えるのですが，同様のことは窓についても考えなくてはなりません．窓は§23.「程よい明るさと人工照明」でお話ししたように，室内空間で程よい明るさを得るのに必要です．明るさを程よくするのに日除けが用いられます．窓に入射してきた日射はその一部が透過しますが，その際にガラスと日除けで必ず吸収が生じます．光が熱に変化するわけです．これは日射エクセルギーが著しく消費されて温エクセルギーが出力されることを意味します．

このことを確かめるために行なった計算結果2例を**図92**, **図93**に示します[8]．窓はいずれも低放射率付き複層ガラスに日除けが組み合わされています．**図92**は日除けが室内側に，**図93**は室外側にある場合です．複層ガラス・日除けそれぞれの光学特性は同一です．天空はよく晴れており，窓面に入射する日射エクセルギーは348.7W/m^{2}です．天空温度は外気温32℃より低く25℃，地物温度はやや高めで38℃です．複層ガラス・日除けの総体としての日射透過率は**図92**，**図93**ともに0.09（9%）ほどです．吸収率は**図92**では複層ガラス0.29(=0.18+0.11)，日除け0.34で合計0.63，**図93**では日除け

---

[8] 宿谷昌則：「窓における遮光・遮熱・断熱性の放射エクセルギーによる表現方法」，日本建築学会大会学術講演梗概集，2022年，pp.937-940.

§36. 涼しさの創出と放調・通風　　　　　　　　　　　259

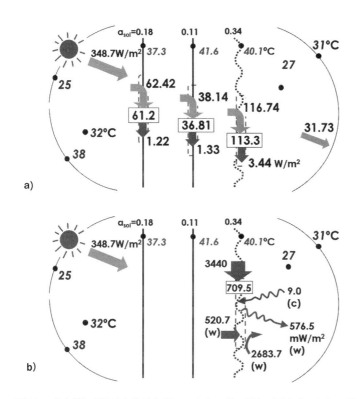

図92　室内側に日除けを設けた窓のエクセルギー収支．□内はエクセルギー消費，(w)は温エクセルギー，(c)は冷エクセルギーである．日除け材が日射を吸収すると大きなエクセルギー消費が生じ，ひいてはかなり大きな「温」放射エクセルギーが室内空間に向けて発出される．

0.57，複層ガラス 0.04(=0.03+0.01) で合計 0.61 です．日除けと複層ガラスそれぞれの吸収率が**図92**と**図93**でかなり違うのは，これらが室内側・屋外側のいずれに位置するかによっています．**図92**と**図93**のいずれも，**a)** が日射（光）の吸収による温エクセルギーの生成を，**b)** が窓の室内側面の熱エクセルギー収支を示しています．**a)** ではエクセルギーの単位が W/m^2，**b)** では mW/m^2 で表示されていることに注意してください．

図92-a) の日除けについてエクセルギー収支式を書くと，116.74（入力）−

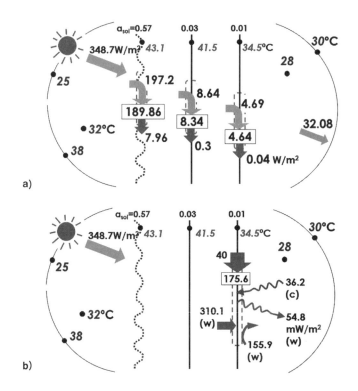

図93 屋外側に日除けを設けた窓のエクセルギー収支．□内はエクセルギー消費，(w)は温エクセルギー，(c)は冷エクセルギーである．日除けが屋外側にあっても日射の吸収によって大きなエクセルギー消費が生じるが，その結果として現われる「温」放射エクセルギーはガラスを透過することができない．したがって複層ガラスの室内側表面から発出される「温」放射エクセルギーは著しく小さくなる．

113.3(消費) = 3.44 (出力)W/m² となります[*9]．

　吸収される日射エクセルギー 116.74 W/m² の 97.4% に当る 113.3 W/m² が消費されて，3.44 W/m² の温エクセルギーが生じるのです．日除けの温度は日射の吸収によって 40.1℃ となっています．熱力学温度で表わせば約

[*9] 日除けとガラス板はいずれも十分に薄いため熱容量を無視できるので，収支式の右辺に［蓄積］の項はありません．

§36. 涼しさの創出と放調・通風　　　　261

313K（≒ 40.1+273）です．日射（光）に伴う熱力学温度は約 2400K（≒ 2100℃）で
極めて高いのですが，光から熱への変化で著しく低温になるわけです．低温
になるのはエクセルギー消費が著しく大きいからだとも言えます．

　図 92-b) は日除け材の日射吸収に起因して現われる温エクセルギー
3440mW/m^2（3.44W/m^2）を入力としたエクセルギー収支を示しています．室
内側日除けの温度（40.1℃）は外気温よりも高いので，温放射エクセルギーを
室内空間に向けて 576.5mW/m^2 発しています．室内側日除けが放つ
576.5mW/m^2 に及ぶ温放射エクセルギーは，日除けの位置を屋外側へと変
更することで減らせます．それがどれ程かを示したのが**図 93-b)** です．**図
93-b)** は複層ガラス室内側表面内に放出される温エクセルギー 40mW/m^2
（0.04W/m^2）を入力としたエクセルギー収支を示しています．複層ガラスの室
内側表面（34.5℃）から出る温放射エクセルギー 54.8mW/m^2 は**図 92-b)** に示し
た 576.5mW/m^2 のほぼ 1/10（≒ 54.8/576.5）です．言い換えると，室外側日除
けは窓の室内側面に 5.6（=40.1−34.5）℃の温度降下をもたらし，ひいては温放
射エクセルギーの出力を著しく減少させるのです．このことに加えて，対流
によって室内空気にもたらされる温エクセルギーにも**図 92-b)** と**図 93-b)** で
は大きな違いが現われています．40.1℃の室内側日除け（**図 92-b)**）からは
2683.7mW/m^2，34.5℃のガラス面（**図 93-b)**）からは 155.9mW/m^2 で，前者は
後者の 17 倍に及びます．

　冷房中の建物で室内空気温を下げ過ぎ……と思える事例は数多くあります
が，私の知る限り，それらのすべてで日除けは窓ガラスの室内側に設けられ
ています．暑さの主因たる温放射エクセルギーを小さくする工夫なしの冷房
では大きな冷エクセルギーを室内空気に与えざるを得ないのです．このよう
な冷房を指して「強冷」と呼びたいと思います．

　室内側の日除け内部に放出される日射の吸収がもたらす温エクセルギーを
入力とするエクセルギー収支式を，**図 92-b)** に示した数値を当てはめて表現
すると，3440（日射温）+ 520.7（温放・対）+ 9.0（冷放）− 709.5（消費）= 576.5（温
放）+ 2683.7（温対）mW/m^2 となります．左辺第二項は複層ガラスの室内側面
から日除けに向けての放射・対流で伝達される温エクセルギーの合計です．

この式では入力側で冷放射エクセルギーが9.0mW/m²，出力側で温放射エクセルギーが576.5mW/m²ですが，これらは**図92-a)**に示した室内側日除けが吸収する日射エクセルギー（116.74W/m²）に比べて桁違いに小さいことに注意してください．この桁違いの小ささは，§22.「波そして粒として振る舞う光」で**図50**(156頁)に示したように，長波長放射の光子が日射の光子よりもかなり軽いという事実と符合しています．言い換えると，日除けやガラスによる日射の吸収は光子の質量を軽くする効果があるのです．

　エネルギーは吸収の前後で保存され，この保存を条件として変化するのは光子一つ当たりの質量と光子総数です．日射の代表波長を0.55μm，長波長放射のそれを10μmとして光子質量の違いを求めると，日射（光）100に対して長波長放射は5.5となります．長波長放射の光子は日射（光）の1/20の重さでしかないのです．この変化をもたらすのが日射のエクセルギー消費（113.3W/m²）です．この消費を室外側日除けで生じさせれば，生み出される軽い光子たちは窓ガラスを突き抜け室内空間に入ってはこないので，**図93-b)**に示したように室内側表面の温度が，室内側日除けの場合の40.1℃より5.6℃低い34.5℃となったのです．

「強冷」から「涼房」へ

　私たちが室内空間の温度を下げたいと思うか否かは，放射エクセルギーが「温」か「冷」か，またそれぞれの値の大小と大いに関係していそうです．そこで，日除けや通風の有無に応じて放射エクセルギーの値がどのように変化し，それに応じて人が温度を下げたいと思うか否かを調べる実験を行なったことがあります．測定結果をまとめたところ，室内の温度を下げたいと思う人の割合が放射エクセルギーの大小と**図94**に示すような関係にあることが明らかになりました．

　横軸の中心をゼロとして，左側に「冷」，右側に「温」放射エクセルギー，縦軸は温度を下げたいと思う人の割合（百分率）を示しています．○プロット群と太めな横棒群は，異なる実験二つにそれぞれ対応しています．○プロット

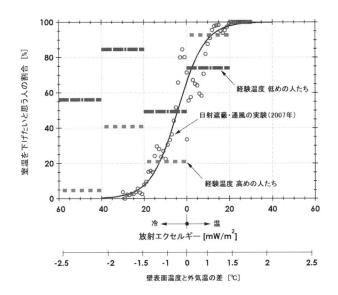

図94 「涼しさ」知覚と放射エクセルギー・経験温度の相関．経験温度が高めな人たちは小さな「冷」放射エクセルギーにさらされるだけで「涼しさ」を知覚できる傾向がある．他方、経験温度が低めな人たちは「冷」放射エクセルギーがかなり大きくならないと「涼しさ」を知覚することができないらしい．

群は，通風を行なっている木造住宅の1室における結果です．日除けが室内側の場合と室外側の場合の双方が含まれています．太めな横棒群は，大学の1教室で窓を閉め切って冷房なしの場合と窓を開放して通風を行なった場合の結果をまとめて示してあります．

　実線状の太めな横線は，経験温度が低めの人たち，点線状で太めな横線は，経験温度が高めの人たちの結果です．「経験温度」とは，実験に参加してくれた人たちのそれぞれが実験前1週間 (=24h/日×7日) に経験した時々刻々に変動する生活環境の温度平均値です．参加者全員の平均値27.6℃と比べて，個々人の平均値が高めを「経験温度高めの人たち」，低めを「経験温度低めの人たち」として区分しました．経験温度低めの人たちはエアコン冷房にさらされることが多く，経験温度高めの人たちはさらされることが少なめなこと

が1週間の温度変動から明らかでした.

　図94の全体を見ると,「温」放射エクセルギーが少しでも生じていると,かなり多くの（70%を超える）人たちが温度を下げたいと思うことが分かります. 外壁・窓における断熱・遮熱の重要性が改めて確認できます.

　「冷」放射エクセルギー 20~60mW/m^2 のところを見ると, 経験温度高めの人たちでは温度を下げたいと思うのは 40% 以下ですが, 経験温度低めの人たちでは 55% 以上になっています.

　経験温度の高低に応じて認識に違いが現われたことは重要だと思います. 経験温度低めの人たちは, 低温の室内空気にさらされることが多いために, 皮膚表面温度がかなり低くならないと冷たさ（あるいは涼しさ）を知覚できない. 言い換えると,「冷」放射エクセルギーに対する感覚が鈍化しているのだろうと考えられるからです.

　図94の横軸に記した放射エクセルギーの下には壁表面と外気との温度差が示してあります. 壁面の全体が外気温よりも 2℃ 低ければ, 40mW/m^2 ほどの「冷」放射エクセルギーが室内空間を満たします. 経験温度高めの人たちは, 小さな「冷」放射エクセルギーとともに, 通風や小さな扇風機がもたらす 0.2~1.0m/s の揺らぐ気流に「涼しさ」を知覚できていると考えられます.

　断熱・遮熱性の向上によって放調が適切に行なわれれば通風（パッシブ型技術）が大いに可能となり, 空調（エアコン）を行なうとしても低温に過ぎる空気を無理強いする必要はなくなるでしょう. 放調（ラジコン）のためのパッシブ型技術を基本として, 夏だからこその「涼しさ」が現われる空間とその創出の仕方を指して「涼房」と呼びたいと思います.

　放調（パッシブ型技術）が不在な故に遮二無二とならざるを得ないアクティブ型技術がもたらしてきた「強冷」は「涼房」への改変が必要です. そのためには, まずはパッシブ型技術, 次いで相補的に働き得るアクティブ型技術を必要に応じて設える. この順序が肝要なことは冷房でも暖房と同様なのです.

第8章
流れ・循環を成す自然と技術

§37.　換気と四つの力

流体と高圧・低圧エクセルギー

　温水や冷水の資源性はそれぞれ温エクセルギー・冷エクセルギーによって初めて正しく表現できるようになると，§29.「拡散能力・エクセルギーそして消費」でお話ししました．資源性とは拡散を引き起こす能力を意味します．したがって，エクセルギー概念は壁・窓・床・天井で囲まれた空間のうちに存在する湿り空気にも応用可能で，室内空間を占める湿り空気には温・冷エクセルギーに加えて湿・乾エクセルギーが保有されていると考えることもできると，§32.「湿潤・乾燥と湿り空気」でお話ししました．

　室内にある湿り空気の全体を一つの「系」と見なすと，その「環境」は外気です．エクセルギーは，系の温度＞環境温度ならば「温」，系の温度＜環境温度ならば「冷」，水蒸気圧（正確に言うと化学ポテンシャル）が系＞環境ならば「湿」，系＜環境ならば「乾」です．拡散能力を意味するエクセルギー概念を用いると，熱と湿気のそれぞれに生じる拡散現象が統一的に表現可能になるところが重要です．これらの計算事例は，§32.の**図79**(226頁)に示したとおりです．

　系と環境の温度が等しい状況を指して「熱平衡」，化学ポテンシャル（水蒸気圧）が等しい状況を指して「化学平衡」と言います．言い換えると，温・冷エクセルギーも湿・乾エクセルギーも系と環境とが（熱学的にも化学的にも）平衡でない場合に存在するのです．このような状態にある系と環境の全体を指して「非平衡」と言います．§14.「水飲み鳥と地球環境システム」で地球環境シ

ステムの模型を示し，また §34.「体温調節と適応・行動」で私たちヒトに備わっている体温の動的平衡維持の機構を紹介しましたが，これらはいずれも非平衡が動的に維持されているので，「動的平衡」と呼ぶわけです．

「動的」の反意語は「静的」ですが，これは空間的にも時間的にも温度・化学ポテンシャルに，分布なし変動なしということです．生成消滅が必然の生きた世界でなく，不生不滅の死んだ世界がイメージされるのが静的平衡です．平衡なる語に冠として「熱」と「化学」を付けましたが，実は冠にはもう一つ，「力学」があります．平衡・非平衡には熱学的と化学的に加えて力学的があるというわけです．

私たちの身体の周囲に風が吹けば，皮膚表面近くにある触覚・圧覚神経端末が刺激されて，空気に動きがあることを感覚し知覚します．空気や水に流れがないのは力学的に平衡だから，言い換えると，空気や水に流れが生じるのは力学的に非平衡だからです．このことは，私たちの暮らしている室内空間の換気と大いに関係しています．

扇風機のつくり出す空気塊（風）にあたって涼むことができるのは，電源がONになって数枚の羽根板が一斉に回転するからです．羽根板は風の進行方向に対してやや傾いており，また板は緩やかな曲面状でその縁も丸みを帯びています．このような形状は羽根板と空気の間に生じる摩擦を減らしつつ，羽根板が押し出す空気塊をできるだけ大きくするのに都合が良いのです．

摩擦の減少が良いのなら，摩擦ゼロが最上と思えるかもしれませんが，そういうわけにはいきません．摩擦がまったくなしでは，空気塊は動きようがないからです．言い換えると，空気塊の押し出しには多少なりとも摩擦が必要なのです．歩道面はデコボコ過ぎてもスベスベ過ぎても歩きにくく，適度な粗さがあるのが良いのと同じです．

図95を見てください．空気が左から右へと流れている管内の上流側・下流側それぞれに流れの向きに垂直なJ字形状の細管が差し込まれています．細管の内部には小量の水が張ってあり，開口は一方が空気の流れている管内空間に，他方が管外空間につながっています．一つの細管内に水と空気の境界面が二つあるわけですが，これらの高さは，空気に流れがあると，図示の

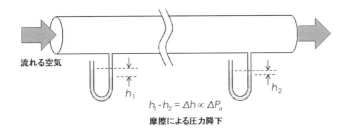

図95 流れの仕事と摩擦による圧力低下．流体が携帯する運動エネルギーの一部が摩擦によって熱化すると圧力が低下する．

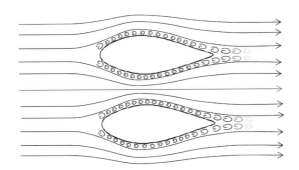

図96 流体に現われる渦．固体表面と流体の境界面では流れの運動エネルギーが渦を生じる．渦は流れがある限り，生じては消え，消えては生じ続ける．渦の消滅は熱化に他ならない．

ように同一にはなりません．流れがなければ，境界面の高さは一致し，両水面を含む平面が水平を表わすことになります．

　水面の高低差が上流側と下流側とで違うことに注意してください．J字管内に生じる水面の高低差は，下流側の方が上流側よりも必ず小さくなります．管内の空気は管壁を擦りながら流れるので，空気塊に携帯される運動エネルギーの一部が熱化し散逸していくからです．運動エネルギーは100％運動エクセルギーです．ということは空気が携帯していた運動エクセルギーの一部が消費されることを意味します．圧力減退はエクセルギー消費に他ならない

のです.

気体と液体をまとめて「流体」と言いますが,流体が固体に沿って流れると,
図96 に示すように,固体表面近くにある流体には小さな渦の群が生じます.
図95 に示した管内でも同様です.渦たちは生じては消え,消えては生じ続
けます.消滅は熱化に他ならず,空気塊が携帯していたエクセルギーの一部
が消費され,圧力が減退していくのです.

以上のような定性的なイメージを基にすると,圧力に関するエクセルギー
を導き出すことができます[1].そのエッセンスを**図97** に示します.円形断
面の管の左半分を系 A,右半分を系 B とします.系 A の中央には風車が,
系 B の中央には送風機があります.電力（W_{in}）が送風機モーターに供給され
ると,羽根板が回転して,空気が左側から右側へと流れます.この流れが生
じるのは,羽根板によって空気が押し出される側（風下側）の気圧が管外より
も高めになるからです.羽根板の後部（風上側）では,空気が引き抜かれるこ
とになるので気圧が下がろうとして,その左側にある空気が一斉に右向きに
（系 A から系 B に向けて）引き寄せられていくので,管内の空気全体に太点線矢
印で示すような流れが現われます.こうして行なわれる換気を指して「電力
換気」と呼ぶことにします.

以上のことから,送風機は送風機の羽根板右側に「高圧エクセルギー（略し
て高圧 X)」,左側に「低圧エクセルギー（略して低圧 X)」を産み出すと言えます.
高圧 X と低圧 X は,電力（W_{in}）が送風機に供給されて,その一部（X_{cB}）が消費
されて産み出されるわけです.この関係を式として書けば,**図97** の下部右
側に示すとおりとなります.

送風機が稼働して生じた空気の流れは系 A の中央にある風車の羽根板を
回転させるので,それを動力（W_{out}）として取り出すことができます.送風機
が産み出した低圧 X の一部（X_{cA}）が消費された残りが動力（W_{out}）となるわけで
す.式として書けば,**図97** の下部左側に示すとおりです.

送風機に投入された電力が高圧 X と低圧 X に振り分けられるのは,§

---

[1] M. Shukuya, "Bio-Climatology for Built Environment", CRC Press, 2019, pp.322-333.

§37. 換気と四つの力　　　269

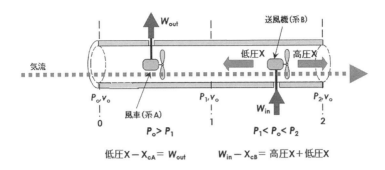

図97　高圧・低圧エクセルギー（X）と送風機・風車．電力 W_{in} によって駆動する羽根車は高圧 X と低圧 X を生じ，低圧 X が駆動させる風車からは仕事 W_{out} が取り出せる．

31.「膨張・圧縮と冷却・加熱」で述べたエアコンへの投入電力が温エクセルギーと冷エクセルギーに振り分けられるのと似ています．高圧 X の流れていく方向は空気の流れる向きと同じ，低圧 X の流れる向きは空気の流れる向きと逆です．これらの対応関係は温・冷エクセルギーの流れと熱エネルギーの流れに現われる対応関係とまったく同じです．電力換気とエアコンの働き方は相似的と言えます．

風力換気と浮力換気

　以上は，アクティブ型技術（送風機）を想定した議論ですが，パッシブ型技術についても同様の議論を展開することができます．パッシブ型の換気には，**図98** に示すように，「風力換気」と「浮力換気」があります．両者をまとめて「自然換気」ともしばしば言われますが，注意したいのは，窓をどのように構成するかによってうまく働いたり働かなかったりするので，自然換気は人工換気の一つと考えるのが妥当なことです．§22.「波そして粒として振る舞う光」でお話ししたように，昼光照明は人工照明の一つと考えて，人工照明は昼光照明と電灯照明とからなると考えたのと同様に，人工換気は風力・浮力換気と電力換気とからなると考えるのが良いわけです．

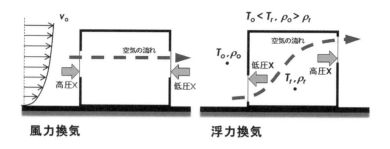

図98 風力・浮力換気と高圧・低圧エクセルギー（X）．高圧 X が流れると，その向きに同じ空気の流れを生じる．一方，低圧 X が流れると，それとは逆向きな空気の流れを生じる．

　実際の建物では風力・浮力換気が大なり小なり同時に機能しますが，話を不必要に複雑化しないために風力換気と浮力換気のそれぞれを別々に議論しましょう．風力換気は室外に吹く風を利用して行なう換気です．まず，壁や窓・床・天井に囲まれた室内空気の全体を一つの系とみなします．風が吹く中に建物があれば，壁面や屋根面に風圧が掛かります．風上側にある壁・窓の外表面には屋外側から室内側へと外気を押し込もうとする圧力が掛かります．その一方で，風下側にある壁・窓の外表面には室内側から室外側へと室内空気を引き抜こうとする圧力が掛かります．したがって，風上側の窓とともに風下側の窓を開放すれば，屋外から室内空間を経て屋外へと貫き出ていく空気の流れが生じます．この流れは風上側に高圧 X が，風下側に低圧 X が掛かると捉えることができ，風力換気はこれら二つのエクセルギーが組み合わされて駆動すると考えられます．

　風力換気による空気の流れを床面に平行な太い鎖線で示しましたが，高圧 X の流れる方向は空気の流れと同じ，低圧 X の流れは空気の流れとは逆になります．これらは，もちろん **図97** に示した送風機によってダクト内を流れる空気の場合と同様です．エクセルギー収支式として表現すれば，［高圧 X ＋低圧 X］−［エクセルギー消費］＝ 0 となります．風力換気は高圧 X・低圧 X が消費され尽くすことで行なわれるのです．

§37. 換気と四つの力 271

　一方，浮力換気は建物内にある空気の温度が外気温よりも高いために現われる空気密度の違いを利用して行なう換気です．室内空間には人体ほか様々な発熱源があるので，室内空気の温度は，外気温よりも高くなることが少なからずあります．これを活用しない手はありません．凪（なぎ）のときでも働くからです．

　水銀柱の下方に液体水を注ぎ込むと水塊は水銀柱の中を上昇していき，水銀表面上に現われると，§30.「真空の発見と水蒸気圧」でお話ししましたが，これは浮力の働きに他なりません．湯を沸かしているヤカンの底面近くに生じた気泡が湧き上がってくるのも同様に浮力の働きです．**図98** に示す浮力換気の場合の室内空気温 T_r は外気温 T_o より高いので，室内空気と外気では密度が異なります．室内空気の密度ρ_r，外気のそれをρ_oとして$\rho_r < \rho_o$です．したがって，壁・窓・天井・床に囲まれて存在する室内空気は浮こうとする傾向にあります．浮力換気では，水銀柱に相当するのが外気，水塊に相当するのが室内空気です．

　室内空間を貫く空気の流れを生じさせたいのですから，窓を少なくとも二つ開放しなくてはならないのは風力換気に同じですが，いま一つ注意が必要です．浮力換気が生じるためには二つの窓の地表面からの高さを違えなければならないのです．風力換気が働かない凪の状況を想定して話をしているので，外気の圧力は水平方向にはまったく違いがありません．室内空気を系として，床からの高さが等しい境界面では，その外側にかかる外気圧はまったく同じです．開放する二つの窓の高さが同じだとすると，外気圧力はちょうど釣り合ってしまい，空気は流れようがないわけです．そこで一方の窓を床近くに，他方の窓を天井近く（あるいは屋根面）に設ける必要があるのです．

　大気圧は§30.でお話ししたように，地上高度が高いほど低くなります．言い換えると，下方の窓にかかる圧力が上方の窓にかかる圧力よりもわずかに大きめになるのです．そういうわけで，上方の窓近くにある室内空気は下方の窓近くにある室内空気よりも屋外へ出ていこうとする傾向を持つことになります．そこで，上方の窓には室内側から高圧 X が，下方の窓近くにある室内空気は低圧 X を保有して外気を引き込もうとすると考えることがで

きます。これら高圧 X と低圧 X が浮力換気を駆動するのです。

高圧 X・低圧 X のすべてが消費され尽くして換気が行なわれるのは浮力換気でも風力換気とまったく同じです。高圧 X・低圧 X のそれぞれが流れていこうとする方向と空気の流れの関係は、電力換気・風力換気の場合ともちろん同じです。

空気の流れと圧力減退

窓には枠があったり、その内側に防虫網があったりしますが、これらの圧力減退効果がどれ程かを図99に示します。横軸は日除けや防虫網が引き起こす圧力減退係数（ξ）、縦軸は流量係数（α、換気に有効な窓面積率）です。圧力減退係数は、従来、圧力損失係数、あるいは形状抵抗係数と呼ばれてきました。枠が滑らかで日除けも防虫網もない窓で圧力減退係数 $\xi = 1$ です。防虫

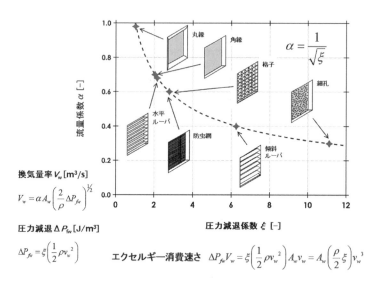

図99 窓の圧力減退と流量係数 α。α は換気に有効な開口面積割合を意味する。α の値は、開口部形状に応じて決まる圧力減退係数 ξ の平方根に反比例する。

§37. 換気と四つの力　　　　273

網付き窓では ξ = 2.4, 傾斜ルーバ付き窓では ξ = 6.1 です. これらに対応する流量係数はそれぞれ 0.97, 0.6, 0.4 となります.

　窓枠に丸みがあって空気の流れに乱れが現われにくいと, 換気のための窓の有効開口率（流量係数 α）は 1.0 に近くなるわけですが, だからと言って摩擦による圧力減退係数 ξ = 0 となるわけではありません. 圧力減退係数 ξ は, 窓面を通過する空気が保有する運動エクセルギーが消費される速さを割合の値として示したものです. 空気の流れを最大化するには摩擦による圧力減退をできるだけ小さくするのが良いとは言え, 減退がゼロでは（既に述べたように）流れは生じ得ません. 言い換えると, エクセルギー消費ゼロはあり得ないわけです.

パッシブ型換気に要するエクセルギーはアクティブ型換気の1/1000

　風がまったく吹いておらず浮力換気だけが働けるとして, 換気回数がどれぐらい得られるものかを床面積 36m^2（= 奥行 6m ×間口 6m）の部屋で室内空気 29℃, 外気 25℃ として試算してみました. その結果, **図100** が得られました. 横軸は室内空気を追い出す上方窓の高さを表わしています. 上の図の左縦軸は換気回数（室内空気が1時間当たりに外気と入れ換わる回数）. 右縦軸は上方・下方窓面それぞれの中央付近の平均流速を示しています. 下の図の縦軸は, 上の図に示した換気回数と気流速をもたらす上方窓の高圧 X と下方窓の低圧 X を示します. 浮力換気はこれら高圧 X・低圧 X のすべてが消費されることで行なわれます.

　上段の図から上方窓と下方窓の高低差が増すと窓面気流速が次第に大きくなることが分かります. 流速が大きくなるとエクセルギー消費も大きくなります. 上方窓の方が下方窓よりも気流速が大きいのは上方窓の窓面積を下方窓の 3/4 と仮定しているためです. 蛇口にホースをつないで, ホース口から水を吐出させて水をできるだけ遠くまで届かせるにはホース口を指でつまんで開口面積を小さめにしますが, これは吐出する水速を増すためです. これと同様なことが窓でも生じるのです. 換気回数は, 上方窓の高さ 1~2m で最大となっており, これよりも高くなっていくと小さめになっていますが,

第8章 流れ・循環を成す自然と技術

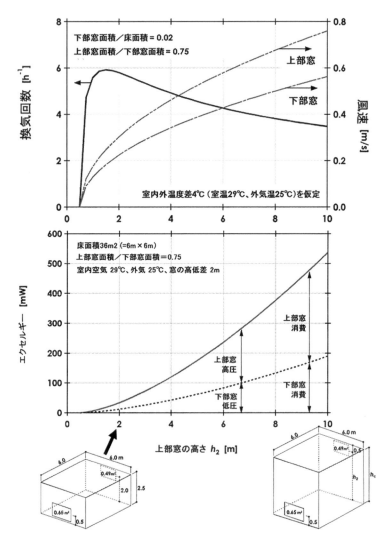

図100 浮力換気の駆動エクセルギーと気流速・換気回数．上部窓の中心高さが0.5m（天井高 h_c=1.0m）の場合は，下部窓と高さが同じなため浮力は生じない．h_2 の値が大きくなっていくと，気流速は次第に増していく．それに伴って，エクセルギー消費も大きくなっていく．気流速とエクセルギー消費の増し方は異なる．換気回数は h_2 = 1~2m で最大になっている．

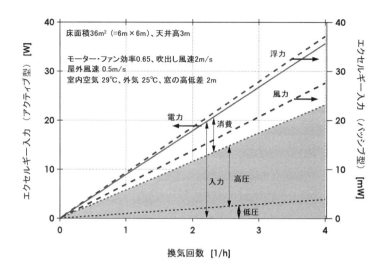

図101 風力・浮力換気（パッシブ型）換気と電力換気（アクティブ型）に必要なエクセルギー比較．灰色の部分は電力換気の高圧・低圧エクセルギー出力．左側の縦軸では単位がW，右側ではmWである．アクティブ型への入力を1とすると，パッシブ型への入力はその1/1000のオーダーである．

これは窓の合計面積を一定として室容積だけを増加させると仮定しているからです．

　上方窓の高さが増すと窓面風速は次第に高くなっていきますが，高くなり方は頭打ちになっています．ところが，エクセルギーの投入・消費速さは幾何級数的に大きくなっています．エクセルギー消費速さは流速の3乗に比例して大きくなる（**図99** 下方にある式が示す）性質があるためです．

　流入側の窓と流出側の窓に2~5mの高低差を設けておくと，室内空気温度が外気よりもわずかに高いだけで4回/hほどの換気回数が可能になるのですから，浮力換気は魅力的に思えてきます．どれほど魅力的かを確かめたいと思って，床面積 $36m^2$，天井高 $3m$ の部屋を対象にして換気の駆動に必要なエクセルギーを電力換気・風力換気と比べてみました．その結果が**図101**です．電力換気では，モーター・ファン効率0.65の換気扇が壁穴に取

り付けられており，ファンの前後には短いダクトがあって，屋外側開口には防虫網があると仮定しました．吹出し風速は 2m/s としました．風力換気は**図100** の下方に示した部屋で窓面積が風上側 0.65m²，風下側 0.49m²，屋外風速は 0.5m/s としました．

図101 の横軸は換気回数，縦軸は左側が電力換気のエクセルギー入力，右側が浮力・風力換気のエクセルギー入力です．右上がりの実線が電力，破線2 本が浮力と風力です．換気回数 2 回 /h となるところを見ると，電力換気で送風機へ投入されるエクセルギーはおよそ 18W，そのうち 6W が消費されて灰色の部分で示した高圧 X・低圧 X の合計 12 （=18−6）W が産み出されています．出力 12W のうち高圧 X が 10W，低圧 X が 2W です．

浮力換気への高圧 X・低圧 X の入力合計は 18mW （=18×10⁻³W），風力換気のそれは 14mW（=14×10⁻³W）です．高圧 X・低圧 X の内訳は図中に示していませんが，およそのところ浮力換気でも風力換気でも半々と見ればよいでしょう．

要するに浮力・風力換気を駆動する投入エクセルギーは電力換気の1/1000 のオーダーなのです．したがって，パッシブ型換気は身近に生じ得る小さな高圧 X・低圧 X の巧みな利用と言えるでしょう．

建物に必要にして十分な気密性が確保できたら，その後に考えるべきはアクティブ型換気（電力換気）．そう思ってしまいがちですが，入力される高圧 X・低圧 X のオーダーがアクティブ型とパッシブ型とでは 10³ も違うことを知ると，パッシブ型換気を主としてアクティブ型換気は従と捉えるのが健全だろうと思えてきます．小さいが故に見落としてしまいそうな身近なエクセルギーの活用を図る．これこそが科学技術の粋と呼ぶにふさわしい．そのようにも思えてきます．

浮力換気・風力換気が難なく行なえるためには窓の開け閉めが容易なサッシュ・取っ手・踏み台などのデザインが肝要です．無理強い不要な人力の利用が不可欠だからです．換気のための四つの力——浮力・風力・人力・電力——を適切に利用できる空間デザイン・時間デザインの重要性を改めて思います．

§38.　共生・持続する生命系

体内環境に共生する細菌

　私たちヒトの身体，その周囲空間を満たしている湿り空気，室内と室外とを分けるために存在する壁・窓・天井・床——これらのすべてが原子・分子を構成単位として成り立っています．また，生きものの一種たるヒトの身体は，細胞をも構成単位としています．原子一つの直径は 10^{-10}m（=1Å）ほど，ヒト細胞一つの直径は 10^{-5} m（=10μm）ほどです．ヒト細胞一つの直径は原子一つの 10^5（$=10^{-5}/10^{-10}$）倍に及びます．とは言え，いずれにせよ微視的です．入れ子構造を成す様々な系は，それぞれの環境空間に囲まれてどのように振る舞い，存在しているか？　その理解を深めていくには，§11.「微視的・巨視的描像と物質観」で指摘したように，微視的と巨視的とを行ったり来たりしながら考えることが重要です．そこで，微視的について二つ——原子と細胞——，巨視的についてやはり二つ——内なる自然（身体）と外なる自然（地域）——に着目して何が読めてくるかを考えてみたいと思います．

　神経細胞たちが感覚情報を脳へと運べるのは，§18.「いわゆる五感は十三感」と §34.「体温調節と適応・行動」でお話ししたように，神経細胞の端末から端末へと細胞膜を貫いて生じる物質交換（ナトリウムイオン（Na^+）・カリウムイオン（K^+）の出し入れ）が順次起きるからです．連なり合う神経細胞たちは，一方の端末が体外表面側または体内環境側に，他方が脳側に向いています．

　情覚にかかわる言葉が，例えば「胸が高鳴る」・「ワクワクする」・「腹が立つ」・「ムカつく」のように体内環境の状態にかかわる表現となっているのは，神経細胞たちの端末が少なからず体内環境空間に張り出しているからです．また体内環境空間に棲息する細菌たちが発出する様々な物質にも大いに影響されていると考えられます．これらの細菌たちはおよそ数百兆匹，その大多数は腸内空間に棲息しています[2]．§15.「個体発生・系統発生と環境」でお話ししたように，ヒトの身体はおよそ 60 兆個の細胞たちで構成されていると考

---

[2] E. Mayer, "The mind-gut connection within our bodies impacts our mood, our choices, and our overall health", Harper Collins Publishers, 2016.

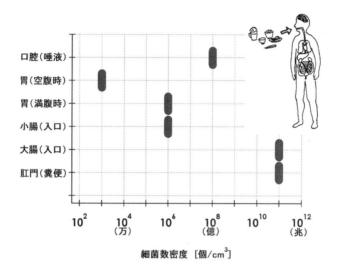

図102 体内環境中の細菌数密度．口腔では胃（空腹時）の10万倍，胃(満腹時)の100倍，大腸・肛門では小腸(入口)の10万倍である．

えられるので，体内環境空間にはその数倍から10倍に及ぶ細菌（単細胞生物）たちが棲息しているわけです．腸内細菌たちの総質量は1~2kgあります[*3)]．細菌一つの体長は1~1.4 μmで，ヒト細胞の1/10ほど，ウィルスの10倍ほどです．

腸内細菌たちの全質量1~2kgは，神経端末が埋め込まれている皮膚表皮の全質量と同等，また頭蓋に収まっている脳の全質量とも同等です．人の脳を含む神経系は，建築環境の状態に影響され，同時に体内環境の状態にも大いに影響されるわけです．

図102は体内環境に生きる細菌たちが口腔(唾液)から肛門(糞便)までにおよそのところどのように分布しているかを示したものです．口腔の1cm^{3}当たりに1億匹，胃では空腹時に1千匹，満腹時に100万匹です．空腹時の細菌数が著しく少ないのは胃壁から分泌される強酸液の除菌作用によります．

[*3)] 平山和宏「腸内細菌叢の基礎」，『モダンメディア』Vol.60 No.10, 2014年, pp.9-13.

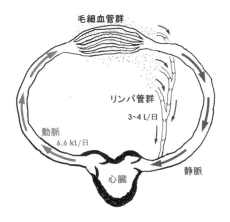

図103 開放系の血管とリンパ管．心臓から最遠の毛細血管群で滲み出ていくリンパ液はリンパ管を通って心臓へと戻っていく．

小腸の入口（胃の出口）から大腸の入口（小腸の出口）までの間に10万倍増加して1千億匹となり，この数は肛門に到るまでほとんど不変です．§34.でお話ししたように，体温37℃の恒常性維持はたいへん重要ですが，それは腸内細菌たちがよく培養され，よく働いてもらうためでもあるのです．

開放系として機能する血管系

神経細胞や腸内細菌たちの活動によって分泌される諸物質は血液に携帯されて体内深奥から頭蓋頂部・足指末端に到る体内環境の隅々にまで送り届けられます．§12.「排熱あって可能な動力生成」で議論した「持続可能4条件」に照らせば，血液は作業物質，心臓は循環ポンプです．

図103は皮膚層や肺胞群・胃腸壁など体内の様々なところに分布する毛細血管と心臓の関係をダイアグラムとして表現したものです．予防接種などを受けた後に注射針の射し口を保護するために絆創膏を貼り付けますが，これは止血のため（と着衣を汚さないため）です．多くの場合，1時間未満のうちに止血されます．血管に自己修復機能が備わっているからです．注射や採血で一時的に開放系となる血管系が直ちに修復され閉じられるのだから，血管系

は閉鎖系と捉えたくなりますが，通常時の血管系もやはり開放系と認識する必要があります．血管壁を貫いて絶え間なく「リンパ液」が浸み出しているからです．

　血液の循環量は1日当たりおよそ6.6kℓ，1分当たり4.6ℓですが，そのうちの約1/2000(＝3~4ℓ/日)がリンパ液として毛細管端末から絶えず浸み出し，体細胞たちの外側空間を充たします．血液とリンパ液には免疫作用を担う小さな細胞たち多数が含まれており，これらが身体の隅々で体内へ侵入してこようとする外敵(細菌やウィルス)に対する防衛機能を果たしてくれています．

　血管から浸み出したリンパ液が体細胞外の空間を充たすばかりだとしたら，身体はむくんできてしまうはずですが，身体が健康な状態にあればむくみは生じません．それは，**図103**に示すように，体内環境の隅々には開放系のリンパ管群が存在しており，リンパ液を絶え間なく回収するからです．

　一方の端末を体内環境の隅々に開いているリンパ管たちのもう一方の端末は，心臓により近い位置にある他のリンパ管につながり連なって，心臓の直近にある最も太いリンパ管に到って大静脈に連結されています．こうした構造によって，リンパ液は静脈血に合流して心臓に戻れるのです．戻るリンパ液はもちろん浸み出す3~4ℓ/日に同じです．リンパ管系には心臓に対応するようなポンプは存在せず，その代わりに手足・首・胴体各所にある筋肉たちがリンパ液のポンプ役をも担っています．ストレッチ体操が体調を整えるのに重要な所以です．

人体を構成する原子たち

　自然界に存在する原子たちで最も軽いものは水素，最も重たいものはウランです．すべての原子は原子核と電子から構成されています．水素の原子核は陽子1個だけから成り，ウランの原子核は陽子92個に加えて中性子146(まれに143)個から成ります．陽子と中性子の質量はほぼ同じ，電子の質量は陽子の1/1840です．電子は「負」電気を帯び，陽子は「正」電気を帯びています．どの原子でも陽子と電子の数はまったく同じなので，正・負を足し合わせるとゼロというわけで，原子の一つひとつは電気的に中性です．

§38. 共生・持続する生命系　　281

　陽子と中性子を合わせて238（または235）個のウラン原子核の質量は，陽子
1個だけの水素原子核の238（または235）倍もあるので，ウラン原子が占める
空間は水素原子と比べてかなり大きいに違いない．そのように想像したくな
るところですが，ウラン原子の直径は，水素原子の1.55倍ほどしかありま
せん[4]．体積としては3.7倍です．

　原子内の空間で陽子・中性子のぎっしり詰まった部分を「原子核」と呼びま
すが，その直径は$2 \sim 10 \times 10^{-15}$ m．他方，原子一つの全体としての直径は
10^{-10}m（=1Å）ほどです．原子一つを球状とすれば，その直径は原子核直径の
1万〜10万倍です．電子を粒と見なすと直径は10^{-15} mのオーダーにあり，
陽子・中性子と同等です．そういうわけで，電子の存在する原子の外縁と原
子核の間は実のところ空疎な空間です．

　ごく小さい粒状の電子が，太陽を中心として惑星が周転しているように，
原子核の周りを飛び交っているイメージを思い描きたくなりますが，原子核
の周りに飛び交う電子たちは，極小の粒というよりは雲状に広がる波のよう
に振る舞っています．光が波と粒の性質を併せ持っているように電子もまた
波と粒の性質を併せ持っているのです．

　私たちの身体は22種ほどの元素が様々に組み合わされて構成されていま
すが，原子たちは上記のとおり極めて小さいので，いずれの元素についても
私たちの身体を構成する原子数は膨大です．幸いにして元素ごとに原子数の
割合が明らかにされており[5]，人体を化学記号として表現することができま
す．水をH_2O，二酸化炭素をCO_2と記すのと同様にです．

　体内にあるビタミン12に含まれるコバルト（Co）の原子数を1単位として，
原子数の多い方から順に並べると，人体は，

$H_{375000000}O_{132000000}C_{85700000}N_{6430000}Ca_{1500000}P_{1020000}S_{206000}Na_{183000}K_{177000}Cl_{127000}$
$Mg_{40000}Si_{38600}Fe_{2680}Zn_{2110}Cu_{76}I_{14}Mn_{13}F_{13}Cr_7Se_4Mo_3Co_1$と表記できます．

　タンパク質は原子数の上位4位までの水素（H）・酸素（O）・炭素（C）・窒素

---

[4] 板倉聖宣著『原子とつきあう本』，仮説社，1985年，pp.17-20.

[5] R.W. Sterner and J.J. Elser, "Ecological Stoichiometry – the biology of elements from molecules to the biosphere", Princeton Univ. Press, 2002.

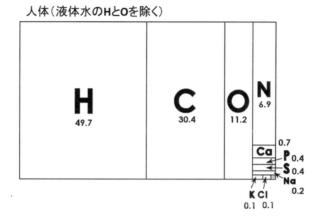

図104 人体を構成する原子数の比率（液体水のHとOを除く．数字は百分率）．水素(H)，炭素(C)，酸素(O)，窒素(N)で98.2%．残り1.8%を微量原子たちが占める．

(N)を主として構成されます．これらの原子数が大多数なわけです．5位より以下は「ミネラル」と呼ばれ，カルシウム(Ca)からマグネシウム(Mg)までが「多量(主要)ミネラル」，珪素(Si)からコバルト(Co)までが「微量(副要)ミネラル」と呼ばれます．

　上の式で水素(H)・酸素(O)の原子数が大多数なのは，体重の60%ほどを水が占めるからでもあります．そこで，水として存在する水素(H)・酸素(O)を除いて，人体を構成する原子数の比率を改めて求め直した結果を**図104**に示します．横長長方形全体が水に含まれる水素と酸素を除いた原子総数100%で，その内部にある各長方形が元素ごとの原子数百分率です．水素(H)から窒素(N)までを合算すると98%．これらのほぼすべてがタンパク質を構成します．残り2(=100-98)%のうち骨の主成分カルシウム(Ca)が0.7%，細胞核内のDNAやATPの主要部を成すリン(P)が0.4%，一部のタンパク質に必須な硫黄(S)が0.4%．これらの合計1.5(=0.7+0.4+0.4)%を2%から引いた残り0.5%のうち神経細胞での情報伝達に重要なナトリウム(Na)・カリウム(K)・塩素(Cl)が合わせて0.4%分を占めます．残るは0.1(=0.5-0.4)%．この0.1%を微量ミネラルと称される元素の原子たちが占めます．

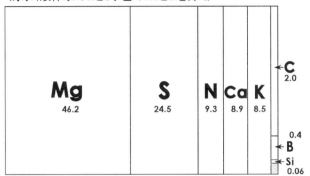

図105 海水中の原子数の比率（数字は百分率）．水（H_2O）と塩（NaCl）を除くと，マグネシウム（Mg）から珪素（Si）までの原子たちが99.86%を占める．残り0.14%のなかにリン（P）はほとんど含まれていない．

ビタミン12中のコバルト（Co）原子の質量は成人体内では1～1.5mgです．体重70kgのヒトの体内に1.25mgのコバルト（Co）があると仮定すると，上記の人体化学式に基づいて元素ごとの質量が推定できます．例えば，リン（P）は約600g存在します．毎日の食事で摂取されるリンは900mgほどです．腸のリン吸収率を60%とすると，体内にあるリンは3年ほど経つとすべて入れ代わることになります．私たちの身体は体内にあるリンを動的に平衡させているわけです．

生命系が保有・持続してきたリン（P）

生きものたちの系統発生は海に始まったので，海水中の元素の原子数比率は？と思って，**図105**を作ってみました[*6)]．この図では水素（H）・酸素（O）・ナトリウム（Na）・塩素（Cl）——海水の主成分の水と塩——を除いてあります．水と塩を除くと，マグネシウム（Mg）から珪素（Si）までの8種で99.86%が占められ，残り0.14(=100−99.86)%が他の様々な微量元素で占められます．リ

---

*6) 北野康著『化学の目でみる地球環境——空・水・土——』, 裳華房, 1992年, p.67を参照.

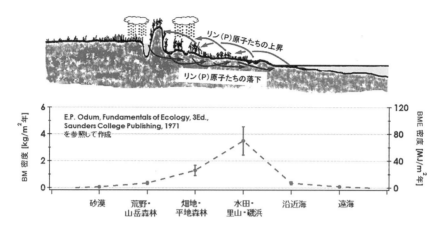

図106 リン原子の落下・上昇(上図)と陸・海のバイオマス密度(下図).バイオマス(BM)密度は海と陸の境界から遠くはない陸地と近海で高い値を示す.リン(P)原子たちは生命系にとって必須だが,これらは遠海にはほとんど存在しない.したがって,リン(P)原子たちの重力落下に抗い上昇させる仕組みが必要となる.

ン(P)はその中に含まれていますが,全体のわずか0.0017%でしかありません.水と塩を含めれば,さらに小さな比率(12×10^{-6}%)となります.リン(P)は海水中にほぼ皆無なのです.いぶかしく思えたので,地殻・大気も含めて改めて調べると,リン(P)の存在比率は増えますが,それでもわずか0.046%でした.

ヒトを含む動物たちが自らの身体を動かせるのは,§34.「体温調節と適応・行動」でお話ししたように,ATP(アデノシン三リン酸)が筋肉細胞中に多数存在するからです.§33.「光水合成する植物たち」でお話しした光水合成でもATPとNADPが重要な働きをしています.ATPとNADPのPは,リン(P)に他なりません.リン(P)は遺伝情報の記憶媒体であるDNAの二重らせん構造体の一部を成してもいます.したがって,リン(P)は原子数としては少量ですが,生命活動の鍵となる存在です.

人体におけるリン(P)の原子数比率は,**図104**に示したとおり,水を除いて0.4%と言いましたが,水を含めると0.17%となります.この値は,海水・

§38. 共生・持続する生命系　　　　285

地殻・大気を含む環境中に存在するリン(P)の原子数比率 0.046% の約 3.7 倍
です. 体内のリン(P)は相対的に濃厚な存在なのです.

　系統発生(生命進化)の初期段階における海水が現在と同様にリン(P)を寡少
にしか含んでいなかったとすれば, 30 数億年にわたる系統発生はリン(P)の
濃縮・蓄積プロセスだったと言えるでしょう. その逆に当時の海水がリン(P)
を現在よりもかなり多めに含んでいたとすれば, 系統発生は生命系が保有す
ることになったリン(P)をできるだけ環境中へ散逸してしまわないようにす
るプロセスを創出してきたと言えるでしょう. いずれにせよ, 生きものたち
は 30 数億年をかけて食い食われる関係(食物連鎖)を持続させることで, リン
(P)原子を彼らの身体全体(生命系)に保有・維持してきたのだと考えられます.

　ある場所に生きる菌類・植物・動物たちの総体重を指して, 「バイオマス」
(略して BM)と呼びます. BM は, 毎年繰り返される春から夏を経て秋になる
までの生命活動によって増加しますが, その程度は地球上の場所によって異
なります. **図106** はその概略を示しています[7]. 横軸は陸・海の典型的な場
所を表わしています. 左側の縦軸は表面積 $1m^2$ 当たり 1 年当たりの BM 値(kg/
(m^2 年)), 右側の縦軸は BM を燃焼させたとして生じる 1 年当たりの発熱エ
ネルギー量です(単位は MJ/(m^2 年)). BM 密度が大きい場所ではリン(P)の原
子数も多いと考えられます.

　リン(P)が最も多く存在するのは水田・里山・磯浜であり, 次いで畑地・
平地森林や沿近海です. 砂漠・遠海は BM 密度が著しく小さいので, リン(P)
はほとんど存在しないと考えられます. 遠海の BM 密度は**図104** に示した
原子数比率の傾向と整合しています.

物質循環と生命系

　菌類・植物・動物たちの個体はみな開放系です. 栄養となる物質を摂取す
るとともに, 不要となった物質を排泄して生きているからです. 一塊の排泄
物を成していた分子たちは食物連鎖の一環として単純な分子たちへと分解・

───────────────

[7] E.P.Odum, "Fundamentals of Ecology", 3rd Ed., Saunders College Publishing, 1971 を
参考にして作成.

離散して環境中へ拡がっていきます．世代交代を必然とする生きものたちも，それぞれの個体寿命が尽きた後，個体として集合していた分子たちがやはり分解・離散して環境中へ拡がっていきます．

　生命活動に必須でしかも寡少なリン（P）原子は，単体としては存在せず，4つの酸素（O）原子に囲まれてリン酸（略記して Pi，正確には H_3PO_4）として存在しています．その密度は，液体水 $1g/cm^3$ に対して $1.7g/cm^3$ ほどなので，リン（P）は，重力によって落下しやすい傾向にあります．したがって，リン（P）原子が物質循環するためには落下傾向に抗って上昇傾向を補償する何かが必要でしょう．**図106** の上部にあるポンチ絵は循環すべきリン（P）の存在を示しています．多数の生きものたちから成る生命系が持続可能であるためには，§12．でお話しした「持続可能4条件」が成り立たなければなりません．リン（P）の循環は重要なのです．リン（P）を上昇させる機構は何でしょうか？

　その一つとして考えられるのは，土中の根から地上の幹・枝・葉へと至る植物体内に無数に存在する「道管（あるいは導管）」——微細管——の集合体の働きです．道管はすべて開放系です．植物下端の根から水分子を吸収し，§33．「光水合成する植物たち」でお話ししたように，その大部分を上端の葉面から蒸発・放出するからです．

　道管内を下から上へと流れる水は，実のところ溶媒であり，溶質として植物にとっての栄養分（窒素（N）・リン酸（Pi）・カリウム（K）など）を含んでいます．植物を育てるには程よい水やりと施肥が必要なことはよく知られているとおりです．これら栄養分を携帯する水の量を 101 とすれば，§33．でお話ししたとおり，グルコースとして固定されるのが 1 です．残る 100 は，導管を構成する分子との間に働く分子間力によって，重力に逆らいながら溶質（栄養分）を運び上げるのです．作業物質たるリン（P）原子はこうして低所から高所へ戻ります．栄養分の引き上げが可能となるのは，大気がいつも程よく乾いており（相対湿度が 100% に達するのは稀でしかなく），水の蒸発が葉面で生じ続けられるからだとも言えます．

　リン（P）原子を上昇させる働き手としてもう一つ考えられるのは，飛翔する虫・鳥，旅鳥や回遊魚・遡上魚です．リン（P）原子を自らの身体に携えた

§39. 動的平衡する地球環境システム　287

彼らは，低所から高所へとばかり移動するわけではないですが，少なくはない個体たちが低所から高所へとリン（P）を運び上げていると考えられます．生命系の循環ポンプとしても生きていると言えるでしょう．

　植物たちが根を下ろす土壌は，彼らにとって大気とともに環境空間の一部です．ミミズ・モグラなどの小動物や細菌が棲息する土壌は，ヒトを含む動物たちの腸内細菌叢と同様の存在だと考えられます．

　このように考えてくると，江戸時代の農山漁村社会に育まれた「魚つき林」は，生命系の作業物質リン（P）の上昇作用を補強し，また，リン（P）ほかの物質循環を良くするための環境技術——自然の手入れをする技術——の一つだったと思えてきます．魚つき林に関連して連想される「山の幸」・「海の幸」という言葉の重要性も腑に落ちてきます．

　動力生成の本質を浮き彫りにするために，§12.「排熱あって可能な動力生成」で展開した考察が明らかにした持続可能4条件は，生命系の共生・持続にとっても必須と考えられます．生物多様性の保全が重要と言われ始めて久しいですが，この表現を初めて耳にしたとき，正直なところ私には空虚な響きでしかありませんでした．重要なのだろうけれど，何故かが分からなかったのです．しかし，生命系は物質循環があってこそ成り立ち得ている——そのことの重要性が，以上の議論を通して理解できるようになって，「生物多様性」なる語が切実さを伴って響くようになりました．

§39.　動的平衡する地球環境システム

地球大気の雲量と太陽活動・銀河宇宙線の相関関係

　熱帯魚観賞用の水槽に（水を張る代わりに）水飲み鳥と水を入れたコップを置き，槽の上面に透明プラスチック板を被せ，さらにその上に保冷材を載せて槽内をランプで照らすと，地球環境システムの（粗い）模型実験が行なえると§14.「水飲み鳥と地球環境システム」でお話ししました．お辞儀運動する水飲み鳥は〈生命活動の総体〉，コップ内の水は〈海〉，槽内の空気は〈大気〉，保

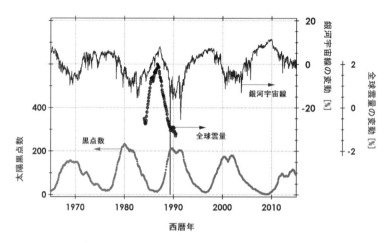

図107 太陽黒点数・銀河宇宙線・大気雲量の50年間の変動．ほぼ11年ごとに繰り返される黒点数の変動は大気に侵入してくる銀河宇宙線の変動と同期している．また地球全体を覆う雲の生成・消滅にも同期している．

冷材は〈宇宙空間〉，蓋下面に生じる結露水は〈雲〉，ランプは〈太陽〉にそれぞれ対応します．

　地球環境システムは，超低温の宇宙空間によって冷やされつつ，超高温の太陽によって照らされ続けることで成り立っています．以下では，この仕組みについて，太陽系や銀河系との関係に注意しながら改めて考え直してみたいと思います．

　太陽から地球へとやってくる光（＝放射＝電磁波）の強さが地表面上では毎日時々刻々と変化し，また季節に応じて変化することは§20.「天動説・地動説と宇宙観」と§21.「潮の満ち干と体内時計」でお話ししたとおりです．昼夜の変動は地球の自転，季節の変化は地軸の傾斜角66.55°に起因しています．大気上端（地表面から30kmほど）に到達する日射が携帯するエネルギーは，太陽に正対する平面$1m^2$当たり1秒当たり1366Jでほぼ一定です．この値は「太陽定数」と呼ばれ，$1366W/m^2$と記されます．人工衛星による大気圏外における日射の観測によると，この値は11年ほどの周期で変動していま

§39. 動的平衡する地球環境システム　　　　289

すが，その幅は 2 W/m² ほどで中央値 1366W/m² の 0.15% 未満なので，太
陽定数と呼ばれているわけです．

　図107 を見てください．曲線が 3 本ありますが，最も下にあるのは 50 年
間 (1965~2015 年) にわたる太陽黒点数の変動を示しています[*8]．太陽黒点は，
望遠鏡を発明したガリレイによって 1600 年代初頭に発見され，それ以来世
界各地の天文台で観測されてきました．黒点数の変動周期はほぼ 11 年で，
1365~1367W/m² にある太陽定数の変動と同期していることが人工衛星に
よる観測で明らかにされています．

　太陽は，黒点数が多いときに活発，少ないときに不活発です．黒点は実の
ところ点ではなく，黒っぽいシミ状の幾つもの面から成ります．これらの面
からは可視域よりも波長の短い放射（勢いのより強い光子たち）が発出されてい
ます．したがって，黒点数の多寡は太陽の活発さの程度を反映していると考
えられます．

　図107 の上部に示したのは銀河宇宙線 (GCR) の変動です[*9]．GCR は（後述
するように）太陽系外の宇宙空間から地球大気に飛び込んでくる極微な粒子た
ちが発出する放射線です．その変動は，黒点数のそれとは増減が反転するパ
ターンで同期しています．

　黒点数が多いときの太陽は，発出する日射を僅かに強めると言いましたが，
太陽は実のところ，光（日射）に加えて，「太陽風」(SW，あるいは太陽宇宙線) と
呼ばれる陽子（水素の原子核）を主成分とする極微な粒子たちを噴き出してお
り，その量は黒点数が多いときにやはり大きくなる傾向があります．銀河宇
宙線 (GCR) と太陽風 (SW) とが反転の関係にあるのは，黒点数が多くて太陽
が活発なときに地球大気への GCR の侵入が SW によって遮蔽されているこ
とを意味します．

　図107 に描き込んだ 3 本目の曲線は，地球大気全雲量の 1984~1990 年に

[*8] このデータはベルギー天文台に附設されている黒点数・太陽長期観測世界センター
(http://www.sidc.be/SILSO/datafiles) から入手しました．

[*9] このデータはフィンランド・オウル（北緯 65°，東経 25.5°，海抜 15m）における中性
子線モニターによる観測値です (http://cosmicrays.oulu.fi)．

おける人工衛星による観測値です[*10]. 全雲量は銀河宇宙線(GCR)の変動パターンとよく似ています.

　雲一つない良く晴れた日の高空大気は低温ですが, そこにも水蒸気が過飽和の状態にあって存在しています. 言い換えると, 結露は起きずに水蒸気のままにあるので, 私たちの目には見えません. ところが, その中を飛行機が飛ぶと, 飛行機雲が現われて地上から見えることがあります. ジェット燃料の燃焼に伴って生じる多量の粉塵微粒子がエンジン末端から排出され, その一つひとつが凝結核となって大気中で過飽和状態にある水分子たちを付着させ, ひいては水滴を生じさせて飛行機雲となるのです.

　銀河宇宙線(GCR)が大気に突き刺さると, 窒素・酸素ほかの空気分子たちをイオン化させますが, これらがやはり粉塵微粒子と同様に凝結核となって過飽和状態の水分子たちを付着させます. 図107 に示した全雲量の変動はその状況証拠です. イオン化した空気分子たちが霧を発生させることは1911年頃にイギリスの気象・物理学者 C. ウィルソンが初めて明らかにしました. 彼の発明した実験装置は「霧箱」と呼ばれます.

　私たちの身体を包んでいる大気の主成分は窒素分子たちですが, これらの分子たちは平均 400m/s ほどの速度で極めて小さな距離を飛んでは互いに衝突して向きを変える乱雑な運動を繰り返しています. そのような分子たちの一つひとつが保有する運動エネルギーは 0.03~0.04 eV です. 単位 eV (エレクトロンボルト)は, §13.「閉じられた自然とその利用の必然」でもお話ししたように, 微粒子が保有するエネルギーを表わすのに使われ, $1eV \simeq 1.6 \times 10^{-19}$J です. 空気分子一つ当たり 0.03~0.04 eV に対して, 太陽風は 0.1~2MeV, 銀河宇宙線は 1~10GeV の運動エネルギーを有しています. 太陽風の微粒子は空気分子のおよそ 4000 万倍, 銀河宇宙線(GCR)の微粒子は太陽風(SW)のさらに 4000 倍のオーダーです. したがって, GCR は大気に突き刺さるわけです. SW の勢いは GCR よりかなり小さいので, 大気の奥深くまでは侵

[*10] H. Svensmark & E. Friis-Christensen, "Variation of cosmic ray flux and global cloud coverage-a missing link in solar-climate relationships", Journal of Atmosphere and Solar-Terrestrial Physics, 59(11), pp.1125-1232,1997.

§39. 動的平衡する地球環境システム　　　291

入できませんが，**図107**に示したように侵入してくるGCRの量を減少させる効果は有しています．

地球を取り巻く入れ子構造──大気圏・磁気圏・太陽圏

　真空は，§30.「真空の発見と水蒸気圧」でお話ししたように，17世紀中頃にパスカル等によって発見され，大気上端より上方の宇宙空間は真空に違いないと認識されるようになりました．ところが，その後300年ほどが経った20世紀初頭（1911年頃），ヘス等は気球に乗って大気中の放射線測定を行ないました．その結果，上空5kmまで上昇する間に放射線の強度が次第に増加することが明らかにされました．おそらくは宇宙空間からやって来ているのだろうというので「宇宙線」(Cosmic Ray)と呼ばれるようになりました．

　当初，発出源は太陽と考えられましたが，1936年の日食時に併せて観測された宇宙線の測定値は通常時と何ら変わることがなかったため，宇宙線は太陽系外のどこかからやって来ていると結論されました[*11]．その後22年を経た1958年頃に太陽風(SW)の存在がパーカーによって予測され，その存在が人工衛星の観測によって確認され，さらに6年後の1964年頃，宇宙空間には絶対温度3K（正確には2.725K）に相当する超長波長（0.3〜6mm）放射が充満していることが，ペンジアスとウィルソンによって発見されました．

　ここまで書いてくると，宇宙空間はどのような構造なのだろうか，およそのところが知りたくなってきます．そこで（天文学の素人なりに）いろいろと調べたところ，**図108**のようなイメージが持てるようになりました．私たちヒトを含む生きものたちは，大気（大気圏）の底に生きています．方位磁石でご存知のとおり，地球には南極と北極がありますが，これは地球全体が一つの大きな磁石であることを意味します．磁石の周囲空間には磁力線があると考えられることは，§22.「波そして粒として振る舞う光」の**図49**(154頁)で説明したとおりです．したがって，磁力線が地球大気圏外の空間に広がり，地球を取り巻いています．地磁気の働く範囲は「磁気圏」と呼ばれます．太陽は，

＊11) 朝永振一郎著・江沢洋編『物理学の道程』，みすず書房，2012年，pp.53-81.

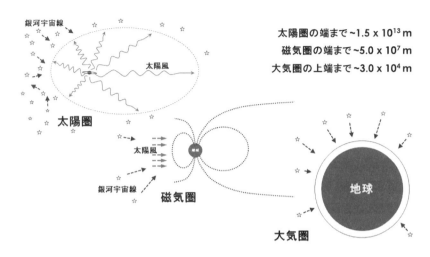

図108 大気圏・磁気圏・太陽圏の入れ子構造．四方八方に向かって太陽風の吹いている太陽圏は，勢いが弱めな銀河宇宙線を遮蔽し，磁気圏は太陽風を遮蔽する．勢いの強い銀河宇宙線は地表近くの大気にまで到達できる．

日射を四方八方に向けて発出するとともに，先に紹介したように太陽風（SW）をも噴き出しています．その影響範囲は「太陽圏」と呼ばれます．入れ子状の「大気圏」・「磁気圏」・「太陽圏」は，§5. でお話しした「環境の入れ子構造」の延長として存在していると考えればよいでしょう．

　以上のイメージを分かりやすくするために，地球をサッカーボール大と想像してさらに考えてみましょう．地球の直径は 12740km，サッカーボールのそれは 22.3cm です．地球をサッカーボール大と仮定すると，太陽直径は 24.4m，地球・太陽間距離は 2.6km となります．両手でサッカーボールを持ち，2.6km 先にある 6 階建ての建築物をイメージしてみましょう．その時，その建物をすっぽり覆う球体が太陽という関係になります．

　磁気圏の形状は，実際にはかなり歪んでいますが，およそのところ半径 88cm（地球半径の 4 倍）の球体に相当します．その外側にある太陽圏は半径 260km の球体と見なせます．横浜—名古屋間の距離が 330km ですから，（直

§39. 動的平衡する地球環境システム　　293

径 24.4m の)太陽を中心とする太陽圏はかなり大きいと言えるでしょう.

　サッカーボール大の地球では大気オゾン層までの高さが 0.79mm, 偏西風・貿易風の吹く大気対流圏の厚さが 0.18mm, 地殻の厚さが 0.1~0.7mm, 海の深さは 0.07mm です. 極細芯 0.2mm の鉛筆で直径 22.3cm の円を紙面に描くと, その筆跡が大気圏に相当します. 大気圏は極めて薄いのです.

　地球を吹きさらす太陽風 (SW) の勢いは, 銀河宇宙線 (GCR) に比べるとかなり小さいので, 地上から 100km ほどのところまでしか侵入できません. 太陽風として飛んでくる微粒子たちはその大部分が陽子(プラス電荷の水素原子核) なので, 電流を成します. 電流には磁力線に導かれつつ巻き付くように進む性質があるので, 太陽風 (SW) の微粒子たちは螺旋状の飛跡を描いて北極・南極大気圏の上層部分に突入します. その際に生じる現象が,「オーロラ」です.

　銀河宇宙線(GCR)は, 太陽圏外側のどこかで起きた星の爆発が発生させた粉塵微粒子や, 爆発の衝撃波によって吹き飛ばされた (宇宙空間にもともとあった) 浮遊粉塵微粒子たちから成り, その一部が太陽圏を貫入して大気圏の奥深く(地表の近く)にまでやって来ると考えられます. 銀河宇宙線(GCR)が太陽圏から磁気圏を経て大気圏へと侵入できるかどうかは, GCR の勢いに応じて決まります. **図109** はそのおよそのところを図化表現したものです[*12].

　勢いの強い銀河宇宙線(GCR)はその 60% ほどが太陽圏・磁気圏に遮られることなく大気圏までやって来ることができます. 勢いが中ぐらいのものでは37% ほど, 勢いが弱いものでは 3% ほどだけがやって来ます.

　このような遮蔽効果の差異は, 空間中を占める微粒子たちの密度の大小に関係していると考えられます. 太陽圏外に浮遊する微粒子たちの体積密度は1000 個 / m^3 ほど, 太陽圏・磁気圏では 500 万個 / m^3 ほどです. 大気圏内では, 地表からの高度 30km で 0.7mol/ m^3, 10km で 14mol/ m^3, 3km で 31mol/ m^3, 地表付近で 42mol/ m^3 ほどです. 大気圏内の個数を mol で表わしたのは個数が著しく大きいからです. 1mol はおよそ 6×10^{23} 個です. 言い換えると大気

[*12] H.Svensmark & N.Calder, "The Chilling Stars - A cosmic view of climate change", Icon Book Ltd., 2007, p.60 を参照して作成.

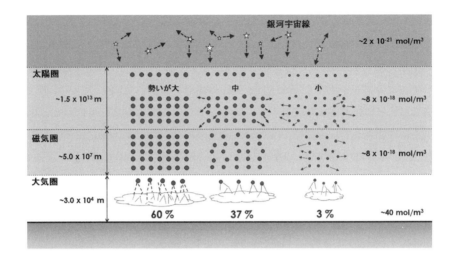

図109 銀河宇宙線（GCR）の強弱と大気侵入の深さ．太陽圏の縁にやってくる銀河宇宙線の勢いは，天の川銀河内における太陽系の位置によって変化する．勢いの強い銀河宇宙線はその60%ほどが地球の大気圏内に侵入してくると考えられる．勢いが中ぐらいでは37%ほど，弱いものでは3%ほどと考えられる．

圏外はほとんど何もない（真空の）空間，大気の底（地表付近）は窒素・酸素分子たちがかなり濃密に存在する空間と言えます．

　1気圧（1013hPa）の気体はかなり稀薄である——物理・化学の教科書にはそう記されていますが，上記の文脈で考えると，稀薄と言うよりも適度に濃密と言った方がよいと思えます．というのは，大気を構成する分子たちの集団は，勢いの強烈な微粒子たち（そして放射線）から生きものたちを防護する役割を担っているからです．

　図109はGCRの総量を100%として，強度の大中小ごとの割合がどれ程かを示したものですが，太陽系はおよそ1億5千万年周期で天の川銀河の中を周回しているらしいので，100%とした総量そのものは太陽系が天の川銀河の中のどこをいつ頃通過しているかによって変化します．地球大気は，GCRが多い時代には曇りがち，GCRが少ない時代には晴れがちだったら

§39. 動的平衡する地球環境システム　　295

しく，地球表面の平均温度には，§16.「寒冷・温暖化リズムと体温の恒常性」
の**図24**(102頁)に示したように，中庸(14~16℃)，低め(9~12℃)，高め(18~21℃)
の変動があったと考えられることが，スベンスマルク等によって明らかにさ
れています[13].

　小さめな温度変動は100~1000年周期，大きめの温度変動は1万~1億
年周期で起きてきたと考えられます．いずれにせよ，地球環境システムは
40億年をかけて温暖化・寒冷化を交互に繰り返しながら動的平衡を維持す
る仕組みを創出しつつ，生命の系統発生を同時に展開させてきたと考えられ
ます．生成消滅を絶え間なく繰り返す雲はその鍵となる存在と言えそうです．

天空放射温度と天空「冷」放射エクセルギー

　日射の吸収によって暖められた地表や海表面では水分子たちが絶えず蒸発
しています．したがって，上昇していく大気塊は水分子たちを必ず含んでい
ます．大気は温度3K（-270℃）の放射が充満する広大な宇宙空間によって定
常的に冷やされているので，水分子たちは遅かれ早かれ過飽和の状態を迎え，
銀河宇宙線(GCR)の侵入が発生させるイオン化した空気分子たちや地表・海
表面から舞い上がった粉塵微粒子たちに付着し，水滴となって私たちの目に
雲として見えることになります．

　地表面から見上げた空の平均温度を「天空放射温度」(T_{sky})と呼びますが，
その値は外気温・水蒸気濃度のほか雲の多寡に応じて決まります．T_{sky} は，
外気温に加えて大気が地表面に向けて発出する長波長放射のデータが入手で
きれば推定することができます．幸いにして日本各地の外気温・大気長波長
放射データが ArcClimate [14] から得られます．**図110** に示す天空放射温度は
横浜市都筑区の2020年における時々刻々の値です．天空放射温度は外気温
より必ず低めですが，両者の差が冬に顕著になることが分かります．冬は水

---

[13] H.Svensmark, "Cosmic Rays, Clouds and Climate", EuroPhysics News 46(2), pp.26-29, 2015.

[14] 国立研究開発法人建築研究所が開発した設計用気象データ作成ツールです．https://climate.archlab.jp/ に公開されています．

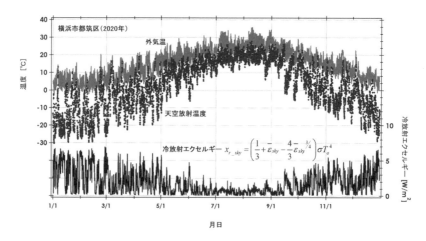

図110 外気温・天空放射温度・冷放射エクセルギーの年間変化（横浜市, 2020年）．天空放射温度は大気の水蒸気濃度が低くなる冬季に低くなる．天空から地表面に降り注がれる「冷」放射エクセルギーは, 冬季に0.1~6.9W/m² で平均 3.3W/m², 夏季に 0.03~2.3W/m² で平均 0.7W/m².

蒸気濃度が低く, 晴れる日が多いからです．天空放射温度＜外気温の関係があるので, 大空を天井と見立てると, 天空からは冷放射エクセルギーが地表面に向けて発出されていると考えることができます．**図110**最下部にある曲線は, 図中に記してある式にしたがって求めた天空冷放射エクセルギーです[*15]．

TV報道などで天気予報士が「明日の朝は放射冷却のため冷え込むでしょう」と言うのを耳にすることがありますが, これは明け方の冷放射エクセルギーが大きめ (3~5W/m²) になることを暗に意味しています．夏の天空冷放射エクセルギーは冬の値と比べればかなり小さく, 例えば横浜市都筑区では**図110**に示したように 0.03~2.3W/m² ですが, §36.「涼しさの創出と放調・通風」で議論した涼しさ知覚をもたらす冷放射エクセルギーが 20~60mW/m² だっ

[*15)] M. Shukuya, "Bio-Climatology for Built Environment", CRC Press, 2019, pp.365-373.

§39. 動的平衡する地球環境システム 297

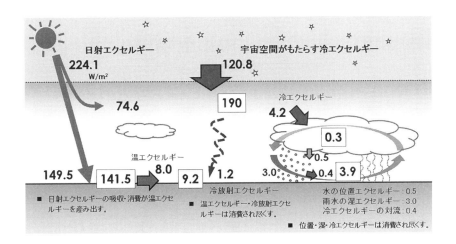

図111 地球環境システムのエクセルギー収支．□内の数値はエクセルギー消費速さである．宇宙空間から得られる冷エクセルギーが消費されて，天空の冷放射エクセルギーや液体水の湿エクセルギーがもたらされる．日射エクセルギーの消費は温エクセルギーを産み出す．

たことを勘案すると，実のところ小さくはないことに気付かされます．

地球環境システムのエクセルギー収支

天空からやって来る冷放射エクセルギーのそもそもの源は温度 3K の宇宙空間です．したがって，宇宙空間からはかなり大きな冷放射エクセルギーが地球に入って来ていると考えられます．そこで，地表付近外気温の全球平均値（15℃）を環境温度としてエクセルギー収支を計算したところ，その結果は**図111**のように表現できました[*16)]．

大気中へのエクセルギー入力は二つあります．一つが日射エクセルギー 74.6W/m^2，いま一つが宇宙空間を起源とする冷放射エクセルギー 120.8W/m^2 です．これらの合計のうち 190W/m^2（図中で□内の数値）が消費されて，残

---

*16) M. Shukuya, "Bio-Climatology for Built Environment", CRC Press, 2019, pp.373-380.

り 5.4（=74.6＋120.8−190）W/m² が出力されます．この 5.4 W/m² のうち 1.2 W/m² が冷放射エクセルギーとして地表面に降り注がれます．これは**図110** に示した冷放射エクセルギーに相当します．4.2（=5.4−1.2）W/m² は，大気・水循環を引き起こすことになりますが，その過程で 0.3 W/m² が消費され，残る 3.9（=4.2−0.3）W/m² が出力されます．このエクセルギー出力の内訳は，雲を成す水滴たちが全体として持つ位置エクセルギー 0.5 W/m²，湿エクセルギー 3.0W/m²，対流によって地表面に伝達される冷エクセルギー 0.4 W/m² です．これらの合計 3.9 W/m² は，地球の海象・気象現象と生命活動の全体を維持するのに消費され尽します．水滴たちの湿エクセルギーが相対的にとても大きいことに注意したいと思います．生命活動の鍵となるのは水に他ならないからです．

　地表面には冷放射エクセルギー 1.2 W/m² とともに 149.5 W/m² の日射エクセルギーが入力されます．日射エクセルギーの僅かな部分は，（§33. でお話しした）光水合成によってグルコースほかの物質に蓄えられます．日射エクセルギー 149.5 W/m² の 95% 強（141.5 W/m²）が消費されて温エクセルギー 8.0 W/m² が産み出されます．この温エクセルギーの大部分は，大気中で宇宙を起源として生成された冷エクセルギー 4.2W/m² とともに消費され，その結果として大気・水循環が生じます．その僅かを利用する技術が風力・水力発電です．温エクセルギー 8.0W/m² の僅かは暖房・給湯を目的として消費できます．そのためのパッシブ型もしくはアクティブ型技術がいわゆる太陽熱利用暖房・給湯です．熱利用よりも光利用（太陽電池）を思い浮かべる読者が少なくないかもしれません．太陽電池はそれなりに有用ですが，実のところ植物たちの行なう光水合成の前半部分だけを行なっているに過ぎないことを銘記しておきたいと思います．光水合成は，その前半に葉緑素による電流発生と，根から吸い込んだ水 1% 分の水素イオン・酸素への（電気）分解，後半に水素イオンの二酸化炭素への嵌め込みと，根から吸い込んだ水の残り（99%）の蒸発散による葉面冷却を行なっているのだからです．

　エクセルギー消費は環境温度を比例定数としてエントロピー生成に比例することは，§28. と §29. でお話ししたとおりです．日射の地球への流入は

止むことがないので，日射エクセルギーは絶えず消費され，ひいてはエントロピー生成も絶えることがあり得ません．地表付近の温度・圧力が空間的にも時間的にもほぼ定常的になるような機構を自己創出してきたのが動的平衡する地球環境システムですが，これは，生成されたエントロピーをシステムの外へと排出する機構を持ち合わせるようになったことを意味します．そうではないとすると，地球環境システムの平均温度・圧力がほぼ一定不変であり続けることは不可能だからです．

　地球からのエントロピー排出を可能としているのは，宇宙空間から地球へと降り注がれ続ける冷放射エクセルギーの存在です．冷放射エクセルギーは，日射エクセルギーと同等に極めて重要な存在と言えるでしょう．

§40. 自然にならう技術とは何だろうか？

見事な地球の設え

　身近な環境を形成する様々な大きさの系（システム）が資源と環境の間でどのように振る舞うかを §3.「環境そして系とは何だろうか？」から §38.「共生・持続する生命系」まで読み解き，その上で前講 §39. では動的平衡にある地球環境システムの成り立ちを改めて読み直してみました．読み解きと読み直しは，エクセルギー概念を念頭に置いて進めてきましたが，私の頭の中はお陰でかなり整理されました．最初の紙上講義を執筆していた時のことを思い出すと，当時よりもはるかに整理された……というのが，今思うところです．

　以下では，この講義シリーズの締めくくりとして，私たち一人ひとりの身近な環境はどのように創出されるべきか．その技術のあるべき姿を展望しようと思います．

　§39. で議論したように，宇宙空間がもたらす冷放射エクセルギーに起因して大気中に生じる冷エクセルギーとともに，地表面での日射エクセルギーの吸収によって生じる温エクセルギーが駆動源となり，大気・水を作業物質

として循環させているのが地球環境システムです．地球環境システムは外な
る自然が創出した巨大な熱機関に他なりません．

　ヒートポンプは，§31.「膨張・圧縮と冷却・加熱」の議論で明らかになっ
たように，室外機が大気中に設置されている場合には投入電力を冷エクセル
ギーと温エクセルギーに振り分ける装置，室外機が地中（あるいは川中など）に
埋め込まれている場合には，冬には温エクセルギー，夏には冷エクセルギー
を汲み上げる（正に「ヒートポンプ」と呼ぶにふさわしい）装置として振る舞います．

　熱機関たる地球環境システムとアクティブ型システムの典型たるヒートポ
ンプとを対応させると，循環する大気・水に相当するのはヒートポンプの配
管内に封じ込められている冷媒（作業物質）です．ヒートポンプ配管内にある
冷媒の圧力は大気圧の 10~30 倍の間にあります．膨張時に 10 倍，圧縮時に
30 倍です．これに対して，地球環境システムの作業物質たる大気・水は（配
管の代わりに）地球重力によって地表面付近の空間にへばり付かされています．
大気圧の変動幅は，§30.「真空の発見と水蒸気圧」の**図72**（209 頁）に示したと
おりで，平均値の ±1/50 ほどです．私たちヒトを含む動物・植物・菌類・
ウィルスたちのすべてが，前講§39. でお話ししたような極薄の球殻内にあ
る大気・海水空間に封じ込まれて存在している――そのように再認識するこ
とができます．地球の大きさと質量が実現している重力加速度 $9.8 m/s^2$ の重
要性を思います．

　大気を構成する窒素・酸素そして水蒸気分子たちは，§11.「微視的・巨視
的描像と物質観」の**図13**（64 頁）に示したように，平均値およそ $400 m/s$ を中
心として低速・高速さまざまな分子たちの集団として存在しています．大気
中を飛行する物体が大気圏から脱出するには $11.2 km/s$ を超える速度が必要
です．この値を超える分子たちはどれぐらい存在するだろうか？と思って調
べたところ，$2.0 km/s$ を超える分子は 12 億個に 1 個ほどでしかありません
でした．$11 km/s$ を超える分子は皆無と言っても良いでしょう．空気分子た
ちは互いに衝突し合い，上下・前後・左右様々な向きに飛び交ってはいます
が，地球外へは出ていけません．そのお陰で私たちヒトを含む生きものたち
の身体は，§39. でお話ししたように銀河宇宙線（GCR）・太陽風（SW）の被爆

§40. 自然にならう技術とは何だろうか？　　　　301

から防護されているのです.

　静止空気は熱を伝えにくく，また蓄えにくい性質を持っています．このことは §26.「熱容量の発見と熱量保存則」の**図63**（184頁）に示したとおりです．標高 30km（サッカーボール大の地球では 0.18mm）付近の大気は温度が−45℃ほどで，圧力は地表面の 1/100 未満です．地球表面全体の平均温度（T_g）が 15℃ほどに維持されていることに，熱を伝えにくい空気の性質が大いに寄与していると考えられます．もし地球表面上に大気が存在していなかったとすると，地表面の昼夜を平均した温度は−18℃ほどにまで下がってしまいます．地球重力が大気を地表面上に 30km ほどの厚さになるようへばり付かせているのは，断熱性の確保という意味でも重要なのです.

　以上のような断熱性と §39. でお話しした放射線の防護性のためには大気は静止していても構わないのですが，そうすると具合の悪いことが起きます．大気は日射をよく透過しますが，断熱性との組み合わせ効果によって，地球表面全体の平均温度（T_g）が 30℃ほどまで上昇してしまうはずだからです.

　T_g を 30℃でなく 15℃にまで引き下げているのは，大気循環に伴って生成消滅を繰り返す雲による日射遮蔽（宇宙空間への反射），そして水の蒸発・上昇と凝縮・落下の繰り返しによる廃熱の搬送・排出です．地球全体の年平均降水速さは 33.3mg/（m²s）（＝年間平均降水量およそ 1000mm/ 年）です．§39. でお話ししたような雲の生成消滅が繰り返される機構を地球環境システムが宇宙との関係に応じて備えるようになったからこそ熱的な動的平衡が実現されている――このことの重要性を改めて思います．水はときに荒々しく振る舞って洪水・土砂崩れなどを引き起こしますが，多くの場合は穏やかな環境を創出する要として振る舞ってくれているわけです.

　地球環境システムは，太陽からやって来る日射エクセルギーと宇宙空間からやって来る冷放射エクセルギーとを源として，大気の下部に温エクセルギーを，上部に冷エクセルギーを生じさせ，大気・水を絶え間なく循環させるエンジン（動力発生装置）として働き，海象・気象・生命現象のすべてを創出し，しかも，これらの現象で必ず発生する廃熱を地球大気の上層へと汲み出すヒートポンプの役割をも担い，さらに運び上げた廃熱を上端大気から宇宙空間

へ向けて長波長放射によって排出させています。この「外なる自然」──地球──が設え備えるようになった仕組みは，見事という他ないと思えます．

この原稿を書いている私の身体でも，また，読んでくださっている皆さんの身体でも，血液が絶え間なく循環していますが，その圧力（血圧）は平均大気圧の 1.1~1.2 倍の間にあって毎分 60~100 回で脈打っています。こうして私たちの「内なる自然」は動的平衡を維持しているわけですが，この仕組みもまた見事という他ないと改めて思います。

自然にならう技術を求めて

このように考えてくると，人間が創出してきたエンジンやヒートポンプ技術の原形は地球環境システムに内在していたと認識するのが妥当とも思えてきます．§8.「パッシブとアクティブ」でお話ししたように，パッシブ型技術とアクティブ型技術の原形はニワトリ受精卵の孵化プロセスに見られますが，それは地球環境システムに潜在していた生命系発生プロセスが顕現させた姿の一例だろうとも改めて思います．§34.「体温調節と適応・行動」では，動力を産み出しつつ排熱のすべてを再利用できるよう振る舞うミトコンドリア（細胞内器官）についてお話ししましたが，このような精緻なアクティブ型システムが私たちの「内なる自然」に設え備られたことが生命の系統発生として必然だったとすると，その前提条件は地球環境システムが創出したと思えます．

外なる自然と内なる自然が創造した様々な仕組みを賢く模倣する──それが人間の創出すべき技術の基本でしょう．身近な環境を調整する技術は，放射の波長範囲に応じた適切な遮蔽性と透過性，程よい断熱性，程よい通気性を過不足ないよう組み合わせ確保していくことが肝要なのです．

模倣すべき技術の原形が私たちの外なる自然と内なる自然の双方に既存していたことが認識できてくると，自然にならう技術は「開かれた自然に基づく技術」と呼んでもよいだろうと思います．その健やかな発生・展開は，§13.でお話ししたような「閉じられた自然」を無理やりこじ開け大量使用する横暴な技術からの脱却を必然とするはずです．連鎖し得る核分裂反応が発見

された 1938 年以来 85 年以上を経て，未だなお横暴な技術にしがみ付く人々は少なくないのですが，横暴な技術を必要悪と見なす思考停止の持続は絶望に他ならないでしょう*17).

　自然にならう技術の創出は，絶望の対極に位置する希望であって，その健やかな展開こそが持続可能なのだと思います.

---

*17) 高木仁三郎著『いま自然をどうみるか』(新装版)，2011 年，白水社.

305

補講　諸量把握のための処方

　本書 40 講は数式をできるだけ用いない方針で執筆しましたが，説明に必要な数値は臆することなく用いました．

　数値を見て考えるのは不得手だし，無味乾燥さが先に立つから嫌いだ．そう思う人の数は，私の教育現場体験に照らして，少なくはありません．他方で，数値は大きい小さいが明確で，分かりやすくて得手だから好きだ．そう思う人は前者よりは少ないかもしれませんが，寡少と言うほどではないでしょう．

　私はどちらのタイプ？　と尋ねられたとすれば，若い頃は明らかに後者だったように思います．しかし，次第に無味乾燥さを強く覚えるようになりました．数値とは，意味と価値を帯びた数字であって，有味湿潤さを携帯する数字なのだと思います．定量的な理解が伴えるように……と，私なりに気を付けて本書を書き進めましたが，40 講を書き終えて改めてそのように思います．

　以下では，量の性質を理解するのに踏まえておくとよい（と私が考える）三つのことを概説しておきます．読者の皆さんが本書の理解を深めていくのに役立つとすれば幸いです．

外延量と内包量

　一つ目は「外延量」と「内包量」です．これらは §28.（194 頁）で紹介しました．外延量は足したり引いたりできる最も基本的な量です．小学校の算数で最初に習う足し算・引き算は，実は外延量の扱い方を学んでいます．長さや面積・体積，そして質量や運動量・エネルギー・エントロピー・エクセルギーはすべて外延量です．種類が同じ物体の個数や人数なども外延量です．内包量は外延量どうしの割り算を基本とする量です．小学校の算数で教わる割り算・掛け算は，実のところ内包量の扱い方を学んでいます．

　密度は内包量の典型です．例えば，床面積 20m^2 の部屋 A に 8 人，12m^2 の部屋 B に 9 人がいたとします．人数・面積はともに外延量です．それぞ

れの部屋について人員密度（人数の床面積に対する比）を求めると，A では 0.4 人 /m²，B では 0.75 人 /m² となります．これら密度の値は，両者を足して 1.15 人 /m² としても意味を成しません．両部屋の合計人数 17 人を合計床面積 32m² で割って 0.53125，およそ 0.53 人 /m² として正しく求められます．内包量はこのような性質を特徴としています．

図61（180 頁）の右下に異なる体積・温度の水が熱平衡に達したときの温度を求める計算式を示しましたが，これは上に述べた人員密度の A・B 両室平均値を求めたのとまったく同じ形式になっています．温度は内包量なのです．したがって，（198 頁に述べた）絶対温度とその逆数である拡がり散り度も内包量なわけです．

圧力そして化学ポテンシャルも内包量です．圧力の単位は N/m² あるいは J/m³，化学ポテンシャルのそれは J/mol ですが，いずれも内包量としての性質を含意しています．

移動量と状態量

二つ目は「状態量」と「移動量」です．上に述べた温度・圧力・化学ポテンシャルは，内包量であると同時に状態量でもあります．原子や分子たちが集合して構成されている物質の状態に応じて現われる代表的な性質を示すので，状態量と言うわけです．お湯が保有するエネルギーやエクセルギーは状態量です．これらが体積 1m³ 当たりに温度条件に応じてどれほど異なるかを示したのが**図69**（200 頁）です．この図の縦軸は，状態量の内包量としての値を表わしています．

物体中の温度が位置によって異なれば，その差に比例してエネルギーやエントロピー・エクセルギーが「熱」という仕方で「流れ」ます．気体の圧力がその周囲の圧力と違えば，膨張または圧縮が生じますが，これらはエネルギーやエクセルギーが「仕事」という仕方によって「流れ」ることを指します．そういうわけで「流れ」の性質を有する熱と仕事は，状態量ではなく，移動量です．

空気や水は，流体と総称されます．流れ得る物体というわけです．一塊の

補講　諸量把握のための処方　　　307

空気は状態量としてのエネルギーやエクセルギーを保有・携帯して移動でき
ます．境界面を貫いて熱・仕事が入ったり出たりする系を「閉鎖系」，熱・
仕事に加えてエネルギーやエクセルギーを携帯した空気（あるいは水）塊が出
入りする系を「開放系」と呼びます．閉鎖系と開放系の定義は §3. に述べ
たとおりです．

　§37. でお話しした高圧・低圧エクセルギーは，開放系たるダクト内空間
や開放された窓を貫く移動量です．空気に携帯されて流れるからです．

　図20（86頁）に示したエネルギー収支式に添えて記した「入」と「出」は
移動量，「貯まる」は状態量の増加を意味します．財布に入っているお金は
状態量としてのお金，何か品物を買って財布から取り出すお金は移動量とし
てのお金，お釣りを受け取り財布に入れるお金も移動量としてのお金です．
お金の収支が成り立つようにお金は出たり入ったり貯まったりします．この
ことを指してお金の収支と言いますが，質量や運動量・エネルギーの収支も
まったく同様に捉えることができます．

　エクセルギー収支式では「消費」が必ず現われますが，エクセルギーには，
状態量・移動量に加えて消費量が存在するのです．エクセルギーは §29. で
述べたとおり，エネルギーとエントロピー・環境温度を組み合わせて求めら
れますが，エクセルギーを求めるのに必要なエントロピーには移動量・状態
量に加えて生成量が存在します．消費量と生成量はいずれも外延量です．エ
クセルギー消費量とエントロピー生成量は，内包量である環境温度を比例定
数として結び付けられています．

　ある大きさの移動量が生じ，また同時に状態量の変化が生じるには，長短
いずれにせよ時間が掛かります．上述した諸量の収支を考える場合，時間の
長さ（期間）を併せて考える必要があります．各量を期間で割れば，速さに
なります．速さは内包量です．質量や運動量の移動する速さ，エネルギーや
エクセルギーの移動する速さ，状態量としてのエネルギーやエクセルギーが
増加する速さ，エクセルギーが消費される速さ……といった具合です．

　図100（274頁）上段の図の縦軸にある換気回数はやはり速さを表わす内包
量です．室内空間からの排気に応じて生じる流入外気体積の1時間当たり速

さを，室内空間の体積で割った値を意味しているからです．

物理学の書物を見ると，「仕事率」なる語が目に入りますが，「仕事」の後に付いている「率」の意味がすぐに分かったという人はあまり多くはないだろうと思います（私は長いこと分かりませんでした）．「率」は効率が高い（あるいは低い）というときの「率」を想起させやすいからかもしれません．

私の経験では，仕事率の「率」が速さを含意することに気付けたら，その意味するところが初めて腑に落ちました．§27.の最後半でお話ししたのはこのことです．速さをイメージすることの重要性は，§7.でも取り上げました．

連続量と離散量

三つ目は「連続量」と「離散量」です．長さは外延量であるとともに連続量です．ある長さの紐を切るとして，全長より短い長さは，理屈の上では無限に在り得ます．例えば，100cm の紐を切って二つの部分に分けるとすると，両部分の長さ合計が 100cm を条件として，無限の組み合わせが可能です．小数点以下を有する数は無限に存在するからです．このような数が実数で，連続量は実数で表現されます．他方，離散量は 1 個，2 個……と数えられる量です．人数や頭数，果物の個数などはすべて整数で表現されますが，これは個数が離散量であることを意味します．

果物をすり潰して得られた果汁は，50.5ml とか 120.4ml というように連続量で計量されます．果物は無数の分子たちで構成されていますが，果物がその形（カタチ）を消失して，分子たちの一様な集合体へと改変したので，滑らかな量，すなわち連続量として扱えるようになったのです．

波の強さは一般に，山なり部分と谷なり部分の高低差を二乗した値に比例して決まる性質があります．高低差は長さなので，連続量です．したがって，水や音の波にはそれらの強さとして可能な値が無限にあります．上に述べた紐を切るのにどんな長さもあり得るのと同様です．

光もまた波です．波だからこそ電磁波なる別称があるわけですが，不思議なことに光は波であると同時に粒でもあります．

補講　諸量把握のための処方　　　309

　光や電子・原子・分子たちは，互いに作用し合う際にエネルギーを，連続量としてではなく，離散量としてやり取りします．そのことを発見したのはプランク・アインシュタインでした．光の波は，離散的な粒としての性質を併せ持って存在することが明らかにされたのです．光の粒を「光子」と呼ぶことは§22.（155頁）で述べたとおりです．

　微分は，限りなくゼロに近いけれどもゼロではない大きさを持つ連続量の部分を指します．このような微分よりは大きめだけれども，それなりの小ささを指して「差分」と言いますが，光子は差分に相当します．**図50**（156頁）に記したように，光子の持つエネルギーはプランク定数（$h = 6.63 \times 10^{-34}$ J・s）と光の振動数 ν（= 光速 / 波長）の積で表わされます．$\nu = 0$ はあり得ません．可視光であれば，$h\nu = 2.5 \sim 5 \times 10^{-20}$ J です．かなり小さな値に思えますが，それでも微分と言うわけにはいかない十分に大きな値なので，差分に相当すると言ったわけです．

　液体ロウのロウソク芯を貫く吸い上げや液体水の植物道管を貫く吸い上げについて，§26.と§33.でお話ししましたが，いずれも分子間力の働きによると言いました．分子間力はプランク定数 h が有限な値だからこそ働く力です．h の値が限りなくゼロに近づいたと仮定すると，$h\nu$ の値はもちろんゼロになってしまいますが，そうすると分子間力もゼロになってしまいます．ロウソクの火は灯らず，植物葉面からの蒸発も起き得ず，光水合成は生じ得ないことになってしまいます．粒たる光に見い出された性質が原子や分子に備わっていることの重要性を思います．

　§36.でお話ししたように，日射が運んでくる重たい光の粒たちは日除け材に吸収されて軽い光の粒たちへと裂け散り，熱としての拡がり散りへと変身していきます．このような理解は，粒たる光のイメージが持てるようになって初めて可能になりました．お陰で，エクセルギー概念の把握は私なりに深化し，また，より面白くなってきた．そう思っているところです．

あとがき

　40講と補講一つを紙上展開し終わって，いま改めて思うことを記しておきたいと思います．

　私は，第1講の冒頭に記したように，「建築環境学」を専門として研究・教育に携わってきました．改めて数えると，研究に48年，教育に39年です．その始まりは「建築環境工学」と呼ばれる学問領域に興味を抱いた1976年頃のことでした．建築学と呼ばれる学問分野の中で光や熱・空気など環境要素の振る舞いを科学的に扱うらしいことに漠然と魅力を覚えたのでした．

　最近になって知ったことですが＊1)，「建築環境工学」なる名称は1963年頃——私が建築環境工学を専門的に学び始める13年ほど前——に使われ始め，現在に至るまで使われ続けています．同名の教科書が多数出版されているのは名称定着の証しでしょう．1963年よりも前は「建築計画原論」と呼ばれていました．実は，私が建築環境工学と称される学問分野の存在を知ったのは，「建築計画原論」と題する2冊の本を通してでした。一つは木村幸一郎(著)『建築計画原論(新版)』(1959年，共立出版刊)．いま一つは渡辺要(編著)『建築計画原論Ⅰ・Ⅱ・Ⅲ』(Ⅰが1963年，Ⅱ・Ⅲが1965年，丸善刊)．これらの書物が刊行されたのとほぼ同時的に「建築環境工学」と称する学問領域が現われ，その後は「建築計画原論」なる語はほとんど使われなくなりました．今やほとんど死語かもしれません．

　改めて振り返ると，2冊の書名「建築計画原論」に魅力的な響きを覚えたような気がします．とは言っても，建築環境工学との違いを自覚するようなことはまったくありませんでした．まだ若く浅学な故だったと思います．

　私なりの建築環境学を構築したいと思って，熱力学と人間生物学を組み込む試みを続けているうちに次第に強く思うようになったのは，建築環境工学

＊1) 宿谷昌則：聴竹居からいま改めて「建築計画原論」を考える，2023年度日本建築学会大会（近畿）地球環境部門パネルディスカッション資料〈聴竹居から学ぶ日本の季節を味わう住みこなし術〉，2023年9月，pp.1-6.

の「工」の字を付けておくことの居心地悪さでした．そのため，1993年に発刊した単著の書名は『光と熱の建築環境学』としたのでした．

居心地悪さの理由は，細分化・分断化が顕著に過ぎると(私には)思えたこと，確立されて久しいが故の硬直性が目立つと (私には) 思えたことです．在ってしかるべき箍(たが)が脆くなり外れていっているようなイメージを覚え，また，基礎たるべき科学に無味乾燥さが目立つようにも思えたのでした．そのように思ってしまった「工」学に自らの学問を封じ込めたくはない．(生意気ながら)次第にそう思うようになったのです．

第1講に述べた「建築環境学外論」なる名称の所以は次のとおりです．建築環境の成り立ちについて理解を深めたいと思って熱力学の基礎にまで踏み込んで私なりの展開を図り，また，人間生物学を私なりの視点・解釈に基づいて組み込めるよう試みてきたら，建築環境学の常識的な枠組みから外れてしまった――したがって，「外論」．

若い頃に「建築計画原論」が魅力的に思えたと上に記しましたが，改めて考えると，「原論」なる語に魅力を覚えたのだったようにも思います．

原論とは「ものごとの根本となる理論，その枠組み」ということでしょう．建築環境の内や外における光や熱・空気の振る舞いをよく観察して，その心象 (イメージ) を在ってしかるべき有味湿潤さを併せ持つ科学的な思考に基づいて思い描ける作法を身に付けていく．その要諦は自然の振る舞いに学ぶこと――40講を書き終えてそう思うわけですが，これこそが建築計画原論そして建築環境学の目的とするところだろうと考えます．

先に挙げた先達の書物2冊は建築環境に関する科学的な事項の数々が述べられていますが，当時までに得られていた科学的な知見の上澄みだけが羅列的に並べられている印象が否めません．高度経済成長の真っ只中にあって，圧倒的な勢いで発達していた機械・電気・土木など工学主流に歩を合わさざるを得なかったのだろうと思えます．

大学に在職していた頃，しばしば「研究が上位，教育は下位」といった響きのある表現を耳にしましたが，その都度「教育の中に研究の種を」，そして「研究の中に教育の種を」と自らに言い聞かせていました．

学問の史的展開を「知の系統発生」，私たち一人ひとりの学問が形成されていく過程を「知の個体発生」と呼ぶことにすれば，発生生物学における至言「個体発生は系統発生の短い反復である」が自らの体験に照らしてよく当て嵌まるように思えます．知における系統発生と個体発生の関係性を念頭に置くと，かなり難解なはずの事柄であっても面白くなってきます．このことも念頭に置いて 40 講の執筆に取り組みました．

　私はいわゆる物理学の専門家ではありませんが，熱力学を建築環境学に融合するために物理学を私なりに学び直したところ，「環境」を中心主題とする物理学を，20 世紀までに著しく発展し定着した物理学とはやや異なる構成で編み直すことは可能であり，また，必要でもあると考えるようになりました．そういうわけで，本書のタイトルは『人・建築・地球とエクセルギー』とし，副題を「環境物理学入門」としました．いわゆる“エネルギー問題”・“環境問題”に関心のある方々が物理学的な考え方を基本として環境理解を深める方法の一つを本書は提示できたはずだと思っています．

　本書の編集は LEXS (Low Exergy System) 研究会が始まって以来，その熱心なメンバーの一人として学びの場を共にしている真鍋弘さんが引き受けてくださりました．LEXS 研究会の進捗にほぼ併せて本書の基となった原稿を執筆したのですが，実は真鍋さんの叱咤激励があって初めて脱稿にまで至れたというのが真相です．若い頃に物理学を学ばれ，また建築関係の書物・雑誌の編集を数多く手掛けてこられた真鍋さんは，私の原稿に目を通しては内容の詳細が理解できるまで質問し続けてくださり，お陰で文章・図の表現が改善され，本書の充実度は増すことができたと思っています．真鍋弘さんのご尽力に厚く御礼申し上げます．本文中に誤った記述や不十分な表現が未だ残っているとすれば，それらの責任はもちろん宿谷にあります．

　執筆を続けてこられたのは，家族の支えがあってのことでした．妻・託子と娘・悠美に感謝の意を表わして，筆をおきます．

2024 年 9 月末

宿谷昌則

313

引用・参考文献

　以下は，本文中の各頁脚注に記した文献とともに，本書の執筆にあたっての私なりの研究・教育活動で参考にしてきた主な文献をまとめて一覧表としたものです．●が引用，○が参考です．全部で92件の文献を挙げましたが，英語で書かれた原版（または独語原版の英訳版）とその日本語訳版の双方がある場合は，それぞれを1冊として数えました．

　92件の文献は5領域に分けて示してあります．A.熱力学，B.生物学，C.物理学，D.建築環境学，E.その他の五つです．E.その他に分類されているのは，宇宙気候学や環境・エネルギー問題，歴史，社会に関する文献です．したがって，「その他」とは言っても重要度が低いわけではありません．

　この表をざっとご覧いただくと，私なりの建築環境学には「外論」が付くと§1.「前口上」と「あとがき」に述べた理由がお分かりいただけるのではないかと思います．本書を読み進め始めたら面白くなってきて，さらに深く学んでみたい・調べてみたい……と思われたとき，この文献リストをお役立ていただければ幸いです．

A. 熱力学

1. ○　Atkins,P.W., The Second Law, Scientific American Library, W.H.Freeman Co.Ltd., NY, 1984.
2. ○　押田勇雄・藤城敏幸『熱力学』，裳華房，1996年（初版1970年）．
3. ○　唐木田健一『エクセルギーの基礎』，オーム社，2005年．
4. ○　勝木渥『物理学に基づく環境の基礎理論——冷却・循環・エントロピー』，海鳴社，1999年．
5. ○　槌田敦『熱学外論——生命・環境を含む開放系の熱理論——』，朝倉書店，1982年．
6. ○　Planck, M., Treatise on Thermodynamics, 7rd Ed. in German (1922), English translated version (1945), Dover Publications, NY.
7. ○　山本義隆『熱学思想の史的展開——熱とエントロピー1』，ちくま学芸文庫，2008年（初版1987年）．
8. ●　山本義隆『熱学思想の史的展開——熱とエントロピー2』，ちくま学芸文庫，2009年（初版1987年）．
9. ○　山本義隆『熱学思想の史的展開——熱とエントロピー3』，ちくま学芸文庫，2009年（初版1987年）．

B. 生物学

10. ● Damasio, A. & Carvalho, G.B., The nature of feelings: evolutionary and neurobiological origins, Nature Reviews/Neuro Science,Feb.2013, pp.143-152.

11. ● 団まりな『性のお話をしましょう——死の危機に瀕して，それは始まった』，哲学書房，2005 年.

12. ○ 団まりな『生物の複雑さを読む——階層性の生物学』，平凡社，1996 年.

13. ● Edwards, B. et al., A comparison of the suitabilities of rectal, gut, and insulated axilla temperatures for measurement of the circadian rhythms of core temperature in field studies, Chronobiology Int. 2002, No.19, pp.579-597.

14. ● 平山和宏「腸内細菌叢の基礎」，『モダンメディア』Vol.60 No.10，2014 年，pp.9-13.

15. ● Leece, J.B. et al., Campbell-Biology, 9th Ed., Pearson, 2011, pp.219-223.

16. ● Mayer, E., The mind-gut connection within our bodies impacts our mood, our choices, and our overall health, HarperCollins Publishers, 2016.

17. ● McMahon, T. & Bonner, J., On Size and Life, Scientific American, 1983.

18. ○ マクマホン＆ボナー『生物たちの大きさとかたち——サイズの生物学』，東京化学同人，2000 年.

19. ● 三木成夫『生命形態学序説——根源形象とメタモルフォーゼ』，うぶすな書院，1992 年.

20. ○ 三木成夫『胎児の世界——人類の生命記憶』，中公新書，初版 1983 年（第 14 版 1997 年）.

21. ○ 三木成夫『ヒトのからだ——生物史的考察』，うぶすな書院，1997 年.

22. ● 宮地裕司『生物と細胞』，仮説社，1999 年.

23. ● Odum, E.P., Fundamentals of Ecology, 3rd Ed., Saunders College Publishing, 1971.

24. ● Sterner, R.W. & Elser, J.J., Ecological Stoichiometry – the biology of elements from molecules to the biosphere, Princeton Univ. Press, 2002.

25. ● Winfree, A.W., The Timing of Biological Clocks, Scientific American Library, W.H.Freeman Co.Ltd., NY, 1987.

26. ● 柳沢桂子『卵が私になるまで——発生の物語』，新潮選書，1993 年.

27. ○ 養老孟司『形を読む——生物の形態をめぐって』，培風館，1986 年.

C. 物理学

28. ● 江沢洋『現代物理学』，朝倉書店，1996 年，pp.93-94.

29. ● 江沢洋『だれが原子をみたか』，岩波現代文庫，2012 年（初版 1976 年），pp.81-85.

30. ○ 江沢洋・中村孔一・山本義隆『演習詳解 力学』第 2 版，ちくま学芸文庫，2022 年（初版 1984 年（東京図書），改訂版 2011 年（日本評論社）.

引用・参考文献　　315

31.　○　今井功『新感覚物理入門——力学・電磁気学の新しい考え方』，岩波書店，2003 年.
32.　○　板倉聖宜『原子論の歴史——誕生・勝利・追放』(上巻)，仮説社，2004 年.
33.　○　板倉聖宜『原子論の歴史——復活・確率』(下巻)，仮説社，2005 年.
34.　●　板倉聖宜『原子とつきあう本』，仮説社，1985 年，pp.17-20.
35.　○　太田浩一『電磁気学の基礎 I』，東京大学出版会，2012 年.
36.　○　太田浩一『電磁気学の基礎 II』，東京大学出版会，2012 年.
37.　○　朝永振一郎『物理学とは何だろうか』(上)，岩波新書，1979 年.
38.　○　朝永振一郎『物理学とは何だろうか』(下)，岩波新書，1979 年.
39.　●　朝永振一郎(江沢洋編)『物理学の道程』，2012 年，pp.53-81.
40.　○　Planck, M., The Theory of Heat Radiation, 2nd Ed. in German (1912), English translated version (1914), Dover Publications, NY.
41.　○　マックス・プランク著(西尾成子訳)『熱輻射論講義』，岩波文庫，2021 年.
42.　●　Weinberg, S., The Discovery of Subatomic Particles, Revised Ed. Cambridge University Press, 2003.
43.　●　スティーブン・ワインバーグ著，本間三郎訳，新版『電子と原子核の発見——20世紀物理学を築いてきた人々』，ちくま学芸文庫，2006 年.
44.　○　山本義隆『新・物理入門』，駿台文庫，増補改訂版 2004 年(初版 1987 年).
45.　○　山本義隆『原子・原子核・原子力——私が講義で伝えたかったこと』，岩波書店，2015 年(岩波現代文庫 455，2022 年).

D. 建築環境学

46.　●　伊澤康一ほか「緑地空間がつくり出す「冷たさ」に関する実測研究(その 3．葉面のエクセルギー消費と光合成・蒸散の関係)」，日本建築学会大会学術講演梗概集，pp.631-632，2005 年.
47.　○　木村幸一郎『建築計画原論』(新版)，共立出版，1959 年.
48.　●　斉藤雅也ほか「夏季の住まい方が住まい手の心理と生理に与える影響に関する研究」，日本建築学会大会学術講演梗概集，pp.499-500，2000 年.
49.　●　Shukuya, M., Bio-Climatology for Built Environment, CRC Press, 2019.
50.　●　Shukuya, M., Exergy—Theory and Applications in the Built Environment, Springer-Verlag, 2013.
51.　○　宿谷昌則『光と熱の建築環境学』，丸善，1993 年.
52.　○　宿谷昌則編著『エクセルギーと環境の理論』，井上書院，2010 年.
53.　●　宿谷昌則「窓における遮光・遮熱・断熱性の放射エクセルギーによる表現方法」，日本建築学会大会学術講演梗概集，pp.937-940，2022 年.
54.　●　宿谷昌則「聴竹居からいま改めて「建築計画原論」を考える」，2023 年度 日本建築学会大会(近畿)地球環境部門パネルディスカッション資料〈聴竹居から学ぶ 日本の季節を味わう住みこなし術〉，2023 年 9 月，pp.1-6.
55.　○　渡辺要編著『建築計画原論 I』，丸善，1963 年.

56.　○　渡辺要編著『建築計画原論 II』，丸善，1965 年.
57.　○　渡辺要編著『建築計画原論 III』，丸善，1965 年.

E. その他

58.　○　天野清『量子力学史』，中央公論社，1973 年.

59.　●　ケン・オールダー（吉田三知代訳）『万物の尺度を求めて』，早川書房、2006.

60.　○　Blume, L.M.M., Fall Out - The Hiroshima Cover-up and the Reporter Who Revealed It to the World, Simon & Schuster Paperbacks, 2020.

61.　●　Damasio, A., The Strange Order of Things - Life, feeling, and the making of cultures, Pantheon Books, 2018.

62.　●　アントニオ・ダマシオ（高橋洋訳）『進化の意外な順序——感情・意識・創造性と文化の起源』，白揚社，2019 年.

63.　○　Eddy, J.A., The Sun, the Earth, and Near-Earth Space -A guide to the sun-earth system -,https://lwstrt.gsfc.nasa.gov/images/pdf/john_eddy/SES_Book_Interactive.pdf, 2009.

64.　●　ジョン・W・ゴフマン著（今中哲二ほか訳）『人間と放射線——医療用 X 線から原発まで』，明石書店，2011 年（復刊，訳書初版は社会思想社より 1991 年，英語原著の初版は 1981 年）.

65.　●　Jevons, W.S., The Coal Questions, 3rd ed. 1906, Reprinted version edited by A.W. Flux, 1965.

66.　○　Hersey, J., Hiroshima, The New Yorker, 1946 (First Vintage Books Edition, 1989).

67.　●　住環境計画研究所編『家庭用エネルギーハンドブック』，省エネルギーセンター，2009 年.

68.　●　小沼通二編『湯川秀樹日記 1945』，京都新聞出版センター，2020 年.

69.　●　北野康『化学の目でみる地球環境——空・水・土』，裳華房，1992 年，p.67.

70.　●　Lloyd, C., What on Earth Happened, Bllomsbury, 2012.

71.　●　クリストファー・ロイド（野中香方子訳）『137 億年の物語——宇宙が始まってから今日までの全歴史』，文芸春秋社，2012 年.

72.　○　Moore, K., The Radium Girls, sourcebooks eXplores, 2020.

73.　●　Morrison, P. et al., Powers of Ten, Scientific American Library, 1982.

74.　●　フィリップ＆フィリス・モリソン，チャールズ＆レイ・イームズ共編著（村上陽一郎・公子 訳）『パワーズ・オブ・テン——宇宙・人間・素粒子をめぐる大きさの旅』，日経サイエンス，1993.

75.　○　NHK「東海村臨界事故」取材班『朽ちていく命——被爆治療 83 日間の記録』，新潮文庫，2006 年.

76.　●　松本元『愛は脳を活性化する』，岩波科学ライブラリー，1996 年.

77.　●　中村雄二郎『共通感覚論』，岩波現代文庫，2000 年.

78. ○ 押田勇雄『太陽エネルギー』, NHK ブックス, 日本放送出版協会, 1981 年.

79. ● Svensmark, H. & Calder, N., The Chilling Stars - A cosmic view of climate change, Icon Book Ltd., 2007.

80. ○ ヘンリク・スベンスマルク, ナイジェル・コールダー『不機嫌な太陽——気候変動のもうひとつのシナリオ』, 恒星社厚生閣, 2010 年.

81. ● Svensmark, H. & Friis-Christensen, E., Variation of cosmic ray flux and global cloud coverage-a missing link in solar-climaterelationships, Journal of Atmosphere and Solar-Terrestrial Physics, 59(11), pp.1125-1232,1997.

82. ● Svensmark, H., Cosmic Rays, Clouds and Climate, EuroPhysics News 46(2), pp.26-29, 2015.

83. ● Svensmark, H., Evidence of nearby supernovae affecting life on earth, Monthly notices of the RAS, Vol.423, pp.124-1253, 2012.

84. ● 舘野淳『シビアアクシデントの脅威——科学的脱原発のすすめ』, 東洋書店, 2012 年.

85. ● 高木仁三郎『いま自然をどうみるか』(新装版), 2011 年, 白水社.

86. ○ 山本義隆『近代日本 150 年——科学技術総力戦体制の破綻』, 岩波新書, 2018 年.

87. ● 山本太郎『感染症と文明』, 岩波新書, 2011 年.

88. ● 山本義隆『世界の見方の転換〈1〉——天文学の復興と天地学の提唱』, みすず書房, 2014 年.

89. ○ 山本義隆『世界の見方の転換〈2〉——地動説の提唱と宇宙論の相克』, みすず書房, 2014 年.

90. ○ 山本義隆『世界の見方の転換〈3〉——世界の一元化と天文学の変革』, みすず書房, 2014 年.

91. ● 山本義隆『私の 60 年代』, 金曜日, 2015 年.

92. ○ 山本義隆『核燃料サイクルという迷宮——核ナショナリズムがもたらしたもの』, みすず書房, 2024 年.

索引

〈事項〉

ADP　→アデノシン二リン酸
Air conditioner　→エアコン
ATP　→アデノシン三リン酸
BM　→バイオマス
cal　→カロリー
cd　→カンデラ
clo　→クロ
DNA　→デオキシリボ核酸
DCM　→ジクロロメタン
GCR　→銀河宇宙線
Hg　→水銀
HFC→ハイドロフルオロカーボン
MRT　→周壁平均温度
Pi　→無機リン酸
Ripp　→対数照度比
SW　→太陽風、太陽宇宙線
Xc　→人体熱エクセルギー消費速さ

あ行
明るさ知覚　162
アクチン　239
アクティブ　42
　——型換気　276
　——型技術　43, 48, 97, 113, 114,
172, 213, 227, 245, 264, 269
　——システム　42, 113, 114
　——システムの一様性　52
明けの明星　130
朝露　221
汗水　116

圧覚　119
熱さ　116
圧縮機　215, 217, 220
圧力　207, 210
　——減退　267
　——減退係数　272, 273
　——減退効果　272
　——損失係数　272
アデノシン二リン酸（ADP）　231,
239
アデノシン三リン酸（ATP）　231,
239, 240, 242, 282, 284
天の川銀河　30, 294
アミノ酸　239
雨　220, 225, 253
アルゴンガス　169
『アルマゲスト』　130
アルミ管　154
暗所視　160
アンドロメダ銀河　136
硫黄　282
イオン化　290
意識　111, 112, 116, 122, 128
位置エクセルギー　298
位置エネルギー　189
一様性　99
遺伝子　81
遺伝情報　34, 242
移動量　306, 307
引力　153
ウィルス　278

魚つき林　287
ウクライナ・サボリージャ原発　205
渦　267, 268
内なる自然　35, 277, 302
宇宙　100, 129, 130,
　　——観　132, 137, 146
　　——空間　297
　　——線　101, 291
海の幸　287
ウラン　76, 77, 79, 280
　　——原子　78
　　——原爆　78
　　——酸化物　78
運動エクセルギー　267, 273
運動エネルギー　189, 267, 290
運動覚　119
運動量　137, 185
雲量　289, 290
エアコン　213, 218
　　——冷房　227
栄養物質　96
液体水　62, 63, 233, 234
　　——固定率　236
エクセルギー　12, 22, 37, 68, 129,
　173, 177, 179, 183, 191, 200, 201,
　202, 203, 215, 240, 265, 268
　　——概念　12, 88, 214, 265, 299
　　——研究　12, 191, 198
　　——収支　85, 87, 88, 169, 171,
　216, 219, 261
　　——収支式　240, 259
　　——出力　205, 218
　　——消費　28, 48, 153, 169, 170,
　204, 205, 218, 242, 259, 298
　　——消費速さ　205, 251, 275
　　——伝達　65, 250
　　——入力　167, 168, 205, 218
　　——密度　200, 226

エコロジー　106
SI 単位系　189
X 線　156
エネルギー　22, 37, 173, 179, 189,
　190, 198, 199
　　——概念　37, 89
　　——資源　38
　　——収支　85, 87, 89
　　——使用速さ　36, 39, 114
　　——使用量　37
　　——保存　72
　　——保存則　188, 189
　　——密度　200
　　——問題　12, 36
鰓呼吸　103
LED 灯　168, 169, 171
エレクトロンボルト (eV)　74, 290
遠日点　138
延髄　125
遠赤外線　156
塩素 (Cl)　282, 283
エントロピー　22, 177, 191, 193~
　199, 202 〜 204, 212
　　——概念　193
　　——生成　72, 298, 299
　　——増大則　198
　　——排出　299
オイルランプ　172
お金　307
温エクセルギー　88, 203, 205, 218,
　220, 226, 232, 240, 242, 247, 259,
　260, 261, 269, 298, 299
　　——出力　219
温覚　119
　　——神経　120
温度　178 〜 188, 191 〜 205
　　——計　179
　　——計物質　207

――勾配　78, 183
温排気　218
温房　252
温放射エクセルギー　249 ～ 252,
　255~259, 262, 264, 301
オーロラ　293

か行
外延量　194, 305
外気　190, 265
外気温　50, 109, 184, 199, 220, 234,
　247, 255, 271, 295
　――の日変動　139
海象　301
海水　283
回析　152
概日リズム　108, 139
海馬　126
外胚葉　116, 117
外壁　51, 232, 233, 250, 257, 258,
　264
　――の高断熱化　250, 257
解剖学　56
開放系　19, 44, 56, 85, 103, 117, 214,
　279, 280, 285
　――の空間　50
化学エクセルギー　173, 205
化学式　74
化学平衡　265
化学ポテンシャル　209, 212, 222,
　265
拡散　22, 88, 96, 191, 200, 201, 236,
　237, 265
　――現象　199, 265
　――能力　88, 202, 265
核　94
　――子　25, 75, 76
　――燃料　72

――分裂　78
――力　76
額面照度　162, 163
下弦の月　139
可算量　194
可視域　176
華氏温度　181
可視光　156, 157, 159, 167, 169, 172,
　176
　――出力　171
　――束　159, 167, 169
加湿　225
風　175, 235, 236, 253
化石燃料　37, 47, 53, 100
型（カタ）　47, 53, 55~59
　――の読み方　53
　技術の――　47, 53
形（カタチ）　47, 52, 53, 55 ～ 59
　――の見方　53
花粉粒子　63
壁　27, 29, 42, 49, 51,
茅葺き屋根　50
ガラス管　208, 210, 211, 236
身体（からだ）　17, 19, 24, 28, 31, 33,
　43, 49, 56, 85, 116, 277
カリウム（K）　236, 282, 286
　――イオン　121, 242, 277
カルシウム　282
カロリー（cal）　181
乾エクセルギー　225, 227, 265
感覚　111, 112, 116
　――情報　115, 121, 277
「感覚 - 行動」プロセス　112, 114,
　115, 129
換気　99, 265, 266
　――回数　273 ～ 276
眼球　157
環境　17, 71, 199, 265

——圧力　207
——汚染　17
——温度　22, 44, 85, 101, 102,
104, 105, 108, 110, 122, 198, 200,
201, 203, 204, 240, 297, 298
——温度変動　102
——技術　287
——空間　24, 59, 104
——の入れ子構造　26, 28, 91, 100
——破壊　17
——変動　238
——問題　12, 17
干渉　152
桿状体　157
環状電流　154
乾燥　91, 220, 225
カンデラ(cd)　172
ガンマ(γ)線　156
寒冷・温暖化リズム　101
気化　175
気圧　268
幾何学　135
気孔　231, 233
——開度　236
気候風土　52
気象　301
気体　63
——状態　63
——分子　63, 64, 65
起潮力　144
吸収日射エネルギー　233
吸収率　258, 259
旧人　107
橋(きょう)　125
境界　15, 18
——層　251, 257
——面　18, 19
凝結核　290

凝集　237
凝縮　83, 90, 91
強暖　252
強冷　261, 264
巨視的　130
——描像　65
——物質観　59, 130
魚類　102
ギリシア・ニシロス島の住居群　50
霧箱　290
気流　32, 128, 175, 264
——速　247, 253, 254, 273, 274
銀河宇宙線(GCR)　30, 287 ～ 290,
293 ～ 295, 300
銀河系　288
近日点　138
金星　130
近赤外線　156
筋肉繊維　239
空気　62, 65
——温度　90, 247
——塊　266
——湿度　223, 247
——分子　64, 290
——密度　271
「管」の技術　46, 97
雲　30, 288, 290, 295, 298, 301
——の多寡　30
グラナ　229
クラミドモナス　95
クリプトン原子核　76
グルコース　228, 231 ～ 233, 236,
239, 240, 286, 298
clo(クロ)　248
クロロフィル　228
クローン　99
系　17, 265
——と環境の関係　18

——の境界面　199
経験温度　263, 264
蛍光灯　168, 169
蛍光物質　169
形状抵抗係数　272
珪素(Si)　283
啓蟄　104
系統進化　125
系統発生　92, 97, 99, 100, 108, 238,
　239, 283, 285, 295
夏至　133
血液　279, 280
結露　90, 220
原核生物　96
言語情報　34, 126
原子　25, 59, 72, 73, 130, 277
原子核　25, 59, 72, 73, 75, 80, 130,
　280, 281
原子力発電所　78
原子炉　78, 79
原爆燃料　79
建築　42, 47, 50, 52, 53, 56, 59, 78,
　148
——外皮　50, 227, 245
——環境　24, 31, 59, 117, 128, 278
——環境学　10, 30, 57, 131
——環境学外論　13
——環境技術　42
——環境工学　10
——環境システム　42
——空間　213
——形態　52
——の形　47, 53
——壁体　249
高圧エクセルギー(高圧 X)　268,
　270 ～ 273, 276
高圧・低圧エクセルギー　207
恒温動物　105, 108, 110, 238

交感神経　121
高気圧　224
口腔　278
光源　150, 159, 176
光合成　228
光水合成　228, 234, 298
光子　155, 167, 262
——質量　262
恒常性維持　114, 125, 129
恒星　130, 132
——日　136
光線　150
光束　152
光速　153, 155. 156
公転　104, 131
——軌道面　137
——面　104
——周期　139
行動　111, 112
黄道　134
後頭葉　126
高分子　24
肛門　278, 279
効率　71
五感　115
五官　115
心　124
コジェネレーションシステム　238
古生物学　101
固体熱伝導　182, 184
個体発生　92, 94, 105
コバルト(Co)　281, 283
鼓膜　153
——温度　108
コルクガシ　93
コンクリート躯体　256

さ行

細菌　277, 278, 280, 287,
再処理工場　79
財布　307
細胞　92, 93, 111, 228, 277
　──外共生　98
　──核　81, 94
　──環境　34
　──質　24
　──内共生　98, 239
　──分裂　110, 111
　──壁　228
　──膜　96, 121, 277
　──膜ポンプ　242
作業物質　70, 83, 85, 231, 279, 286,
　299
差分　309
寒さ　116
サボリージャ原発　11
三角関数　135
産業革命　181, 183
酸素　44, 73, 98, 282, 283
　──原子　72
　──濃度　98
　──分子　44, 74, 231
三半規管　118
J字管　266, 267
潮の満ち干　139
紫外線　156, 169
視覚　58, 82, 118, 120, 126
　──情報　126
紙管　154
視感波長　168
磁気　64
　──圏　291
磁石　153, 154
閾値　14
四季の変化　139

軸索　121, 242
ジクロロメタン（DCM）　83, 90
資源　21, 36, 70, 87, 198
　──の消費　22
　──性　22, 88, 198, 203, 265
思考実験　66, 197, 208
自己創出　299
自己組織化　107
仕事　20, 85, 87 ～ 89, 185 ～ 190,
　195, 196
視細胞　157, 159
視神経細胞　158, 159
視床　125
　──下部　28, 125
視線　157
耳石　118
自然　42, 46, 48, 149, 169
　──エクセルギー　166
　──エクセルギー利用　166
　──エネルギー　38
　──エネルギー利用　166
　──観　129
　──換気　269
　──現象　63
　──現象に伴う不可逆性　198
　──光　167
　──光源　165
　──にならう技術　299, 302
　──の克服　47, 52
　──の模倣　46
持続可能4条件　70, 85, 286, 287
湿エクセルギー　88, 89, 225 ～ 227,
　233, 234, 265, 298
室内の温度　105
室外側日除け　261
室外機　214, 216
湿潤　91, 220, 225
失神　244

湿度　33, 90, 223, 247
室内側日除け　261, 262
室内機　214
室内空気　225, 227, 247, 251, 253,
　257, 270
　——温度　271, 275
質量　155, 190, 210
自転　131
　——軸　104, 137
　——周期　141
磁場　153~155
地物温度　258
湿り空気　220, 265
霜　221
社会環境　34
住環境教育　129
十三感　118
秋分　133
周壁平均温度（MRT）　247, 248, 249,
　253, 254, 255, 256
実数　308
重力　187, 210
　——加速度　187, 210, 300
　——の法則　13, 137, 143
　——場　153
受照点　150
受照面　159
主体　17, 31
出力　21, 36
　目的——　21, 36
　廃物・廃熱——　21, 36
ジェボンズのパラドックス　38
収支　307
循環　29, 56, 70
　——ポンプ　70, 85, 246, 279
春分　133. 138, 141
　——点　136
ジュール（J）　189

小宇宙　30, 129
情覚　124, 125, 128, 277
　——情報　125
蒸気機関　38, 181, 183
上弦の月　139
上昇気流　176, 257
使用済み核燃料　79
照度　159
　——計　162
情動　124, 128
小脳　125
蒸発　83, 87, 91, 175, 210, 211, 236,
　237
　——速さ　177
　——冷却　84
蒸発散　234
消費　37, 48, 65, 75, 88, 89, 113, 114,
　129, 204
情報　17, 31, 35
　——伝達　120, 122, 282
　——と環境の相補関係　35
情報・環境の入れ子構造　33
植物　92, 99, 101, 167, 228, 285, 286
食物連鎖　285
除湿　214, 225
触覚　119
所要照度　160
　——基準値　161, 164
状態量　306, 307
磁力線　155, 291
ジルコニウム合金　78
シロナガスクジラ　96
真核生物　96
真空　206, 208, 211, 291
　——断熱材　205
神経
　——管　116, 117
　——系　56, 116, 117, 242

──細胞　116, 120, 242, 277, 279, 282

　　──細胞膜ポンプ　239

新月　139

人工光源　165

人工照明　149, 160

新人　107

心臓　279, 280

身体　→身体（からだ）

　　──構造　83

人体　281, 282

　　──エクセルギー消費速さ（Xc）249, 253, 254, 256

　　──熱エクセルギー消費速さ（Xc）247, 248, 254, 255

振動数　155

随意筋　121, 246

水温　62, 180, 189, 193, 195 〜 203, 223, 234,

水銀　207, 208

　　──原子　169

　　──柱　208, 210

水蒸気　67, 175, 213

　　──圧　265

　　──濃度　209, 213, 220, 221, 223, 225, 226

　　──分子　67, 210

錐状体　157

水生　99

水素　73, 230, 280, 282, 283

　　──イオン　229, 231

　　──原子　72

水平面照度　159, 164, 168

睡眠・覚醒リズム　147

煤　176

涼しさ　116, 263

ストロマ　229, 230

　　──空間　231

生化学反応　44, 80

正孔　171

精子　94, 99

整数　308

声帯　153

静的平衡　266

生物多様性　287

生命　295, 302

　　──活動　285, 286, 298

　　──系　277, 283, 285

　　──系発生プロセス　302

　　──現象　301

生理学　56

生理現象　243

赤緯　136

脊索動物　103

脊髄　117, 125

　　──神経　117

石炭　37, 71, 183

『石炭問題』　38

脊椎動物　103

石油　37, 40, 71

斥力　153

赤経　136

摂氏温度　181, 202

絶対温度　197, 198, 202, 212

セルロース　228

セルロースファイバー　251

前頭連合野　127

前頭葉　127

臓性　119, 120

　　──系器官　117

創造的休暇　13

相対湿度　212, 213, 222, 223, 226, 227

送風機　214, 268

　　──モーター　268

ゾウリムシ　96

側頭葉　126
外断熱　257
外なる自然　277, 300, 302
素粒子　26
存在覚　120

た行
太陰日　144
大宇宙　30, 129
体温　108, 110, 238
　――維持　247
　――調節　108, 238, 239
　――調節機構　244
　――日変動　105, 108
　――の概日リズム　148
　――の恒常性　238
体幹　238
大気　29, 97, 99, 206, 207, 209, 291,
295, 299, 301
　――圧　63, 64, 67, 209, 210, 271
　――雲量　288
　――オゾン層　293
　――温度　101
　――圏　291, 294
　――対流圏　293
　――長波長放射　295
大気・水循環　298
太古大気　101
体細胞　280
代謝熱　247
対数照度比（Ripp）　162, 163, 166
体性　119, 120
　――系器官　117
体内　28, 80, 88, 126, 146
　――環境　24, 28, 117, 129, 277
　――環境空間　277
　――時計　139, 146, 147
大脳古皮質　126

大脳新皮質　126
代表長さ　24, 44, 95
代表波長　262
台風　210
太陽　130, 132, 134, 136 ～ 146
　――宇宙線（SW）　289
　――系　130, 288, 294
　――圏　292, 294
　――光　138, 139, 140, 148, 232
　――光発電パネル　114
　――黒点　289
　――黒点数　288
　――日　136, 144, 147
　――定数　288
　――電池　298
　――熱　232
　――熱利用暖房・給湯　298
　――風（SW）　30, 289 ～ 293, 300
対流　62, 65, 175, 179, 215, 251, 257,
261
　――熱伝達率　251
高床　50
多細胞生物　92, 94, 96, 239
多様性　99
多量ミネラル　282
炭鉱　183
炭坑　183
単細胞生物　94, 239
炭素　73, 281
断熱　256
　――材　250, 251, 256
　――材厚　256 ～ 258
　――性　50, 185, 257, 301
　――性向上　252
　――・遮熱　264
　――・遮熱性向上　114, 264
タンパク質　239, 242, 281
　――の合成　239, 242

——繊維　240
地域環境　24
知覚　65, 111, 112, 116, 128
　——情報　123, 125
地殻　103, 293
　——変動　103
地下資源　71
力　119, 185
地球　103, 134
　——環境　24
　——環境システム　81, 287, 295,
　299, 300, 302
　——環境システム模型　89
　——自転軸　138
　——重力　145, 300
　——生態系　107
　——大気　287
　——大気全雲量　289
　——熱機関　103
　——表面温度　100, 101
蓄熱量　183, 184
地磁気　291
地質学　101
地中　217
　——温　220
　——温(冷)利用ヒートポンプ　114
　——熱交換器　217
　——冷エクセルギー　219
窒素　73, 175, 236, 282, 286
地動説　131, 135, 136
中宇宙　129
昼光照度　165
昼光照明　148, 166
中心窩　157
中枢神経系　117
中性子　25, 75, 76, 110, 280
中胚葉　116
聴覚　82

——情報　126
潮汐　137, 143
　——リズム　147
腸内空間　277
腸内細菌　278, 279
　——叢　287
長波長放射　262, 302
鳥類　103
直腸温度　109
チョルノービリ原発　11
チラコイド空間　229, 231
チラコイド膜　229
痛覚　119
通風　262, 263, 264
月　130, 134, 139 ～ 146
　——の公転周期　141
　——の朔望　141
　——の朔望周期　141
　——の重力　145
　——の満ち欠け　139
粒　150, 155
冷たさ　116
露　221
低圧エクセルギー(低圧 X)　268,
　270 ～ 273, 276
低気圧　224
低放射率付き複層ガラス　258
ディプロイド　99
デオキシリボ核酸(DNA)　106, 242,
　282, 284
点波源　150
電圧　186
電気　64, 75
　——仕掛け　15, 43
　——ポット　28, 204
電子　73, 75, 155, 169, 171, 280
電磁気現象　167, 186
電磁波　64, 153

電磁場　155
電池　186
電場　153, 154
電場・磁場の相互作用　154
電流　155, 186
電力　167, 186, 268
　──エクセルギー　205
　──換気　268, 269, 275, 276
　──消費速さ　160
電灯照明　148, 160
伝導　174, 179, 215
伝熱　175, 199, 215
　──四態　173, 177, 192
伝搬　199
天然ガス　71
天　130
　──の赤道　134
　──の南極　136
　──の北極　135
天球　130, 134
　──儀　131, 132
天空　131
　──温度　258
　──による放射の冷却作用　50
　──放射エクセルギー　295, 296
　──放射温度　295, 296
天動説　130, 132, 135
天体観測　130
道管　286
瞳孔　157
冬至　133
灯心　172, 175
到達温度　180
動的　81, 82, 146,
　──な描像　91
　──平衡　92, 110, 111, 122, 243,
266, 287, 295, 299
　──平衡系　177

　──平衡点　243
投入電力　216, 219
動物　228
動力　20, 66, 68, 167, 183, 186, 231,
268
　──機関　38
　──生成　66, 72, 231
　──生成の原理　167
　──発生装置　71, 72
都市環境　24
土壌　287
閉じられた自然　81, 302
トリチウム水　110

な行
内臓温度　109
内胚葉　116, 117
内包量　194, 198, 207, 305, 306
夏服　253
ナトリウム（Na）　282, 283
　──イオン　121, 242, 277
波　150, 155
日陰　51
二酸化炭素　44, 74, 98, 175, 232
　──濃度　98, 99
　──分子　44, 228, 231
二重螺旋構造　94
日較差　109, 110
日射　50, 156, 232, 259, 262, 288
　──エクセルギー　232. 258, 260,
262, 297 ～ 299, 301
　──エネルギー量　224, 225
　──の吸収　256, 261, 295
　──遮蔽　301
　──透過率　258
ニワトリ受精卵　43
人間生物学　13
認知　111, 122

温もり　116, 252
根　286
熱　28, 29, 45, 66, 74, 85, 116, 166,
　175, 178, 189
　――の仕事当量　189
熱エクセルギー　28
　――収支　259
熱エネルギー　189, 190, 195, 201
熱化　267
熱機関　183, 300
熱源　70, 72, 85, 87
熱交換器　216, 217
熱射病　256
熱出力　177
熱伝導方程式　184
熱伝導率　183, 184, 205
熱平衡　179, 180, 181, 212, 265
熱容量　178, 181, 182, 202
熱力学　13, 19, 22, 66, 83, 178, 213,
　221
　――温度　197, 261
　――の第0法則　179
　――の第一法則　189
　――の第二法則　198
　――的な量　212
　――理論　221
熱量保存則　178, 181
燃焼　74, 76, 98, 173
年平均降水速さ　301
脳　117, 118, 277, 278
　――神経　117
農山漁村環境　24

は行

バイオマス(BM)　285
肺魚　104
肺呼吸　103
排湿　50

媒質　152
媒体　152
廃熱　21, 237, 301
排熱　29, 66, 205
廃物　21
ハイドロフルオロカーボン(HFC)
　215
薄明視　160
葉温　221, 233, 234
白色塗装　51
白熱灯　168, 169
爬虫類　103, 104
波長　29, 151, 155, 168, 176, 177
　――域　176
発汗　244, 248
発光　186
　――効率　167, 171, 172
パッシブ　42, 50
　――型換気　275, 276
　――型技術　43, 97, 114, 227, 245,
　264
　――システム　42, 114
　――システムの多様性　52
発熱　186, 189, 195, 246
　――エネルギー　240
　――密度　246, 247
　――量　187
発泡ポリスチレン　205
波源　150
波動　73, 150
　――現象　153
羽根板　266, 268
羽根車　67
ハプロイド　99
速さ　37, 40, 190, 307
　――の概念　190
パルミチン酸　177
パワーズ・オブ・テン　26

半減　78
　——期　80
反射光　139
半導体　171
万有引力の法則　185
光　30, 64, 73, 74, 116, 155, 166, 175
　——環境　157, 159
飛行機雲　290
微視的　130
　——描像　65
　——な物質観　59
ヒト細胞　95, 277, 278
ヒト体温　108
比熱　181, 182
　——容量　181
火の使用　48
　——のメタモルフォーゼ　49
皮膚　117
　——温度　116
非平衡　90, 265
標準大気圧　210
微分　309
描像　59
日除け　258, 259, 260, 262
　——材　259
開かれた自然　302
微量ミネラル　282
拡がり散り　191 ～ 193, 196, 202, 215
　——度　197, 202
ヒートポンプ　213, 215, 220, 300
フィラメント　169
フィン付き配管　214
風圧　270
風車　268
風力　166, 276
　——発電　166
　——換気　269, 270, 275, 276

孵化プロセス　43
副交感神経　121
福島原発震災　205
複層ガラス　258, 259
服の熱抵抗　247
不随意筋　121, 245
物質　60
　——交換　277
　——循環　228, 285, 287
沸点　173, 179
沸騰　67, 211
冬服　248
プランク定数　156, 309
浮力　271
　——換気　269, 271, 273 ～ 276
震え産熱　244
プルトニウム　79, 80
　——原爆　79
振る舞い　55
プロキシマ・ケンタウリ　136
プロトン　230
分子　25, 59, 72
　——間力　174, 236, 286
　——速度　64
平衡　90
　——覚　118
閉鎖系　19, 70, 83, 85, 214
壁体　78, 249, 251, 255, 256, 258
　——の表面温度　249, 250
変温動物　104, 108, 238
偏西風　224
扁桃体　126
放射　29, 63, 65, 168, 174, 176, 177, 246, 249
　——エクセルギー　249, 256, 262
　——エクセルギー出力速さ　249, 250, 255
　——線　77, 78, 110, 289, 294

——線防護　301

——熱源　176

放調　252, 264

膨張　215

——弁　215

放熱　28, 215, 238, 244~246

飽和　84, 212, 223

——圧力　83

——状態　83, 90, 212, 222

——水蒸気　90, 211, 221

母語　34

哺乳類　102

保冷材　90

ポンプ　69

ま行

マイクロ・コジェネレーションシステム　242

マイコプラズマ　95

マグネシウム(Mg)　282, 283

膜の技術　45, 97

摩擦　48, 153, 187, 266

——熱　246

——力　246

末梢血管　243

末梢神経系　117

窓・間戸・間所　49

——ガラス　50

マラリア原虫　95

満月　139

満潮・干潮のリズム　142

マントル　103

マンハッタン計画　79

ミエリン鞘　121

ミオシン　239

水　29, 62, 232, 299

——分子　62, 66, 72, 228, 295

——循環　91, 298

——の電気分解　230

水飲み鳥　81 〜 91

——のお辞儀運動　81, 83

密度　182, 210

ミツバチ　96

ミトコンドリア　98, 238 〜 240, 242, 302

ミネラル　282

無意識　122

無機リン酸(Pi)　231, 239

無限　308

無性生殖　99

無脊椎動物　103

明所視　160

メタン　73

——分子　74

面積速度一定の法則　138

メートル　22

——単位　23

毛細管現象　84, 174

目標温度　218

モル(mol)　60, 293

や行

屋根　49

山の幸　287

有効開口率　273

有効比　37, 167, 173, 240

有性生殖　99

融点　173, 178

宵の明星　130

陽子　25, 75, 280, 289, 293

溶質　286

容積比熱　181, 182, 184, 200

溶媒　286

葉緑素　228

葉緑体　228

ら行

ラジコン（放調）　264
卵殻　44, 104
卵細胞　94, 99
藍藻　98
力積　185
陸生　99
離散量　308, 309
粒子的な振る舞い　63
流体　267, 268
流量係数　272
両生類　103
涼房　264
リン（P）　282 ～ 284, 286, 287
リン酸（Pi）　236, 286
リンパ液　118, 280
リンパ管　279, 280
ルックス（lx, lux）　159, 172
ループ状配管　214
ルーメン（lm）　159, 172
冷エクセルギー　88, 203, 216, 218,
　220, 227, 232, 269, 298, 299, 301
　——出力　219
　——需要　218
冷覚　119
　——神経　120
冷却　69, 214
　——水　69
冷源　70, 72, 85, 87
冷媒　215, 300
　——圧力　215
冷放射エクセルギー　249, 255 ～
　258, 262 ～ 264, 297 ～ 299, 301
レチナール　228
煉瓦　52
連続量　308, 309
ロウ（蝋）　172
ロウソク　168, 172

老廃物　96
ロジスティック曲線　164
ロゼッタ・ストーン　152
露点温度　223

わ行

惑星　130, 134, 136, 139, 143
　——運動　136
ワット（W）　37, 189

〈人名〉

「はじめに」,「あとがき」,および脚注内の人名は
含まない.

あ行

アインシュタイン，アルバート
　30, 62, 155, 190, 212, 309
アボガドロ，アメデオ　62
インマン，ジョージ　169
イームズ，チャールズ　26
イームズ，レイ　26
ウィルソン，チャールズ・トムソン・
　リーズ　290
ウィルソン，ロバート・ウッドロウ
　291
ウィルヒョウ，ルドルフ　93
ヴィーン，ヴィルヘルム　30
エイブリー，オズワルド・セアドア
　94
エジソン，トマス　169
エルステッド，ハンス・クリスチャン
　153
オーム，ゲオルク　186

か行

ガリレイ，ガリレオ　185, 289

カルノー，ニコラ・レオナール・サディ
　72, 198
ガルバーニ，ルイージ　186
ギブズ，ウィラード　212
クラウジウス，ルドルフ　198
クリック，フランシス　94
ケプラー，ヨハネス　136, 138
ケルヴィン卿（ウィリアム・トムソン）
　202
ゲーリケ，オットー・フォン　206
コペルニクス，ニコラウス　132,
　136

さ行

ジェボンズ，ウィリアム・スタンレー
　38
シュライデン，マティアス・ヤーコプ
　93
シュワン，テオドール　93
ジュール，ジェームズ・プレスコット
　186, 188, 190
ステヴィン，シモン　185
スベンスマルク，ヘンリク　101,
　295
セルシウス，アンデルス　202

た行

ダマシオ，アントニオ　124, 128
チャドウィック，ジェームズ　75
デカルト，ルネ　206
トムソン，ジョセフ・ジョン　73
トムソン，ウィリアム（ケルヴィン卿）
　198
ドランブル，ジャン＝バティスト・ジョ
ゼフ　23
トリチェリ，エヴァンジェリスタ
　206

な行

中村修二　171
ニューコメン，トーマス　48
ニュートン，アイザック　13, 137,
　143, 185

は行

パスカル，ブレーズ　206, 208, 209,
　291
パーカー，ユージン・ニューマン
　291
ハーン，オットー　77
ヒッパルコス　130, 134
ファラデー，マイケル　153
フック，ロバート　93
プトレマイオス　130, 134, 135
ブラウン，ロバート　94
ブラック，ジョセフ　179, 181, 182
プランク，マックス　30, 62, 73,
　155, 176, 309
フランクリン，ロザリンド　94
ブラーエ，ティコ　136
ブルーノ，ジョルダーノ　132
ブーケ，キーズ　26
フーリエ，ジョゼフ　182, 184
ヘス，ヴィクトール・フランツ
　291
ヘッケル，エルンスト　106
ペラン，ジャン　62
ペンジアス，アーノ・アラン　291
ホイヘンス，クリスティアーン
　152
ボルタ，アレッサンドロ　186

ま行

マイトナー，リーゼ　77
マクスウェル，ジェームズ・クラーク
　64, 153

松本元　128
ミーシャー，ヨハネス・フリードリッ
ヒ　94
メシェン，ピエール　23

や行
ヤング，トマス　152
湯川秀樹　76
ユークリッド　150

ら行
ラザフォード，アーネスト　75
レーウェンフック，アントーニ・ファ
ン　93

わ行
ワット，ジェームズ　38, 48, 181
ワトソン，ジェームズ　94

著者略歴

宿谷昌則（しゅくや・まさのり）

東京都市大学名誉教授，LEXS design 研究室主宰．
専門：建築環境学・環境物理学

著書：
"Bio-Climatology for Built Environment", CRC Press, 2019.
"Exergy - Theory and applications in the built environment",
　　Springer-Verlag, 2013.
『エクセルギーと環境の理論—改訂版』，井上書院，2010 年 9 月．
『自然共生建築を求めて』，鹿島出版会，1999 年．
『光と熱の建築環境学』，丸善，1993 年．

受賞：
2022 年　日本建築学会著作賞—"Bio-Climatology for Built
　　　　 Environment, CRC Press" に対して
2019 年　IAQVEC 2019 Specific Jury Award for Comprehensive
　　　　 Paper
2012 年　日本建築学会教育賞（教育業績）
2001 年　日本建築学会論文賞

2019 年　東京都市大学環境学部を定年退職・名誉教授．
2012~2017 年　東京大学生産技術研究所客員教授．
2008~2009 年　デンマーク工科大学オットーメンステッド客員教授．
2003~2023 年　早稲田大学大学院非常勤講師．
1985 年　武蔵工業大学工学部建築学科に専任講師として着任．
1983~1985 年　（株）日建設計．
1982 年　早稲田大学大学院博士課程修了（工学博士）．
1976 年　早稲田大学理工学部建築学科卒業．
1953 年　東京生まれ．

人・建築・地球とエクセルギー　環境物理学入門

2024 年 10 月 30 日　初版第 1 刷発行

著者　　　宿谷昌則
発行者　　馬場栄一
発行所　　株式会社建築資料研究社
　　　　　〒 171-0014　東京都豊島区池袋 2-38-1　日建学院ビル 3F
　　　　　電話 03-3986-3239　fax 03-3987-3256
　　　　　https://www.kskpub.com/
印刷・製本　シナノ印刷株式会社

企画・編集　真鍋 弘◎ライフフィールド研究所
表紙・デザイン　春井裕◎ペーパー・スタジオ

ISBN 978-4-86358-954-4
©Masanori Shukuya　2024 Printed in Japan
●定価はカバーに表示.
●本書（本文・図版・写真）の無断転載、無断複製を禁じます.